머니백

돈의 개념이 뒤바뀐 세상에서 만난 진짜 부자 스토리

머니백

조우성 지음

Money Bag

프롤로그

인생의 긴 여로에 지칠 때면 말한다. 어깨가 무겁다고!

그런데 여기, 정말로 무거운 세상이 있다. 돈을 쓰면 가방에 쌓이는 기구한 세상. 사람들은 자신만의 머니백(돈 가방)을 메고 살아간다. 돈이 많으면 가난뱅이고 적으면 부자로 불리는, 상식의 공간이 뒤틀어진 이곳에서 머니백의 크기는 곧 경제 수준이자 인간 수준이다.

이 때문에, 모두가 머니백의 크기를 줄이는 데 혈안이다. 이들은 카드 한 장 달랑 들고 자유롭게 활보하는 부자를 꿈꾼다. 그런데, 이 야기 속 부자의 삶이 우리 내 삶과 닮았다. 그렇다면, 그들이 열망하는 인생을 밟아가는 우리는 지금 행복한가? 그렇지 않다면, 행복은 어디에서 오는가?

혹자는 머니백은 비현실적 세계에서 자아낸 허구에 불과하다고 주장할 수도 있겠다. 하지만 우리는 이미 타인의 외모, 학력, 사는 곳, 직업, 누리고 있는 재화나 서비스 수준 따위로 사라져 버린 과거와 흘러가는 현재, 그리고 오지 않은 미래까지 판단해버린다. 보이지 않는다는 건 핑계일 뿐, 우리는 모두 머니백을 짊어진 채 살아가고 있다.

자! 그럼 잠시 머니백을 내려놓고, 당신의 삶을 동경하는 주인공을 만나보자. 이 만남에서 당신은 부와 행복의 정의를 다시 내려야 할지도 모른다. 운이 좋으면? 사피엔스 역사상 최대 고민인 '행복'에 대한 답을 얻을지도….

차례

1부

2부

희소성의 힘

아침 7시, 사람들 사이를 수풀을 헤치고 지나가듯 억척스럽게 빠져나와 지하철 승차장에 도착했다. 곧이어 도착한 지하철에 몸을 서커스 단원처럼 욱여넣고 휴대폰으로 뉴스를 보는데, 눈에 익은 제목이 보인다.

'대한민국 자살률 OECD 최고 수준'

자살 동기의 80%는 경제 문제다. 즉, 돈이 많아서 자살한다. 가난한 서민들은 평생 마이너스 통장을 목표로 개미처럼 일하지만, 통장에 마이너스가 찍히는 일은 마치 빌 게이츠가 당신을 최우수 사원으로 점찍고, 같이 찍은 사진이 〈타임(TIME)〉 잡지 1면에 실리는 것만큼 어려운 것이다.　－ 한국경제 －

정치를 제외한 오늘의 뉴스를 모두 읽어갈 때쯤 지하철은 으르렁

거리는 소리를 멈추고 바람 빠진 타이어처럼 '치익' 하고 수줍게 문을 열었다. 손목시계를 쳐다보는데 등짝에 얼음을 문지르고 있는 듯 서늘한 한기가 느껴진다. 하지만 절대 11월의 날씨 탓은 아니다.

나는 1988년 서울올림픽 개막식 때 굴렁쇠를 굴리던 소년과 같은 긴장감으로 운동화 끈을 질끈 동여매면서 달리기에 집중하기로 했다. 그리고는 회사까지 질주하기 시작했다. 역주행하는 자동차처럼 나를 제외한 모든 물체는 뒤로 달리고 있었다.

가까스로 엘리베이터 탑승에 성공하자마자 터질 듯 요동치는 심장을 부여잡고 길게 심호흡을 연신 해댔다. 등짝의 얼음은 이미 녹아 사라졌다. 등허리를 따라 줄줄 흘러내리는 땀방울이 바지 안쪽으로 고집스럽게 파묻은 와이셔츠 밑동에 모여들었다. 11월의 한기를 비웃듯 엘리베이터 1평방미터 공간에 철 지난 여름날이 떡 하니 자리 잡은 것이다. 나는 곧 명령 불복종으로 정당하게 맞아 죽을지도 모른다. 죽기 전 과거를 회상하는 버릇이 있는 한 마리의 인간답게 기억들이 주마등처럼 스쳐 지나갔다.

경영학 강의와 금융, 경제 관련 리포트에 파묻혀 4년의 세월이 흘렀다. 금융 연구 동아리에서 눈 비비며 경제 기사를 스크랩하고 토론하던 매일 아침도 생각난다. 그때 나는 경제 세계를 이차원적 활자로 여과 없이, 닥치는 대로 섭렵하곤 했다. 졸업하고 '해군'에 입대해 흩날리는 벚꽃처럼 정처 없이 2년을 빙글빙글 돌았다. 좋아하는 첫사랑에게 고백했다가 시원하게 차였던 12월 24일의 쓰라림도 뇌리를 스쳐 간다. 그럴 때면 집으로 돌아와 책을 읽거나 공부를 했다. 책만이 내

벗이자 연인이었다. 마치 공부의 끝에 달콤한 마시멜로 무더기가 쌓여 있다고 생각했던 시절이었다. 그렇게 내 청춘의 초입은 잡을 수 없는 강물처럼 속절없이 흘러갔다.

열심히 밑줄 그어가며 청춘을 바쳤던 그 활자들 덕택에 현재는 회사라는 전쟁터 속에서 어지러운 공전을 맞이하고 있다. 우리 회사는 각종 회사나 개인에게 여러 가지 금융 서비스 지원을 하는 은행이다. 나는 영업 1팀에 속해 있는데….

"띵!"

엘리베이터 문이 열리자 생각의 문은 신속히 잠그기로 했다. 더 이상의 여유는 허락되지 않는다. 헬기를 타고 이제 막 전쟁터에 도착한 소대장처럼 쿵쿵 뛰는 가슴을 부여잡고 종종걸음으로 영업 1팀으로 향했다.

"야!"

어깨가 움찔했다. 하 부장님의 레이더망에 걸려들었기 때문이다. 이글거리는 눈동자가 나를 매섭게 쏘아붙였다. 눈동자 위로 두껍고 울창한 눈썹들이 화난 고양이털처럼 쭈뼛쭈뼛 고개를 들었다. 그는 동그랗게 생긴 붉은 포문을 개방하고 총알을 쏟아 붓기 시작했다.

"또 지각이야? 5분씩 매일 늦으면 한 달에 100분, 1년이면 1,200분의 시간을 땡땡이치는 거라고! 몇 번을 말해야 알아듣겠나? 어? 잘리고 싶어?"

이마에 콕콕 찍히는 볼펜 꽁무니의 딱딱한 감촉이 느껴진다. 나는 지옥철을 타고 출근하느라 진이 쏙 빠진 상태로 악마라는 별명을 가진 하 부장님과 전투 중이다. 아니, 나는 단지 위협을 느낀 조개처럼 입을 닫아버렸다. 10분 후 결재서류를 오른손에 비장하게 들고 다시 전투에 임했다. 하지만 악마도 그리 호락호락하지는 않았다. 악마는 연신 사납게 느껴질 정도로 싸늘한 표정을 쏟아내며 다시 한 번 포문을 열었다.

"아니, 왜 일을 이따위로밖에 못 하나? 대학 나와서 보고서 하나 제대로 못 만들어?"

"죄송합니다…. 다시 수정해서 결재 올리겠습니다."

높게 찢어지는 악마의 괴성과 함께 날아오는 총탄들이 내 왼쪽 심장을 뚫고 지나갔다. 악마들은 모두 낮게 속삭이면서 사람을 홀린다고 들었는데 자기만의 공격 방식이 있는 것 같다. 나는 패잔병처럼 힘없이 걸어서 내 자리를 찾아갔다.

오른손으로 아이보리색 책상 위에 놓인 마우스를 살포시 감싸고 주인을 반기는 강아지 꼬리처럼 부드럽게 흔들어 대자, 2개의 모니터가 수줍은 새색시처럼 조용히 얼굴을 내민다. 우측 컴퓨터 중앙 하단에는 환율, 금리, 국제유가지수 등의 국제 지표를 한눈에 볼 수 있는 표가 그려져 있다. 간밤에 온 이메일을 확인하려는데, 부장님의 쩌렁쩌렁한 목소리가 이쑤시개로 다슬기를 쑤시듯이 달팽이관을 콕콕 찔렀다.

"할 일은 산더미인데…. 아무튼 오늘 아침에는 컨설팅 회사에서 온 유명 강사가 직원들 대상으로 강연을 한다고 하니까 별일 없으면 대강당으로 모입시다. 듣기로는 굉장한 미인이라던데 하하하."

손톱으로 칠판을 긁어대는 듯한 거북한 웃음소리를 따라서 팀 전원이 오리 새끼처럼 줄줄이 강당에 입장했다. 강당은 아직 한산했다. '부자가 되는 법'같이 흥미로운 강연을 기대했지만, 무대 아래쪽에 반듯하게 걸려 있는 '희소성의 힘' 문구의 플래카드를 보자마자 오늘 아침 기상할 때 느꼈던 묵직한 피곤함을 다시금 느꼈다.

강사는 축구장을 넓게 쓰는 프로축구선수같이 강연 무대 위에서 익숙한 몸짓으로 마이크 상태와 스크린 영상 상태 등을 확인하고 있었다. 뾰족한 분홍 하이힐을 신고 왼손에는 하늘색 작은 지갑을 들고 있는 모습이 필시 성공한 커리어우먼의 향기를 풍겼다. 얼굴은 희뿌연 안개가 낀 듯 자세히 보이지는 않았지만, 오일을 바른 것처럼 광채를 내뿜는 희고 동그란 이마는 멀리 자리 잡은 내게도 미인의 모습을 어렴풋이 짐작케 했다. 강사는 무대 점검을 마치더니 만족한 표정을 지으며 입을 뗐다.

"여러분 반갑습니다. 컨설턴트 회사를 운영하는 정여진 대표입니다. 짧은 시간이지만 제 강의가 여러분께 도움이 되기를 진심으로 바랍니다. 강연 중에 질문이 있으신 분은 언제라도 손을 들고 일어서서 질문해 주시기 바랍니다."

제목 그대로 오늘은 '희소성의 힘'을 주제로 얘기를 나눠볼까 합니다. 기업에서 희소성 창출은 매우 중요합니다. 희소성을 무시하는 회사는 적자의 굴레에 갇히고 경쟁에서 도태될 수 있습니다. 이러한 희소성은 인간이 추구하는 욕망에 비해 그 욕망을 충족시켜줄 수단

14

이 제한되어 있거나 부족한 사태를 말합니다. 쉽게 말해서 수요와 공급의 차이에서 생깁니다. 만약 수요, 공급의 균형이 조금이라도 틀어진다면, 이 작은 틈이 원인이 되어 나비효과처럼 큰 결과를 초래합니다.

"질문 있습니다."

평소 사내에서 '역사학자' 별명을 가진 인사팀 유 대리님이 손을 번쩍 들었다. 그는 역사에 관심이 많다. 크고 동그란 눈에 홀쭉한 얼굴, 낮은 콧등 위로 얹은 검은색 뿔테 안경이 얼굴의 반을 가리고 있어, 흡사 안경원숭이를 연상케 했다.

"수요, 공급의 균형이 깨진다는 말이 참 어렵습니다. 예시를 좀 들어주시면 감사하겠습니다."

"음… 좋습니다. 간단한 실험을 하나 해보겠습니다. 한 방에 일반 시민과 장사꾼을 각각 50명씩, 총 100명의 사람을 가둡니다. 방을 탈출할 수 있는 유일한 방법은 각자 거래를 하여 장사꾼은 곰 인형을 팔고, 시민들은 곰 인형을 사는 겁니다. 이때, 곰 인형 가격은 일반 곰 인형 가격 언저리로 암묵적인 합의가 이뤄질 테고, 2명씩 짝을 지어 50쌍 전원이 곰 인형을 사고, 팔면서 탈출하게 됩니다.

자! 그럼 상황을 조금 바꿔서 실험을 진행해 보겠습니다. 이제 이 방에서 시민 한 명을 빼겠습니다. 즉, 장사꾼 50명에 시민 49명이 거래를 하는 상황입니다. 결과적으로 곰 인형을 팔지 못한 한 명의 장사꾼은 방에서 탈출할 수 없습니다. 과연 이 상황에서도 곰 인형 가격은 일반적인 가격 수준으로 책정될 수 있을까요?

아닙니다. 시민들에게는 여유가 있습니다. 반대로 장사꾼들은 애가 탑니다. 장사꾼들은 헐값에 곰 인형을 팔고 방을 빠져나올 겁니다. 점점 시간이 지날수록 시민들은 더 싸게 곰 인형을 사려 할 테고 장사꾼은 빠져나가지 못할 한 명의 낙오자가 자신이 될까 두려운 나머지 공짜에 가까운 가격으로 인형을 팔게 됩니다. 실험에서 보듯이 겨우 1명의 차이가 전체 가격을 흔들어 버리는 기현상이 벌어집니다."

곰 인형. 이 한 가지만 빼면 참으로 완벽한 예시임이 틀림없다. 2년 전 새하얀 눈이 폭신폭신하게 내리는 크리스마스이브에 짝사랑하던 첫사랑에게 윤기가 흐르는 갈색 털을 지닌 곰 인형을 내밀며 고백했다. 하지만 그녀에겐 이미 촉망받는 대기업에서 근무하는 집안 좋은 남자친구가 있었다. 사귄 지 100일째 되던 날에 200만 원이 넘는 터키석 반지를 선물 받았다고 자랑하는 그녀 앞에서 2만 원짜리 갈색 곰 인형은 말없이 고개를 숙였다. 그때, 나도 부자가 되어 보란 듯이 멋진 인생을 설계할 거라고 되새기며 허세의 떨림을 목구멍 깊숙이 담아두었다.

"희소성의 힘이 이렇게나 강력합니다. 다음으로는 '다섯 손가락 법칙'에 대해 알아보겠습니다."

강사는 장미색 입술로 나의 슬픈 추억 여행을 잘근잘근 씹으며 강연을 이어갔다.

"우리는 희소성을 만들 수 있습니다. 5개의 법칙이 있습니다. 첫째, 진입장벽 높이기입니다. 통계로 볼 때 가장 평균 연봉이 높은 도선사(선박에 승선하여 해당 선박을 안전한 수로로 안내하는 사람)는 최소 10년

이상의 선박 항해 경험이 있어야 하며, 그 전에 항해사가 되려면 4년제 특수대학을 졸업해야 합니다. 오랜 기간 가족과 떨어진 망망대해에서 승선 생활을 하면서 거친 파도를 헤쳐 나가야 적어도 시험 자격을 부여받습니다. 의사나 변호사 역시 오랜 레지던트 생활을 견디거나 어려운 시험을 통과해야 자격을 부여받습니다. 즉, 높은 진입장벽을 형성하고 있습니다.

둘째는 노조나 연맹을 만드는 겁니다. 의사들이 의약 분업에 반대하면서 시위를 하듯이 이들은 연합을 통해 스스로 희소성을 만들고 있습니다. 즉, 자기들만의 울타리를 건설하고 단체 교섭 또는 파업을 통해 울타리 밖으로 큰 소리를 내고 있습니다."

안경원숭이 유 대리님이 다시 손을 번쩍 들었다. 그는 코끝에 얌전히 걸쳐 있던 뿔테 안경을 추켜올리며 말했다.

"저기, 강사님! 질문 있습니다."

"질문이 많으시네요. 강의에 집중해주시니 고맙습니다."

"노조 및 연맹과 희소성의 관계에 대해 말씀하셨는데요. 저도 물론 강사님 말씀에 동감합니다만, 1987년 노태우 대통령의 6.29선언 이후 노동법이 개정되면서 많은 강성 노조들도 생기지 않았습니까? 특히 몇몇 회사에서 자행되는 귀족 노조에는 많은 문제점이 산재해 있습니다. 희소성을 좇는 것도 중요하지만 그에 따르는 부작용 인지와 해소 방안 도출도 중요하다고 생각합니다. 혹시 좋은 해결법이 있을까요?"

그는 맨 뒷줄에 앉은 노조위원장의 따가운 눈초리를 볼록렌즈로 모이는 햇빛처럼 뒤통수에 고스란히 받으며 자리에 앉았다. 그의 까만 뒤통수에서는 곧 매캐한 연기가 피어오를 것만 같았다.

"좋은 질문입니다. 희소성을 좇는 일은 매우 중요합니다. 하지만 조합원들의 사기 진작이라는 정당성 아래에서 노조의 목소리가 커지고 자기들만의 울타리를 높게 쌓으면, 종국에는 조직원 모두 그 울타리 밖으로 나갈 생각을 하지 못하는 안일함에 젖어서 허우적거릴 수 있습니다.

때문에, 제가 바라는 노조의 방향은 소통하는 노조입니다. 조합원 내에서의 소통을 말하는 게 아닙니다. 회사와의 소통, 타 단체와의 소통, 시민과의 소통, 세계와의 소통이 필요합니다. 이로써 긍정적인 희소성 창출이 가능합니다."

어릴 적 가지고 놀던 찰흙 덩어리처럼 일그러지는 노조 위원장의 면상을 뒤로한 채 강사는 고동색 원형 테이블 위에 덩그러니 놓여 있던 생수를 한 모금 마시며 몇 번의 헛기침과 함께 그나마 조금 남아있던 긴장감을 뱉어버렸다.

"진입장벽 높이기, 노조 및 연합 활동까지 살펴보았습니다. 다음 셋째로는 신제품 개발이 있습니다. 세상에 없는 신선한 제품을 개발하는 것은 기업에서 특히 주목할 부분입니다. 재화의 개발뿐 아니라 서비스 개선 역시 여기에 속합니다. '은행에서 새로운 금융 상품을 개발하는 것' 등을 말합니다. 현재, 각 나라에는 인류의 발전을 도모하기 위해 신제품 개발을 부추기고 있으며, 이를 장려하기 위한 제도로 특허제도가 있습니다."

강사의 지루한(?) 강의가 계속되면서 여기저기 부상자가 발생했다.

그들은 고개를 상모 돌리듯 연신 좌우로 흔들어 대며, 눈을 게슴츠레 뜨기 시작했다. 처음에는 한 명뿐이었지만 졸음이라는 지독한 전염병은 서서히 빨려드는 모래 구덩이처럼 강의실 구석구석을 조금씩 잠식해나갔다. 하지만 강사는 부상자를 뒤로한 채 전진을 외치는 칭기즈칸처럼 고삐를 잡고 흔들어 댔다.

"넷째로 정부의 규제가 있습니다. 정부에서 규칙 및 법을 개정하여 희소성을 만드는 방법입니다. 만약 정부가 '정부 인증을 받은 곰 인형만 거래할 수 있다'라는 법을 만든다면, 인증 받은 곰 인형의 가치가 그렇지 못한 곰 인형의 가치보다 높아지겠죠? 이는 정부 방침에 맞는 사업을 한다면 희소성을 등에 업고 이득을 볼 수 있다는 말이지만, 방침 또는 정권 자체가 바뀔 때 자칫 큰 손해를 입을 수 있는 '양날의 검'입니다.

마지막으로 자원의 독점이 있습니다. 한국 사람은 근면 성실하지만 아무리 노력해도 한반도에서 원유를 생산할 방법은 없습니다. 원유는 OPEC(석유수출기구) 및 미국 등 일부 국가에서 전 세계 원유 시장을 독점 하고 있고, 공급을 조절하는 방식으로 많은 돈을 국경 밖으로 밀어내고 있습니다. 중동 여행 시 무거운 돈 가방을 메고 있는 중동 사람을 본 적 있습니까? 없습니다. 원유는 중동에 풍요를 안겨 주었습니다. 그들이 흰색 토가를 입고 다니는 이유입니다."

확실히 축복받은 땅으로 불리는 중동에 사는 아랍인들은 전통적으로 흰색 옷을 즐겨 입는다. 돈이 많으면 거지가 되고, 돈이 직으면 부자로 불리는 이 세상에서 중동은 축복받은 땅으로 불린다. 큰돈 가방을 메고 다니는 한국의 서민들은 길을 걷다 피로하면 어디서나 물에 젖은 곰 인형처럼 풀썩 주저앉아서 쉬곤 한다. 하지만 조그마한 가방을 들고 다니는 중동 사람들에게는 피로감이 끼어들 틈이 없다. 그들은 돈이 없다. 비상시를 위한 작은 가방 하나면 충분하다. 이 때문에 한국 공원 벤치는 길고 넓은 평상 형으로 제작되는 반면에, 중동에서는 엉덩이 하나 쏙 들어갈 만한 의자 같이 생긴 벤치들이 곳곳에 널려 있다. 앙증맞은 가방을 무릎 위에 올려놓은 채로 쉰다고 하니 놀라울 따름이다. 자연히 흰색 옷을 더럽힐 일도 적겠다.

"자, 여러분! 마지막 한마디만 하겠습니다. 집중해주세요."

모두가 로댕의 '생각하는 사람' 동상과 흡사한 자세로 골몰히 생각에 잠기려 하는 틈을 비집고 강사는 능숙하게 마무리를 한다.

"여러분 중에는 앞으로 계속 회사 생활을 하거나 프리랜서 또는 자신만의 창업에 도전하는 분들도 있으실 겁니다. 언제 어디서든지 제가 말씀드린 5가지 법칙이 여러분 모두의 염원인 부자가 되는 길에 도움이 되기를 희망합니다.

마지막으로 강의 초반에 말씀드린 '곰 인형 거래 실험'을 다시 짚고 넘어가면서 강의를 마무리하겠습니다. 실험에서 만약 여러분이 빠르게 시민과 장사꾼의 수를 세고, 이러한 정보를 바탕으로 상황을 신속, 정확하게 판단하여 미리 다른 장사꾼으로부터 싼값에 곰 인형을 구매한다면 공급의 독점이 가능하고 이는 곧 희소성의 힘을 발휘할 수 있는 발판이 됩니다. 이러한 혜안을 갖춘다면 부는 저절로 여러분의 방문을 노크할 겁니다. 감사합니다."

20

우레와 같은 박수 소리가 강연의 끝을 알렸다. 강사는 만족스러운 웃음을 입가에 살포시 올려놓은 채로 겉옷을 챙겼다. 나는 화장실이 급한 어린아이처럼 끙끙대다 조용히 강사에게 다가갔다.

"저기….."

"네?"

"강의 잘 들었습니다. 궁금한 게 있습니다."

"네 말씀하세요."

"그러니까 강의에서는 희소성이 부(富)를 부른다고 하셨는데, 제가 볼 땐 진입장벽 높이기, 노조의 활동, 정부 규제 이용하기는 큰 부를 얻기에는 한계가 있어 보이고, 자원의 독점 및 신제품 개발은 개인 영역에서는 어렵다고 판단되는데요. 부자가 되려면 희소한 다른 무언가가 필요하지 않을까요?"

강사는 마치 예상한 질문인 듯 차분했다.

"시간이 없어서 미처 강연에서 다루지 못한 내용이네요."

그녀는 내 사원증을 힐끗 보았다. 회사 이름과 말쑥한 모습의 사진 한 장 사이에는 흔한 이름이 좋다는 아버지의 생각이 빚어낸 지극히 일반적인 3개의 돋움체 활자가 찍혀 있었다.

"그런데, 강민수 씨는 왜 부자가 되려는 거죠? 지금도 남부럽지 않은 직장에서 행복한 나날을 보내시고 있지 않나요?"

그녀가 악마 하 부장님과 1분만 대면한다면 행복이라는 단어를 내뱉을 때 반드시 주저했을 터이다. 호랑이도 제 말 하면 온다더니, 멀리서 악마의 괴성이 들려왔다. 바쁜데 강사와 노닥거리는 한심한 사원에게 화가 단단히 난 것이다. 나도 모르게 가슴속 언저리에서 마그마같이 뜨거운 무언가가 솟구치기 시작했다.

"왜 부자가 되고 싶으냐고요? 멋진 삶을 위해서입니다. 물론 직장 상사의 스트레스로부터의 해방도 한 몫 하겠지만, 저는 더 큰 꿈을 꾸고 있어요. 개인용 제트기를 타고 도착한 에메랄드빛 하와이 해변에서 머리가 띵띵 울릴 정도로 시원한 망고 주스와 짜릿한 서핑을 즐기는 삶을 꿈꿉니다. 하지만, 지금 제 꼴을 보세요. 업무 중 잠깐 쉬러 들린 휴게실 자판기에서 뽑은 망고 주스 캔을 들고 하와이 해변이 그려진 달력을 보는 것으로 위안 삼고 있다고요!"

아직 내 안의 마그마가 식지 않고 부글부글 끓고 있던 차에 그녀는 찬물 같은 담담하고 차분한 어조를 천천히 들이붓기 시작했다.

"백문이 불여일견이라고 하지 않나요? 민수 씨가 그 답을 스스로 찾아보는 것도 좋을 것 같네요. 희소한 경험들이 그 답을 푸는 열쇠가 될 수 있지 않을까요? 그럼 저는 이만 다음 일정이 있어서 가봐야겠어요."

강사가 떠나고, 악마의 부르짖음도 잊은 채 한참을 그 자리에 나는 서 있었다.

2

에디슨이 선물한
24시간 노동

회식이 끝나고 하품이 절로 나오는 늦은 저녁, 아버지가 일하시는 동대문 시장에 들렀다. 한때, 대한민국 섬유 산업의 최종 소비지 역할을 톡톡히 해냈던 동대문 시장의 인기는 날이 갈수록 병든 배춧잎처럼 시들시들해져 갔다. 온라인 쇼핑몰이 보이지 않는 손을 들어 오프라인 시장을 정신없이 후려쳤기 때문이다. 시들어가는 골목 한 귀퉁이에 존재감 없이 자리 잡은 신발 가게에서 희미한 불빛이 흘러나왔다. 나는 불빛을 보고 뛰어드는 한 마리의 나방처럼 가게로 날아 들어갔다. 아버지는 홀로 찬밥에 김치와 삶은 달걀 한 개를 벗 삼아 저녁을 들고 계셨다.

　"아버지, 저 왔어요. … 이게 저녁이에요? 건강 생각하셔야죠. 나이도 있으신데….”

　"퇴근 시간이 원래 제일 바쁜 시간이지 않냐. 빨리 먹고 치워야지.”

　아버지는 깊은 애정이 보이지 않게 꾹꾹 누르며 찬밥처럼 무뚝뚝하게 말했다.

"그래도….."

"너, 운동화 다 닳았지?"

"네."

"머니백은 여기에 내려두고 신상 운동화가 몇 개 들어왔는데 온 김에 골라봐. 요즘 젊은이들이 좋아하는 스타일에다가 그 뭐냐… 인체공학적으로 만들었다고 하더라."

"그래요? 하긴 지금 운동화는 낡기도 했지만, 에어쿠션이 너무 티나게 밖으로 삐죽 나와 있어요."

무거운 가방을 구석에 던져버리고 사탕 가게에 온 어린아이처럼 진열된 운동화에 집중했다. 진열대 중앙부에는 주로 푹신한 운동화들이 가지런히 놓여 있었고, 슬리퍼나 구두같이 비인기 품목은 가게 구석에서 먼지를 뒤집어쓴 채 어색하게 놓여 있었다.

시선을 고정하고 한참을 살펴보던 끝에, 한 쌍의 신상 운동화가 내레이더망에 걸려들었다. 눈보다 더 하얀 바탕에 빨간색 브랜드 로고가 단순하게 박힌 운동화다. 에어쿠션이 안쪽에 내장되어 겉으로 도드라지지 않으며, 초록색 우레탄으로 만든 밑창 2겹이 신발 아래에 나름 견고하게 박혀 있었다. 신상 운동화는 무거운 하중을 견딜 수 있는 푹신함과 겉으로는 절대 푹신함을 풍겨서는 안 되는 아이러니한 욕구를 모두 만족시켰다.

"요 흰색으로 가져갈게요!"

아버지는 내가 고른 운동화를 예상했다는 듯이 신닥이 끝나기가 무섭게, 팔딱거리는 운동화를 집어 들어 봉투에 담았다. 아버지는 삶은 달걀을 우물거리며 말했다.

"…젊은 애들은 참 이해할 수가 없어. … 금방 더러워질 운동화인데 흰색만 고집한단 말이지."

"원래 하지 말라고 하면 더 하고 싶어지는 게 요즘 젊은이들의 특성이에요. 이만 가볼게요. 허리도 안 좋으신데 일찍 들어오세요."

"그래."

아버지 옆에 쓸쓸하게 어질러 있는 반찬 통을 애써 무시하며 가게를 나왔다. 도로를 따라 지하철역으로 가는 밤거리는 조용했다. 마치 끝없는 정적이 온 천지를 집어삼킨 후 침묵하는 듯했다.

해가 지고 달이 뜨면서, 2교대로 일하는 머니백 공장 근로자들은 젖은 나뭇잎이 되어 조용히 역 앞에 쌓여갔다. 그들은 자기 자신을 '로봇'이라고 불렀는데, 늘 같은 장소에서 일정한 시간 동안 매일같이 같은 작업을 반복하기 때문이다. 에디슨이 전구를 발명한 덕분에 우리는 '24시 노동'이라는 무겁고 벅찬 선물을 받은 것이다.

곳곳마다 도깨비불처럼 불을 밝히는 회사, 공장, 상점의 밝음이 왠지 안쓰러워 보였다. 저 불빛 속에는 회사 야근 도시락의 냄새와 2, 3교대로 돌아가는 공장의 엔진소리, 신발 한 켤레라도 더 팔아보자는 가게 주인의 염원이 담겨 있다. 사실 부자가 되려면 절대 저 불빛 안에 있으면 안 된다. 한번 돌아가면 영원히 멈추지 않고 회전하는 쳇바퀴 속 다람쥐처럼 빠져나올 수 없기 때문이다. 마치 '신화 속 고르디우스의 매듭'처럼 꼬이고 꼬여 버린다. 매듭을 푸는 방법은 도저히 보이지 않는다. 그저 알렉산드로스 대왕처럼 결심의 칼을 잡고 단칼에 잘라버려야 할 뿐….

집에 도착해서 간단히 씻고 시계를 보니 저녁 10시를 가리키고 있다. 여동생은 카페 아르바이트를 끝내고 막 귀가해 배가 고팠는지 다람쥐 같은 볼에다 연신 저녁을 때려 넣고 있었다. 나는 돈이든 노란색 가방을 방구석에 던져버리고 침대에 누웠다. 고요한 정적 속에 형광등 불빛과 천정의 누런 벽지가 눈에 들어왔다. 폭풍전야와 같은 이 시간이 유일한 안식의 시간이다. 내일의 폭풍 같은 삶은 오늘 생각하지 않기로 했다. 따뜻한 형광등 불빛 아래에서 녹아 사라지는 아이스크림처럼 푹 퍼져 있는 와중에 문득 형광등 불이 동대문 시장에서 본 도깨비불같이 느껴졌다. 불빛을 피해 달아난 나는 여전히 저 불빛 속에 빠져 허우적거리고 있었다. 불빛을 피해 고개를 돌리자 묵직하고 커다란 누런색 머니백이 깊은 한숨과 함께 눈에 들어왔다.

메니백

금요일 회식 여파로 토요일을 통째로 날려보내고 일요일 아침까지도 두통에 시달렸다. 일요일 저녁부터는 월요일 출근 걱정에 시달리다가 월요일만 되면 모든 직장인이 병든 개처럼 무기력해진다고 해서 이름 붙여진 월요병을 간신히 이겨내고 출근했다.

　은행 1층 한쪽에서는 머니백을 판매하는데, 이곳이 나의 일터다. 나름 은행 수입 중 큰 비중을 차지하는 '머니백 영업'이지만, 모양새 나게 수억 원을 손바닥에서 이리저리 굴려보면서 부자들의 재무 설계를 도와준다든지, 기업회생 프로그램에 참여하여 법정관리에 들어간 기업에 '팔딱' 튀어 오르는 연어 같은 생명을 불어넣는 일을 해보고 싶었던 나에게는 크게 애착이 가는 부서는 아니다. 하지만 조직 안에서 각 직원의 부서 배정은 기호나 열정보다는 회사 중역들의 술자리나 지루한 회의석상에서 던져진 한 마디로 정해지기 마련이다.

　이의는 제기할 수 없다. 위에서 "돌격!"하고 외치면, 전진하면 그만이다. 총탄이 폭우가 되어 눈앞에 쏟아져 내려도 생각의 문을 걸어 잠그고 묵묵히 걸어가면 된다. 죽으면? 다시 뽑으면 된다.

또한, 좋은 상사를 만나는 것은 철저하게 운이다. 나는 운 없는 놈이다. 오늘 아침에도 사무실 벽면에 붙어 있는 실적 그래프를 마주한채 악마 하 부장님의 신랄한 잔소리를 들었다. 하지만 오랜 가뭄 끝에 내리는 단비 같은 소식도 있었다. 오늘 우리 팀에 새로 신입이 들어온다는….

"안녕하십니까! 신입사원 홍진리입니다. 잘 부탁드립니다!"

신입다운 우렁찬 목소리에 나도 모르게 고개가 돌아갔다. 단정한 스포츠머리에 조금은 앳되어 보이는 청년이다. 신입은 연신 어색하게 입꼬리를 들었다 놨다 하며 포식자의 거동을 살피는 초식동물처럼 내 표정을 부지런히 살폈다.

"반가워요. 앞으로 잘해봅시다. 강민수 사원입니다."

"반갑습니다. 선배님!"

"생활이나 업무적인 면에서 궁금한 게 있으면 언제든지 물어보세요. 오늘은 첫날이기도 하고 하 부장님이 간단한 교육부터 진행하라고 말씀하셨기 때문에 고객님들 오시기 전에 간단히 머니백 교육을 진행할게요."

"네! 알겠습니다."

"음…. 진리 씨가 생활필수품인 머니백을 모를 리는 없겠지만, 일단 회사 매뉴얼을 바탕으로 기초부터 살펴보죠. 머니백의 역사부터 시작하면 되겠네요. 20년 전에는 사업자 등록을 마친 모든 가게에서 머니백을 판매할 수 있었어요. 하지만 알다시피 전 세계에 중국산 짝

통 머니백이 판치고 각종 금융 사기가 만연하면서 세계은행에서 하나의 통일된 규칙을 제정했는데, 바로 '각 나라 정부 기관 또는 제 1금융은행에서만 머니백을 판매 및 관리할 수 있다'입니다."

신입은 위쪽에 흰색 스프링이 달린 검은색 수첩을 꺼내더니 무언가를 빠르게 적기 시작했다. 나는 어깨를 으쓱해 보이며 교육을 이어나갔다.

"다음으로는 우리 은행에서 판매하는 머니백의 종류를 살펴보도록 하죠. 먼저 A4용지 한 장 정도의 크기를 자랑하는 소형, 일반적으로 가장 많이 사용하는 가로, 세로 40cm×1.5m에 성인 한 명이 거뜬히 들어갈 수 있는 신축성을 가진 중형, 마지막으로 가로, 세로 1.5m×2m에 최대로 늘렸을 때 성인 남성 6명도 거뜬히 들어갈 수 있는 크기의 대형 머니백이 있어요.

또한, 모든 머니백은 15세 이상이 되면 구매, 등록해야 하고, 20살 이전까지는 대형 머니백 착용이 금지됩니다. 부모의 빚 등으로 부득이하게 대형 머니백이 필요한 15세 이상의 청소년은 정부 복지센터에서 20살이 되기 전까지 빚을 유보해줍니다. 따라서 머니백 판매 시 반드시 신분증 나이를 확인해야 합니다. 모든 돈은 머니백에 넣어 메고 다녀야 하며, 돈을 많이 잃어서 머니백에 넣을 돈이 없을 때 마이너스 통장 개설이 가능합니다. 쉽게 말해서 돈이 많이 쌓이면 쌓일수록 거지가 되는 것이고, 돈을 잃고 잃어서 0원이 되고, 그 후에도 잃어서 마이너스 잔액을 쌓아가면서 부자가 되는 것이죠."

신입사원은 노트의 여백을 모두 채우겠다는 일념으로 열심히 메모

했다. 한참을 메모하던 중 갑자기 고개를 번쩍 들었다. 또랑또랑한 눈동자가 내 눈동자와 거세게 부딪쳤다. 얼핏 보면 순한 눈이지만 동시에 그득한 야욕도 느껴지는 눈망울이다.

"질문 있습니다. 머니백은 어디서 공수하는지요?"

"네. 우리나라에는 딱 한 개의 머니백 공장이 동대문에 있어요. 정부에서 생산 및 관리합니다. 매주 금요일에 필요한 수량을 '머니백 공사'에 보내면 월요일에 택배로 도착합니다. 진리 씨가 처음 해야 할 일은 매주 금요일에 필요한 머니백 수량을 확인하여 머니백 공사에 신청하고 월요일에 제대로 수급 받는 겁니다."

"네 알겠습니다."

사각거리는 필기 소리가 대화 사이사이 공간을 메웠다.

"판매하거나 관리하는 것은 차차 일하면서 배우죠. 궁금한 게 있으면 언제든지 물어보세요. 그리고 처음에는 우리 영업 1팀 팀원분들의 커피 성향을 파악하는 거 잊지 마시고요. 그리고 제가 나이도 더 많고 하니 지금부터는….."

"네, 선배님. 말씀 편하게 해주세요."

"그럴…까?"

2년간 탔던 수천 잔의 커피와 녹차 티백들이 뇌리를 진하게 우려냈다. 더는 아침마다 커피 배달을 하지 않아도 된다는 사실에 기뻤다. 모닝커피 배달 업무는 큰 스트레스다. '쓰다. 너무 달다. 물의 양이 적다….' 여간 까다로운 업무가 아닐 수 없다. 나는 대학교 때 경영학 이론 강의보다도 '커피 맛있게 타는 법', '점심시간 메뉴 고르는 법' 등의 강의가 더욱 필요하다고 생각한다.

신입의 모닝커피 7잔 배달 임무가 성공적으로 완료되었을 때, 판매할 머니백의 진열도 끝이 났다. 아침부터 부지런한 고객님들이 은행으로 밀물처럼 들어왔다가 썰물처럼 나가기를 반복했다. 이때, 한 모자(母子)가 대열을 이탈한 펭귄 무리처럼 뒤뚱뒤뚱 걸어왔다. 가까이서 보니 바다사자 2마리를 보는 듯했다. 특히 아이는 바다사자처럼 대단한 체취를 풍기며 뒤뚱뒤뚱 걸어왔다.

"안녕하세요. 아들이 15살이 되면서 착용할 첫 중형 머니백을 찾고 있어요. 갈색으로 하면 얼마죠?"

"네. 고객님. 중형은 50만 원입니다."

바다사자 어머니는 살에 묻혀 보이지 않는 털실 같은 눈동자를 억지로 크게 떠 보였다.

"50만 원요? 가격이 올랐나요? 작년에는 중형 머니백이 45만 원 정도 하지 않았나요?"

"네. 세금 때문입니다. 이번에 정부에서 '머니백 세금'을 대폭 올렸습니다. 그래도 여기 진열된 최신 머니백을 메면 어깨에 무리가 덜 갑니다. 물론 디자인도 단순하고 색상도 탁한 색들로 제작되어 눈에 잘 띄지도 않습니다."

중형이나 대형을 사는 일반 서민들은 최대한 칙칙하고 어두운 색상에 심플한 디자인으로 제작된, 그 때문에 남들 눈에 절대 띄지 않을 법한 머니백을 원한다.

바다사자 어머니는 꽉 끼는 특대 사이즈 청바지를 추어올리며 짧은 한숨을 내뿜었다. 그 입김이 온 은행을 덮어버릴 것 같았다.

"그렇군요…. 갈색 중형으로 하나 주세요."

"네. 아드님의 신분증을 보여주세요. …앞으로 사용하실 계좌번호 확인하시고, 비밀번호 4자리는 여기 입력판에 있는 버튼을 눌러주시면 됩니다."

바다사자 아주머니는 우측 바지 주머니에 손을 욱여넣어 살들을 억척스럽게 밀어내며 고생스럽게 아이의 신분증을 꺼냈다. 나는 신분증을 확인한 후 새 머니백에 계좌를 연동시켰다.

"자, 끝났습니다. 여기 50만 원입니다."

오늘의 첫 마수걸이에 신이 나서 머니백과 함께 금박화폐 50장을 건넸다.

"아… 죄송한데 51만 원을 주셨는데요?"

앗! 금박화폐 한 장이 손에서 미끄러져 나갔다.

"아… 죄송합니다. 한 장 이리 주세요."

바다사자 어머니는 자신의 머니백에 화폐가 들어가면서 '찰칵' 소리가 나는지 확인한 후 유영하듯 아이와 함께 자리를 떴다.

'찰칵' 소리는 사실 기분 좋은 소리는 아니다. 돈이 들어오는 신호이기 때문이다. 머니백 맨 위 가로세로 지름 5cm 크기의 비밀번호 입력판에 번호를 눌러 가방을 열고 돈을 넣으면, 짧지만 굵게 '찰칵' 소리가 들린다. 돈이 내 머니백에 들어가면 돈에 입력된 바코드에서 전 주인의 정보가 지워지고 내 번호가 입력된다. 각 화폐는 은과 금으로 만들어졌고, 반도체를 이용해 돈 하나하나에 정보를 담을 수 있다. 위

조화폐 따위는 절대 제작 불가능한 최첨단 보안 시스템이다.

돈을 흘려도 행인들이 경찰서에 친절하게 가져다주거나, 머니백을 떠난 화폐가 12시간이 지나면 스스로 경보를 작동시키기 때문에, 보통은 경찰이 직접 수거해 잃어버린 돈 주인에게 돌려준다. 물론 돈을 잃어버린 사람의 마음은 '아무나 좀 가져가 버렸으면…' 하겠지만, 당연히 어느 행인도 절대 주워 가지 않는다.

"…선배님 좀 전에 머니백 등록하실 때 어떻게 하신 겁니까?"

어느새 후배가 내 옆으로 목을 바싹 내밀면서 특종을 취재하는 기자처럼 재빠르게 수첩을 펴들었다.

"음… 먼저 머니백 맨 위 중앙에 있는 바코드 판에 신분증 번호와 계좌번호를 입력해. 그 다음 사용할 비밀번호 4자리를 두 번 연속 입력하거든, 마지막으로 은행 전산 시스템에 똑같이 모든 정보를 입력하면 끝이야. 말은 쉽지만 여기 사용되는 알고리즘은 엉켜버린 실타래처럼 아주 복잡해."

"와~ 최첨단 보안의 결정체네요!"

"그렇지. 그런데 비록 머니백 시스템이 최고의 보안 및 추적 시스템을 자랑하지만 뛰는 놈 위에 나는 놈 있다더니, 머니백을 깊은 밤 야산에 묻어 버리고 야반도주를 하는 신용 불량자들 때문에 정부가 꽤나 골치 아픈 모양이더라고. 머니백 센서는 주인과 20m 이상 떨어지면 경보가 발생하잖아? 땅속에서 삑삑 울려대다가 12시간 동안 아무런 조치가 없으면 경찰이 출동하는데 머니백을 꺼내기 위해 일난 삽질부터 해야 하는 상황인 거지. 왜 저번에도 터널 만든다고 산을 깎

35

아내리다가 엄청난 돈뭉치를 발견했다는 뉴스 봤잖아?

이렇게 야반도주한 신용 불량자들은 아무도 없는 무인도 같은 곳에서 문명을 등진 채 살아가는 삶을 택한다고 하던데… 아무리 돈이 많아도 그렇지 참 이해할 수가 없어. 불쌍한 삶이야."

대화가 끝나기가 무섭게, 갑자기 대형 택배 트럭 한 대가 코뿔소처럼 지축을 울리며 요란하게 등장했다. 곧이어 정장을 빼입은 한 청년이 차에서 내렸다.

"요청하신 머니백 배달 왔습니다."

정중앙에서 갈라진 앞머리 전체를 가지런히 뒤로 넘겼고 콧수염이 잘 관리된, 흡사 역사책에서 한번쯤 봤음 직한 히틀러를 닮은 청년하나가 은행 안으로 들어왔다. 뒤이어 20대 초반 정도로 어려 보이나몸은 건장한 아르바이트생들이 거북이 등껍질같이 커다란 중형 머니백을 등 뒤에 하나씩 붙여놓은 채로 들어와 연신 상자를 옮겨댔다. 첫임무를 부여받은 신입사원은 폭풍이 접근했음을 보고 받은 항해사처럼 바짝 긴장하며 연신 손가락을 꼽아보았다.

"음… 소형이 88개, 중형이 400개, 대형이 15개…."

'신조차 가고 싶은 직장'이라 불리는 머니백 공사에서 근무하고 있는 히틀러를 닮은 청년이 흐르는 땀을 훔치며 말했다.

"개수는 완벽하게 맞을 겁니다. 걱정하지 마세요. 히히."

보기와는 다르게 얇고 높게 갈라지는 소프라노 톤의 목소리다. 청년은 다른 아르바이트생들과 다르게 보라색 소형 머니백을 허리춤에차고 있었다. 신입으로부터 수량 확인이 끝났음을 보고 받자마자 청

36

년 앞으로 다가갔다.

"그러네요. 딱 맞네요. 다음 주에 또 주문하겠습니다. 허리 조심하세요."

"네. 감사합니다. 무릎 조심하세요! 히히."

'허리 조심하세요' 또는 '무릎 조심하세요'라는 말은 헤어질 때 하는 인사말인데, 항상 무거운 머니백을 메고 길을 나서는 일반 서민들 사이에서 주로 하는 인사다.

히틀러를 닮은 청년을 따라 택배 아르바이트생들도 어미를 따르는 병아리처럼 줄줄이 따라 나갔다. 아르바이트생들의 얼굴에는 노동과 일상에 지친 피곤함이 덕지덕지 묻어 있었다. 순간, 말로만 듣던 택배 아르바이트의 노동 강도를 가늠해 볼 수 있었다.

"진리 씨는 혹시 택배 아르바이트 경험해봤어?"

신입은 미간에 팔자 주름을 접어 보였다.

"…예 선배님. 대학교 때 며칠 해봤습니다. 택배 아르바이트가 시급으로 따지면 만 원이 넘는 고(高)지출 아르바이트지만, 머니백을 메고 추가로 무거운 상자를 나르는 일은 정말 끔찍했습니다. 신문을 보니 요즘 학생들이 가장 꺼리는 직업 1순위가 택배 배달원이라고 하더라고요. 주로 체육학과를 나온 친구들이 많이 도전한다고 합니다."

"선배님도 해보셨습니까?"

"나는 대학교 때 서빙을 주로 했었어. 치킨집이었는데 다른 가게들처럼 치킨집 한가운데 있는 머니백 보관 장소에 머니백을 두고 반경 20m가 안 넘게 조심조심 돌아다녔지. 다행히 가게가 크지는 않아서 20m를 넘어갈 일은 없었어. 한번은 피자집 서빙도 했었는데 거기는 가게가 워낙 넓어서 머니백 보관 장소가 다섯 곳이나 있었어. 아르바이트생마다 각 구역 한 군데씩 맡아서 일하긴 했는데, 가끔 한 명이 아파서 결근하게 되는 날은 죽음이었지…. 이동할 때 20m가 넘는 것 같으면 머니백을 메고 옮겼다가 다시 돌아올 때 또 옮기고……. 어휴 뭔 지랄인지."

순간 고지출 택배 아르바이트를 했었던 신입이 나를 온실 속의 화초로 자란, 세상 풍파 겪어보지 못한 선배로 생각하지는 않을지 염려되었다.

"아! 사실 대학 시절에 집안 사정이 어려워서 별별 아르바이트는 다 해봤거든! 그중에… 아! 통신사에서 전화 상담원으로 일할 때가 정말 힘들었지. 하 부장님의 가시 돋친 말들을 매일매일 받아내고도 멀쩡할 수 있는 원동력이라 할까? 하하."

"상담 업무는 딱히 힘들어 보이지는 않는데요?"

나는 손사래를 쳤다.

"아니야. '감정 노동의 끝판왕'이야. 하루 500통 이상의 빗발치는 전화 속에서 어찌나 욕을 먹었던지… '돈이나 실컷 벌어라' '화폐 다발 깔아 놓고 잠이나 자라' 등 별별 욕은 다 먹었지. 사람은 간접적인 의사소통의 틀 안에서 더욱 대담해지고 거칠어지는 법이잖아."

비 오기 전 쑤시는 관절처럼 지나간 상처의 파편들이 달려와 가슴을 콕콕 찔러댔다. 어떻게 사람에게 '돈이나 많이 벌어버려라!'라는 말을 할 수 있는 걸까? 육체적인 노동 못지않게 감정 노동으로 인한 스트레스도 만만치 않다.

오후 시간대가 되자 고객들이 달콤한 과자를 발견한 개미 떼처럼 일제히 몰려들기 시작했다. 거무튀튀하게 그늘져 있는 낯빛으로 찾아와 중형 머니백에서 대형 머니백으로 계좌를 바꿔 달라는 고객들과 옅은 미소를 머금은 채로 중형에서 소형으로 옮겨 달라는 고객들의 요청을 처리하고 고객에게 수수료 1만 원씩을 전달했다. 사실 머니백 판매보다 계좌 이동 시 받는 수수료가 더 짭짤하다. 눈앞에서 금박으로 만든 만 원짜리 화폐가 번쩍한다.

금박화폐 한 장에도 제법 무게감이 느껴진다. 사실 기분 탓이다. 만 원짜리 금박화폐 100장의 무게는 1kg 정도고, 얇은 은박으로 만든 천 원짜리 10장의 무게는 만 원 한 장 무게와 같다. 즉, 100만 원에 1kg이고, 1,000만 원에 10kg이다.

순간 갑자기 뇌의 뉴런들이 꿈틀꿈틀 용솟음치며 아이디어가 번쩍한다. '은박, 금박화폐 대용으로 종이돈을 사용하면 얼마나 편할까?' 사실, 나는 가끔 이렇게 현실성 없는 아이디어를 종종 내곤 한다. 돈을 지배하는 사람들은 부자다. 그들은 돈을 가볍게 여긴다. 종이돈이 통용되면 모든 사람이 돈을 가볍게 여기고 부자 행세를 할 것이며, 돈이 불타거나 물에 젖기도 쉽다. 물론 바코드 입력이 안 되니 돈의 추적도 불가능하다. 부자들이 이 꼴을 보고 가만히 있을 리가 없지 않은가?

"선배님! 6시입니다. 퇴근 안 하십니까?"

세상에는 생각을 방해하는 소음들이 참 많다. 가령 엘리베이터 벨

소리 또는 선배님! 소리 같은…. 나는 신입이 작곡한 선의의 소음에 반응하기로 했다.

"부장님이 퇴근해야 가지. 회사란 곳이 원래 이래. 계급 안에서 비효율적인 행태들이 만연하는 곳이야. 묵묵히 기다려야 되는 거야. 망부석처럼."

"네…."

신입사원과 나는 대단하신 부장님 밑에서 일하게 된 행운으로 1시간 동안이나 휴대폰 게임을 질펀하게 즐기는 호사를 누렸다. 퇴근하는 지하철에서는 늘 하던 공상에 사로잡혔다. 회사의 중역이 되어 신용카드 한 장만 달랑 들고 자유롭게 해외 출장을 다니는 상상이다.

신용카드는 자산이 마이너스 50억 이상은 되어야 발급받을 수 있는 꿈의 카드다. 악마 하 부장님의 경험에 따르면 자기가 신용카드 발급업무를 맡고 있어서 잘 아는데, 신용카드 발급자 중에 회사원은 거의 없다고 했다. 특히 젊은 층에서 신용카드를 발급받을 수 있는 사람은 두 부류라고 덧붙였는데 첫째는 부모를 잘 만난 사람, 둘째는 사업가라고 했다. 나는 두 가지 중 한 가지도 아니기에 절대 카드를 만들 수 없을 것이다.

자장면 집 아이들은 매일 자장면을 먹다가 어느 순간 질려서 안 먹는다는데 정작 카드를 판매하는 우리는 신용카드를 만들 수 없다. 신용이 낮은 우리가 신용이 높은 사람의 신용을 평가하는 아이러니한 상황이다.

요즘 들어 직업에 대한 회의감이 밀물처럼 밀려왔다. 저번 주 '희소성의 힘' 강의가 끝나고 강사가 얘기한 '희소한 경험을 통해 진정한 부자가 될 수 있다.'라는 말이 한밤중 양쪽 귀에서 줄기차게 울고 보채는 모기처럼 귀찮게 맴돌았다.

시시포스의
형벌을 끝내다

출근길 뉴스 시청은 나의 저렴하면서도 고상한 취미다. 12월의 한파에 얼어붙은 손을 비비며 뉴스를 본다. 검색어 1위에 달하는 흥미로운 기사가 눈길을 끌었다.

　제목은 '도미노 건설 회장, 이대로 무너지나?'이다. 국내 유수의 도미노 건설회사의 회장이 대형 머니백을 들고 고위층 인사의 집을 방문했는데 '홀쭉했던 가방이 나올 때는 빵빵하게 차 있었다'라는 내용이다. 평소 신용카드나 지갑만 들고 다니는 대기업 회장님의 3차원 속 깜찍한 포즈는 한 기자의 카메라에서 2차원의 사진이 되어 4차원의 시공간을 초월해 나를 포함한 모든 시민의 눈과 귀로 일파만파(一波萬波) 퍼져나갔다.

　은행에 도착해 금리 등 경제지표 확인을 끝내고 머니백 판매대로 걸어갔다. 신입 직원이 자리에 앉아 책을 읽고 있다.

　"좋은 아침~ 책 읽어?"

　"선배님. 좋은 아침입니다! 네, 잠깐 읽었습니다."

"무슨 책인데?"

"무역과 금융에 관한 책입니다. 무역 속에 금융을 녹여 놓았다고 할까요?"

"갑자기 웬 무역? 무역회사로 이직이라도 하려고? 하하."

"네? 에이, 아닙니다. 누나가 한 명 있는데 이번에 조그맣게 무역 벤처 회사를 차린다고 해서요. 제가 무역을 잘 모르지만, 금융 쪽으로는 조금 조언을 해줄 수 있을까 싶어서 책을 한 권 사봤습니다."

후배의 누나는 나랑 동갑이다. 그녀는 우리나라 최고의 그룹인 신화 그룹 물류 팀에 다닌다.

"그 좋은 곳을 때려치우고 가시밭길을 가시겠다?"

"그러게요… 이미 퇴사를 했더라고요."

신입 누나의 퇴사 소식에 몽롱한 추억에 잠시 빠져들었다.

"내 어릴 적 꿈이 상사맨이거든… 전 세계를 돌며 직접 물건을 사고, 파는 거야. 어때 멋지지 않아?"

"물론 그렇지만, 저는 걱정도 됩니다. 휴…."

사무실 복도를 채우는 웅성거림이 가위가 되어 대화의 꼬리를 싹둑 끊었다. 경리 직원이 정성스럽게 붙인 포스터 앞에 직원들이 삼삼오오 모여들어 심각한 표정으로 무언가를 읽고 있었다. 우리는 이들 무리 속으로 뛰어들었다. 포스터에는 다음과 같은 문구와 함께 이름들이 가지런히 나열되어 있었다.

계속되는 회사 경영의 어려움으로 희망퇴직을 받고자 합니다. 아래 명단의 임, 직원분들 중 희망퇴직을 원하시는 분은 연락 바랍니다.

- 인사팀장 -

40대 중반에서 50대 초반의 과장급 이상 스무 명의 이름이 적혀 있었다. 말이 좋아 희망퇴직이지 '반드시 나가주세요!'의 의미다. 명단을 따라 읽어가던 중 한 곳에서 눈동자가 멈췄다. 내 몸은 방파제에 부딪혀 부서지는 파도처럼 약하게 떨렸다.

'머니백 영업 1팀……김'

조심스럽게 시선을 오른쪽으로 옮겼다. 익숙한 세 글자가 절대 지어지지 않을 주홍글씨처럼 검은색 잉크로 적혀 있었다.

'머니백 영업 1팀 김명기 차장'

이름이 문제였을까? 김(金)씨는 흔하지 않은 성씨다. 금박화폐를 연상시키는 한자 '金'이 연상되기 때문이다. 물 한 모금을 꾸역꾸역 들이켜고 추적추적 발길을 돌려 자리로 돌아왔다. 저 멀리 양손 가득 상자를 들고 계시는 차장님의 쓸쓸한 어깨가 보였다. 상자 안에는 수첩, 노트북, 방석 그리고 몇 가지 서류 등이 가지런히 담겨 있었다. 직원들은 오래 묵은 배추김치처럼 축 늘어진 김 차장님을 보면서 많은 생각이 들 것이다.

회사의 정년은 60세인데 도대체 60세 넘게 근무하는 직원을 눈을 사정없이 비비고 찾아봐도 도무지 찾을 수 없다. 아마도 '정년'이라는 단어는 누구도 도달할 수 없는 신의 영역을 뜻하는 말이 아닐까? 회사를 위해 뭐같이 일했고 쥐꼬리만 한 월급에도 충성을 다했는데, 이건 판독이 필요 없는 명백한 반칙이다. 우리 사회가 계약만이라도 지켰으면 소원이 없겠다. '하루 8시간이 넘는 근무는 금지된다!'라는 근로 계약이라든지, 정년에 대한 계약이라든지…. 계약은 지키라고 존재하는 상호 간의 약속이 아니던가?

목이 메었다. 악마의 화살을 막아주시던 김 차장님이다. 아직 46세밖에 되지 않으셨고 누구보다 회사를 사랑하고 열심히 일하셨던 분이다. 더구나 김 차장님의 후임으로 들어오는 고 차장이 38살에 학벌도 변변치 않은, 김 차장님에 비하면 속된 말로 '애송이'라는 점은 충격적이다. 어떻게 김 차장님 같은 분을 칼로 두부 자르듯, 아니, 악착같이 뭉개버리고 실력도 경험도 없는 사람을 차장으로 앉히는 것인지 이해할 수가 없다. 사실 이번 인사가 도미노 그룹과 관련 있다는 소문이 나돌기는 했었다.

고 차장은 사태의 심각성을 모르는 듯 낙하산을 탄 관광객처럼 여유롭게 회사 이곳저곳을 둘러보고 있었다. 목구멍이 신물이 넘치듯 따끔했다. 고 차장 등 뒤로 김 차장님이 인생의 긴 여로에 지친 듯 터벅터벅 걸어왔다.

"김 차장님…."

"수고 많았네. 고마웠어."

내 마음은 끓어대는 증기에 들썩거리는 냄비뚜껑처럼 진정되지 않았다.

"차장님 정말 이건 말도 안 됩니다! 부당합니다! 열심히 몸 바쳐 달려오셨는데….."

"고맙네. 어쩔 수 있겠나, 여기 붙어 있기에는 내 실력이 부족한 게지. 자식 2명 대학 보낸다고 너무 많은 돈이 쌓였는데 이게 가장 큰 걱정이긴 하네. 앞으로 여행은 고사하고 외식도 좀 줄여야겠어. 허허."

"계획은 있으세요?"

"음, 구체적으로 생각해보지는 않았지. 퇴직금 내고 가벼워졌을 때 운동화 끈 꽉 동여매고 열심히 뛰어봐야지. 카페나 치킨집이 좋겠지. 자네도 알다시피 회사 나가면 우리는 할 수 있는 게 없지 않은가? 조직문화에 까맣게 물들어 버린 탓이지. 경제도 내림세에 이거 참 여간 골치 아프게 됐네. 나쁜 일은 이어달리기를 한다더니….."

김 차장님의 배웅을 마치고 자리로 돌아왔다. 머릿속이 피어오르는 담배 연기처럼 복잡하게 흐트러졌다. 퇴직 후에 왜 다른 사업 구상에 머리가 아파야 하는지 이해가 가지 않았다. 퇴직하면 젊을 때 열심히 잃은 돈으로 마이너스 통장을 두둑이 채우고 즐거운 노후를 만끽하면서 취미 생활 등으로 돈을 열심히 벌어들이는 단계가 아니던가? 부모님들은 매일 "공부만이 살길이다." "좋은 대학 들어가서 좋은 직장 잡아야 사람 구실한다."라고 하셨지만, 공부만 열심히 하고 일만 죽어라 해서 얻은 결과는 어깨에 메는 고단한 삶의 무게, 직장 스트레스, 과로, 취미 및 문화생활의 부재, 불안한 노후 등이다.

2년간 회사에서 느낀 점은 '절대 이곳에서 부자가 될 수 없다.'이다. 휴일에 놀러도 가고, 작지만 발 뻗을 수 있는 내 집도 마련할 수 있겠지만, 그곳에 에메랄드빛 카리브해 맑은 바닷물은 모두 증발하고 없었다.

열심히 하면 다 승진하는 세상도 아니다. 운칠기삼(運七技三)이다. 또한, 회사는 상사의 업무를 줄여놓고, 월급은 많이 내는 시스템으로 바꿈으로써 일반 직원들의 근로 의욕을 높이고, 승진을 목표로 열심히 근무하여 '일하지 않고 많이 대우받는 상사가 되자!'라고 유혹한다. 즉, 사장의 높은 임금은 부사장에게 더 큰 동기를 부여하는 꼴이다. 부사장은 팽팽 노는 사장이 되고 싶어서 개처럼 일한다.

마지막으로, 임원이 되어 부를 얻기 시작할 때가 동시에 은퇴 시점이다. 물론 별 사고 없이 온갖 궂은 폭풍우를 잘 버텨 주었을 때 가능한 일이겠다. 사실 버틴다는 말 자체가 우습지 않은가? 버틴다는 말을 사전에서 찾아보면 '어려운 일을 끝까지 참고 견딘다.'이다. 하지만 언제까지 인내해야 할까? 달콤한 열매는 어디에 있는가?

나의 슬림핏 네이비 양복은 죄수복 같았고 하늘색 실크 넥타이는 목줄이었으며, 입사 선물로 받은 아날로그 손목시계는 수갑이었다. 마치 벌을 받는 듯했다. 형벌 중에 제일 잔인한 벌은 의미가 없는 일을 계속하는 벌이다. 희망, 보람, 꿈같은 단어는 생각할 수도 없다. 회사 업무는 산꼭대기로 돌을 굴리면 반대편으로 떨어지고, 다시 심기일전(心機一轉)하여 돌을 옮기면 반대편으로 낙하하는 '시시포스의 형벌'이었다.

"여기 있었구먼. 자네 지금 나랑 장난하자는 건가? 구둣방에 맡겨 놓은 구두는 증발했나? 응? 미쳤지? 뚝배기 제대로 한번 깨져 볼래?"

악마는 어느 순간 중앙선을 벗어난 5톤 트럭처럼 거대한 존재감을 내뿜으며 달려들었다. 악마의 눈에는 일말의 슬픔이 없었다. 오히려 자신이 뽑히지 않아서 조금은 안도하는 듯했다. 6.25전쟁이 이렇게 시작된 게 아니던가? 정장 안주머니 깊숙이 이 모든 전쟁을 한 번에 끝낼 수 있는 마지막 무기가 꿈틀거렸다. 이 무기로 말할 것 같으면, 사용하는 순간 나 또한 목숨을 담보할 수 없는, 그런 비장의 무기다. 10년이 넘는 오랜 연애도 조금씩 쌓여가던 작은 오해와 불편한 감정의 거품들이 한순간의 잘못된 언행으로 톡! 터져버린다고 하던데, 고작 몇 년의 회사 생활 따위에 충동적인 감정이 조금 섞이면 어떤가 싶다.

'무기 발동이다!'

악마의 얼굴 앞에서 새하얀 봉투 한 장이 떨어지는 나뭇잎처럼 우아한 곡선을 그리며 기분 좋은 왈츠를 한껏 추어대더니 이윽고 흙색 테이블 위에 살포시 툭, 내려앉았다.

"어… 자네 이럴 것까지는 없지 않나. 계획도 없이 충동적으로 이러는 건 아니지…."

악마의 얼굴이 새하얗게 질렸다. 하지만 이미 늦었다.

"때로는 완벽한 계획이 독이 될 수도 있습니다. 아무쪼록 그동안 감사했습니다."

바빌론 제국의 첫 황제가 제국을 다스리기 위해 만든 함무라비 법전처럼 '이에는 이 눈에는 눈'을 생각하면 '사직서'와 함께 발칙한 반항을 시도해 볼 것도 상상해봤으나 생각을 접기로 했다. 사실, 부장님도 말 못 할 고민이 많았을 테다. 재레드 다이아몬드는 그의 저서 《총. 균. 쇠》에서 원시부터 현재까지 인류의 발전과 변화에는 '총, 균, 쇠'의 영향이 크다고 말했다. 요점은 환경이 인간을 변화시킨다는 점이다. 천국에서 악마가 태어날 수는 없다. 어질러진 사회에서 돈을 많이 잃기 위해서는 경쟁에서 이겨야 하고, 경쟁의 링에서 '악마' 캐릭터는 나름 승기를 잡기 쉬운 캐릭터이다. 그를 미워할 필요가 있을까 싶었다. 속세를 잊고 떠나는 도인이 된 기분이다.

왈츠를 춘 '흰 봉투 사건'은 일파만파로 퍼져나갔다. 안타까운 소식에 많은 위로도 받았다. 특히 갓 들어와 정붙인 후배는 급작스러운 변화에 적잖은 충격을 받은 모양이다. 하지만 나의 퇴사는 이미 예견된 일이었다. 시시포스의 형벌을 끝내고 싶었다. 아무리 성실하게 밤, 낮으로 일해도 머니백의 굴레에서 벗어날 수 없는 현실과 의미 없는 서류 작업에 지쳐 있었다. 버려진 김 차장님의 쓸쓸한 뒷모습과 하 부장님의 맹공격이 트리거(trigger)가 되어 그 시기를 조금 앞당겼을 뿐이다.

이미 엎질러진 물이다. 지금까지는 잡다한 지식을 얇게 쌓고 경제 서적만 냅다 읽었다. 하지만 책만 읽는다고 부자가 되지는 않는다. 그 많은 경제 전문가들, 교수들은 평생 돈의 흐름을 연구하지만, 역설적이게도 정작 본인은 부자가 아니다. 저지를 수 있는 도전 정신이 없다면 이 지식은 앙꼬 없는 찐빵 신세다. 한 살이라도 젊을 때 두려워도 한번 해보자!

"플랜 B다."

5

생각대로 살지 않으면 사는 대로 생각한다

퇴사 후 약 1년간 쉬지 않고 정보를 모았다. 각종 정보와 인맥을 마른 수건 물 짜듯이 쥐어짰다. 덕분에 장사에 필요한 마이너스 6,000만 원을 모을 수 있었다. 요즘 청년답지는 않았다. 요즘 청년 실업 문제가 큰 화두인데, 내 나이 또래 대부분은 마이너스 통장이 없다. 대학 등록금을 받다 보면 어느새 1,000만 원, 2,000만 원 차곡차곡 돈이 쌓인다. 또한, 그들은 돈이 줄어드는 족족 유명 맛집 탐방, 최신 I-MAX 영화 상영 등으로 다시 돈을 채워 넣는다. 하지만 이 청년들을 욕할 수만은 없다. 고단한 세상에서 나름 저렴한 비용으로 문화생활을 즐기고자 하는 것이니… 어쩌겠는가.

　오늘은 은행에 돈을 적금(積金)하러 갔다가 허탕만 치고 돌아왔다. 적금은 사업을 시작하거나 집을 살 때 여력이 없는 사람들이 은행에 높은 이자를 물고라도 돈을 맡기는 금융 시스템이다. 그 많은 돈을 짊어지고 장사할 수는 없는 노릇이다. 이때 은행은 무거운 돈다발을 잠시 맡아두는 든든한 창고가 된다. 물론 10% 이상의 고액 이자를 감당할 각오는 필수다.

적금은 유대인들이 만든 최고의 발명인데, 그들은 사회의 핍박 안에서 사람들이 꺼리던 고리 적금(높은 이자를 담보로 돈을 맡아주는 일) 사업에 뛰어들었고, 결과적으로 원하든 원하지 않았든 시장 발전에 혁혁한 공을 세웠다. 돈이 많아서 반경 20m 이상 나가지도 못하는 사람들에게도 이들은 '출장 이동 서비스'를 도입했다. 더 높은 이자를 담보로 직접 찾아가 돈을 수거하고 맡아주는 서비스이다. 하지만 대부분의 고리 적금 이용자들은 높은 이자를 감당하지 못하고, 종국에는 이자의 노예로 전락했다. 심한 경우 여성들은 스스로 정절을 포기했고, 건장한 남성들의 장기는 조용히 외국으로 팔려나가곤 했다. 최근 무리한 담보로 적금을 넣은 한 50대 남성이 고리 적금 이자를 견디지 못하고 자살을 선택한 것도 이와 무관하지 않다.

물론 긍정적인 면도 있다. 자기 힘으로 할 수 없는 사업을 벌일 수 있다는 점이다. 사실 월 스트리트(Wall Street) 대형 은행의 적금 없이는 오늘의 미국은 존재할 수 없었을 테다. 천문학적인 철도 건설, 운하 건설, 철강 산업 등의 마이너스 자본의 시발점은 바로 월가다. 수백, 수천억 원의 돈을 은행에 맡기고 자유롭게 거리를 활보하면서 회사를 경영하는 기업인은 얼마나 능률적인가?

하지만 현재 모든 은행은 기업가 또는 부자에게만 혜택을 준다. 서민의 돈을 맡아서 처리하는 행위가 얼마나 위험한 일인지 그들은 안다. 전직 은행원으로 확실하게 말할 수 있는데, 은행에 돈을 적금, 즉 맡기러 온 사람들의 90%는 적금에 실패한다. 왜냐하면, 적금 신청에는 높은 신용도가 요구되기 때문이다.

"마이너스 1억 이상이 계좌에 있어야 하고 담보로 잡을 수 있는 집도 필요합니다. 선생님의 신용도를 볼 때 연이율은 15%입니다."

적금 상담 중 은행 직원의 답변이었다. 물론 처음부터 장벽이 높은 건 아니었다. 10년 전에 은행이 조건을 완화하고 무리하게 적금을 감행한 사건이 있었다. 미국에서는 이와 비슷하게 부동산을 담보로 많은 적금이 이뤄졌다. 많은 사람이 자기의 능력보다 많은 돈을 은행에 맡겨두고 흥청망청 돈을 벌어대면서 돌아다녔다. 머니백에 돈이 차면 그 다음 날 다시 은행에 가서 돈을 적금하고, 또 적금하고…. 심지어 은행까지 갈 필요도 없었다. 각종 출장 퀵 서비스가 성행하면서 은행에 가지 않고도 돈을 적금할 수 있었다.

모두가 솜털같이 가벼운 세상이었다. 길거리에 '머니백'이 사라지기 시작했다. 심지어 지갑을 들고 다니는 서민들도 속속 보였다. 모두가 눈이 멀었다. 누가 부자이고 누가 거지인지 구분할 수 없었다. 자유롭게 여행도 떠났다. '이때 아니면 언제 이런 호사를 누리겠냐?'는 생각뿐이었다.

하지만 달콤함은 오래가지 않았다. 금리는 1년 만에 30% 넘게 높게 치솟았고, 신용 불량자가 대거 발생했으며, 파산하는 사람들이 밀물에 떠밀려 올라오는 죽은 물고기 떼처럼 부패한 냄새를 풍기며 악취로 거리 곳곳을 메웠다.

경제 위기 사이클(Cycle)이 10년 주기라는 주장은 경제지에서 심심치 않게 소개되고 있다. 즉, 이번 해는 경제 붕괴 10주년 차가 되는 년이다. 아직 찻잔 속 태풍처럼 고요하게 흘러가는 형국이 더 무섭게 느껴진다. 하지만, 부정적인 생각은 고이 접어 버리기로 했다. 이때를 위해 그토록 많은 독서와 사색을 하며 꿈꿔오지 않았던가? 내일부터는 젊은 혈기를 가슴에 꼭 쥐고 세상과 맞장 한번 시원하게 떠보련다.

"민수야, 아침 먹어라!"

"네!"

"뭔 생각을 그렇게 하고 있어? 엄마가 세 번이나 불렀는데."

"별거 아니에요. 하하."

시린 겨울 속 포근한 아침 햇살이 왼쪽 어깨에 닿았다. 아침 햇살은 가볍지만, 어깨는 무겁다. 오늘부터 시작될 깃털 같은 인생에서 어깨, 허리는 가장 중요한 자산이다. 《어깨 건강 지키기》라는 책이 요즘 인기다. 테니스공 하나면 어깨 및 허리 스트레칭을 할 수 있단다. 어깨부터 허리 그리고 허벅지, 무릎까지 삶의 무게를 지탱하는 내 몸의 자산이다. 아침 식사 후 늘 하던 스트레칭이 끝나고 어머니의 긴 한숨과 걱정을 배낭에 붙들어 매고 황급히 길을 나서기로 했다.

"언제 돌아올 거야? 날도 추운데….."

"가게 근처에 숙소도 있으니까 걱정하지 마세요."

"경제가 어렵기도 하고, 요즘 장사로 성공하기가 불가능하다고 하던데…."

"걱정하지 마세요. 도착해서 연락드릴게요!"

주위 사람들로부터 장사나 사업이 얼마나 어렵고 불가능한 일인지 한참을 듣고 오신 어머니가 걱정하시는 건 당연하다. 장사 준비로 바쁜 요즘, 부쩍 지인들에게서 가장 많이 듣는 단어가 '불가능'이다.

위대한 프랑스 장군 '나폴레옹 보나파르트'는 알프스산맥을 넘을 때 '내 사전에 불가능은 없다.' 는 말을 남겼다. 역사적으로 대규모 군대가 험준한 알프스산맥을 넘는 일은 승산 없는 도전이었다. 하지만 기원전 218년 한니발의 로마원정(제2차 포에니전쟁), 서기 773년 샤를마뉴 대제의 원정, 1799년 러시아 장군 수보로프의 원정, 그리고 나폴레옹이 알프스산맥을 넘었다. 불가능이란 말 자체가 가능하지 않다는 뜻인데, 단 한 명만 성공해도 더는 불가능이라고 부를 수 없다. 하물며 역사상 아니, 지금, 이 순간에도 부자들은 넘쳐나지 않는가? 부자가 이렇게도 많은데 무엇이 불가능이고 어렵다는 건지 내 머리로는 도저히 이해할 수 없다. 달에 발자국이 있는데 '우리가 하늘을 벗어날 수 없다.'라고 말해서는 안 된다.

커피 한 잔을 들고 지하철역으로 향했다. 나의 은은하고 달콤한 계획을 떠올리니 벌써 기분이 좋아졌다. 커피는 잔 가득 채워져 뜨거운 온기를 내뿜었다. 절대 줄어들지 않을 대용량이다. 커피에다 샷을 추가할 수도 있고 시럽을 넣을 수도 있다. 사람들은 샷을 추가하면서 쓰다고 불평이다. 그럴 땐 달콤한 시럽을 넣어줘야 한다. 생각의 커피에 무엇을 넣느냐에 따라 달콤하기도, 쓰기도 한다.

'커피 한 잔에 인생이 녹아 있다.'

커피를 통해 인생을 통찰하는 괜찮은 카피(copy) 한 줄이다. 괜히 커피 한 잔에도 의미를 부여하고 싶은 그런 날이다.

갑자기 바람이 매섭게 불기 시작했다. 갑자기 불어온 차가운 북서풍에 커피잔을 가슴 쪽으로 바싹 움켜잡았다. 겨울이 다가오니 날씨가 참 시리다. 하긴 더운 여름보다 겨울이 훨씬 낫다. 나와 같은 대부분 서민들의 생각이다. 두꺼운 옷을 입으면 어깨 통증도 덜하고, 찬바람은 흐르는 땀도 식혀주니 얼마나 좋은가? 부자들은 여름을 더 선호한다고 하는데 정말 미친 소리다. 하지만 나 또한 그 삶을 곧 이해하게 될 테다. 커피잔을 문 입가의 미소가 커피에 스며든다.

역 앞 풍경은 그다지 멋스럽지 않다. 자기 몸보다 10배 이상은 큰 배낭을 옆에 두고 역 앞 행인들에게 말을 거는 노숙자들이 보인다. 대형 머니백의 신축성은 말로만 들었지, 직접 앞에서 보니 정말 끝내준다. 저 배낭 안에 무엇이 들어 있을지 상상하다가 오래된 고무줄처럼 축 늘어지는 기분에 그만두기로 했다.

'뻔하지······.' 저들은 어쩌다가 돈을 많이 모으게 된 걸까? 시민 단체가 외치던 인간의 평등은 불가능한가? 부자들과 저들의 차이는 정말 종이 한 장 차이일까? 저들도 나와 같은 나이 때는 꿈과 야망이 있던 청년이었을까? 생각해보니 정신이 번쩍 든다. 카페인의 영향도 무시할 순 없겠다.

"형님. 천 원만 가져가 주실랍니까? 히히."

나이는 40대 초중반으로 보이는 노숙자가 히죽거리며 다가왔다. 푹 꺼진 눈구덩이, 검게 그을린 얼굴에 머리는 스프레이를 사정없이 뿌린 듯 푸석푸석하다. 두꺼운 점퍼를 입고 있었는데, 이번 여름부터 쭉 저 점퍼만 입었는지 너저분하다. 히죽거리는 꼴이 썩 마음에 들지 않았다. 풍겨오는 술 냄새도 역겨웠다. 가까이 다가온 그의 운동화가 내 새 운동화의 앞 코를 거뭇하게 감쌌다. 심미적 기능이라고는 하나도 찾아볼 수 없는, 5cm가 넘는 쿠션이 탑재된, 괴물 같은 황색 운동화다.

저 거대한 배낭이 먼저인가? 괴물 운동화가 먼저인가? 사실 이 문제는 중요한 문제다. 거지가 되어서 괴물 운동화를 구매했는지, 아니면 으레 자신감을 잃고 괴물 운동화를 미리 장만하여 큰 배낭을 끌어들인 것인지.

긍정적으로 생각해야 한다. 긍정적인 마인드는 긍정적인 행동을 불러오고 이는 주위 환경을 바꾸고 종국에 '나' 자신을 바꾼다. 그 때문에 부자들은 생각하는 대로 삶을 살아간다. 하지만 돈을 두려워하며, 자신감을 잃어버린 사람은 거지가 되는 게 우리네 인생이요, 진리다. 이들은 사는 대로 생각하는 경지에 이른다. 이런 비밀을 아느냐 모르냐의 차이는 매끄럽고 딱딱해 보이는 구두와 그저 쿠션으로 가득 찬 괴물 운동화만큼이나 크다.

아무튼, 새로운 인생을 시작하는 시점에 이게 웬 부정 타는 일인가? 역 안으로 급히 발길을 돌렸다. 차라리 '배곯는 어린아이' 핑계를 들먹였으면 돈 한 움큼 정도는 가져갔을 테다. 저렇게 하늘 높게 솟은 배낭을 메고 다니는 지경에도 정신 못 차리고 술을 퍼마시는 저(低)자세는 이해할 수 없다. 나는 뒤돌아 외쳤다.

"일하세요! 일을! 어디 가게라도 가서 허드렛일이라도 하시라고요.

앉아서 구걸만 하고 있으면 그 많은 돈을 누가 가져가 준답니까? 일도 안 하면서 구걸하는 사람이 제일 한심합니다."

근처 노숙자들이 전부 들으라는 듯이 큰 소리로 설교를 마쳤다. 그들은 예기치 못한 깜짝 설교에 눈을 껌뻑했다.

'역시 가난한 사람은 정해져 있는 게 아닐까?'라고 생각하며 다 마신 커피잔을 역 안 쓰레기통을 향해 던졌다. 커피잔은 쓰레기통 바깥쪽 모서리를 강하게 때리고 바닥에 주저앉았다.

장사의 신

예상치 못한 경제 호황으로 나를 포함한 많은 이들이 우후죽순(雨後竹筍)으로 사업 전선에 뛰어들었다. 나 또한 어떤 사업을 할지 고민이 많았다. 신발가게가 제일 끌렸지만 바로 앞집에 하나가 있다 보니 일찌감치 포기했다. 앞집을 마주 보고 뻔뻔하게 장사를 할 정도로 철면피는 아니다.

　주식은 위로 쳐올리는 황소의 뿔처럼 연일 최고가를 갈아치웠다. 하지만 뉴스에서는 연일 '현재가 고점이다. 제2의 경제 공황이 곧 올 수 있다.'라는 현실과는 반대되는 경고음을 마구 쏟아냈다.

　10년 전 부모님으로부터 세계 경제 위기에 대해서 들은 적이 있다. 어릴 적 일이라 기억은 없지만, 그 당시 경제가 사막같이 메말랐었다고 한다. 우물을 파면 밤에 모래폭풍이 우물을 덮어버리고 아침에 일어나 다시 우물을 파는데 모래폭풍이 덮치고… 희망이 보이지 않았다고….

　하지만 위기가 기회가 되고 경제 위기 때 벼락부자가 떨어지는 게 우리네 역사다. 그렇다면, 제2의 경제 공황이 왔을 때, 싱그럽고 촉촉한 오아시스 같은 사업은 어디 있을까?

오아시스를 발견하는 방법은 크게 2가지가 있는데 톱다운(Top down)과 바텀업(Bottom up)이다. 바텀업은 먼저 사업을 정하고 거시적으로 생각하는 방법이다. 먼저 라면집을 하기로 마음먹은 후 미래 경쟁자의 분석, 라면 업계의 트렌드, 라면 소비 시장은 흥할 것인지 아닌지 등을 분석한다.

반면에 톱다운은 거시경제를 분석, 예를 들면, '곧 부동산 가격이 폭등할 것이다.'라는 예측이 선행하고 그렇다면 어떤 사업을 할지 생각해보는 것이다. 아마 부동산 중개업을 선택할 확률이 높겠다. 사실 톱다운이 공부할 양이 많고 까다롭지만, 그나마 오아시스를 발견할 확률이 높다.

나는 톱다운 방식으로 환율, 부동산 추세, 각종 경제 정책 등을 철저히 분석하고 셈한 결과 '머니백 대용 지갑' 사업을 하기로 마음먹었다.

현재 경제는 호황이지만 추세는 언제든 바뀔 수 있다. 특히 불황은 불친절하다. 절대 노크하는 법이 없다. 하지만, 불황이 올까 벌벌 떨며 집 안에만 틀어박혀 있을 수도 없다. 깊은 불황이 오기 전에 부(富)를 만들 수 있는 마지막 기회를 잡아야 한다.

한 가지 더 염려스러운 점은 지갑은 사치품이기 때문에, 은행에서 구매할 수 없다는 것이다. 백화점이나 일반 개인이 판매한다. 즉 정부의 보호를 받을 수 없다. 정부는 머니백만 권장하고 있으며, 지갑은 사치품으로 분류해 거래 시 많은 세금을 부과하고 있다. 물론 돈을 담을 수도 없다. 돈을 담으려면 전자 계좌가 연동되어야 하는데 정부에서 이를 허락하지 않고 있다.

내가 지금부터 할 일은 정말 빠르게 부자의 길로 들어서는 일이다. 지갑은 부자들의 전유물이다. 상위 5%의 돈 없는 부자들은 백화점에서 손바닥 크기의 신용카드 지갑 또는 화폐 지갑을 들고 다닌다. 그들은 지갑 속에 신용카드와 쿠폰 및 서류 등 작은 종이 몇 가지를 담는다.

서민들은 신용카드 발급 자체가 불가능하다. 그러므로, 지갑을 들고 다닐 필요가 없다. 하지만 나는 지갑에 계좌연동을 시킨 후 판매할 것이다. 즉, 신용카드가 없지만, 소형 머니백은 질려버린 일부 중산층의 허영심을 살살 긁어 볼 요량이다. 물론 이 사업은 도덕적으로 어긋나지만, 내게는 이 길이 빠르게 부자의 길로 들어서는 추월차선이다.

'딱, 1~2년만 팔고 빠지자. 경제 위기 전까지만….'

나는 자기 위로를 하면서 머리를 좀 식히기로 했다. 그런데 바로 앞집에서 들리는 흥미로운 흥정에 내 귓바퀴가 간지러웠다. 배불뚝이에 앞머리가 살짝 벗겨진 앞집 신발가게 주인이다. 늘 싱글벙글 웃는 상인데 지금도 손님에게 한 켤레의 신발이라도 더 팔아보려고 음흉한 웃음을 연신 날려대고 있다. 그의 툭 튀어나온 앞니 한 개가 조금은 거북스러운 웃음을 자아냈다. 주인의 말솜씨에 손님은 태풍에 넘어가는 소나무처럼 위태로워 보였다. 나는 대화를 듣기 위해 좀 더 가까이 다가갔다.

"나무로 만든 나막신은 요즘 부자들이 구두를 넘어서 파티 때 가끔 신는다는 신상 명품 신발이죠. 주로 장인들이 캐나다산 단풍나무로 제작하는데 절대 이어붙이지 않고 조각칼로 조금씩 깎아서 만들죠. 우리 선조들이 비가 올 때 짚신 대신 신었다는 기록이 있지요. 오늘 사시면 제가 5만 원을 깎아드리겠습니다! 빨리요. 이런 기회 흔치 않아요. 손님!"

배불뚝이 신발가게 주인은 본인의 머니백을 손님에게 들이밀면서 거래 성사를 위해 애쓰고 있었다. 외모야 어떻든 신발가게 주인에게도 분명 배울 점은 있다. 이렇게 집요하게 손님을 링 안에 몰아세우고 잽과 훅을 날리는 데 어떤 손님이 버틸 수 있을까?

'K. O.'

결국, 전봇대처럼 큰 키에 바짝 마른 30대 남성 손님은 나막신을 구매했다. 나막신은 파티나 중요 모임에 신는 경우가 대부분인데, 정부가 녹색 경제를 강조하면서 자연을 있는 그대로 조각한 나막신의 인기가 치솟고 있다. 부자들은 이것을 '그린 소비'라고 명한다. 사실 이런 조그마한 상점에서 팔 제품은 아니다. 나막신을 구매한 손님이 떠난 후 한참 동안 나막신을 보고 있던 내게 배불뚝이 주인이 다가왔다.

"멋지죠?"

"네?"

"제가 특별히 주문 제작한 겁니다. 겉은 나막신같이 보이지만 지천으로 널린 소나무로 만들어진 제품으로 안쪽에는 운동화처럼 천과 쿠션이 넛붙여져 있어요. '부사 흉내 내기'라고 할까요? 하하하."

안쪽을 만져보니 푹신한 면 쿠션 처리가 되어 있었다.

"와, 정말 안쪽에 쿠션이 있네요."

"맞아요. 겉보기에 명품 단풍나무 나막신과 비교해도 손색이 없죠. 딱딱해서 발이 아프겠지만, 패션에 죽고 사는 젊은 층에서 인기가 좋아요."

"맞아요. 젊은 사람들은 편안함보다 패션을 중시하는 경우가 많지요."

그는 사람을 기분 좋게 해주는 맞장구를 연신 쳐댔다.

"맞습니다. 제가 백화점에 몰래 들어가서 이것저것 살펴보고 영감을 받아 요것들을 만들게 되었죠. 백화점에 한번 가보세요. 마치 다른 나라를 여행하는 느낌이랄까, 분명 좋은 영감을 얻게 될 겁니다."

그가 다른 나라 구경을 했을 리는 만무하다고 나는 생각했다.

"그렇군요. 그런데 백화점이요? 제가 거기를 어떻게 들어갑니까?"

신발 주인은 주의를 한번 두리번거리더니 조용히 다가왔다. 그는 내 쪽으로 얼굴을 바싹 들이밀고 옅은 미소를 발산하며 나긋하게 속삭였다.

"백화점에 가보고 싶죠? 그 부자들만 갈 수 있는 그곳 말이에요. 만약 당신이 백화점에 간다면 머리에서 영감이 폭포수 물 알갱이만큼 쏟아져 내린답니다. 내가 어떻게 나막신을 생각해낼 수 있겠어요? 그 냥 넓적하고 푹신한 운동화나 팔 것이지. 안 그래요? 젊은 사람이 포부가 있어야지 그냥 남들처럼 해서는 먹고살 수 없어요. 말해줄까? 비밀을? 그런데… 대가가 있어야겠죠?"

신발가게 주인은 한참을 내 귓속에다 따뜻한 폭포수 알갱이를 쏟아낸 뒤 뒤따라 들어오는 손님을 보자 거북스러운 미소를 지으며 떠났다. 내 오른손에는 살 생각도 없었던 나막신 한 켤레가 속절없이 들려 있었다. 나는 가게를 나오며 나지막이 속삭였다.

"정말 장사의 신이네."

명품 시계를 차면
시간을 늘릴 수 있을까?

밤 7시. 가게 문을 닫고 백화점으로 향했다. 건물 전체가 통유리로 제작된 화려하고 웅장한 모습이 제일 먼저 눈에 들어왔다. 나는 신발 가게 주인이 말해준 방법대로 경비가 없는 틈을 타 지하 통로를 통해 몰래 잠입했다. 국회에서 백화점 입장 시 마이너스 통장 1억 원 이상을 소지한 사람만 입장하도록 법을 개정한 이후로 백화점 내에 서민들은 자취를 감추었다. 하지만 백화점 매출은 오히려 껑충 뛰었다고 하니, 부자들은 서민들과 어디서든 섞이고 싶지 않은가보다.

　이는 우리나라에 국한되지 않는다. 페루에는 장벽이 하나 있는데 리마 시 남동쪽에 세워진 높이 3m, 길이 10km의 긴 장벽이 빈민촌과 부촌을 가르고 있다. 이는 부촌에 거주하는 부자들이 자신들의 안전을 위해 세운 것이다.

　독일의 저명한 경제학자 피터 드러커는 지식인들이 돈이 없는 부자들을 뛰어넘는 지식 사회가 도래했다고 주장했지만, 현실에서는 돈이 지식을 지배하는 게 분명하다. 지식 사회에서는 박학다식한 선생님들을 백화점 VIP로 모시겠지만, 현실은 선생 급여로는 발도 못 붙이는 곳이 백화점이다.

기분 탓인지 백화점 직원들의 시선이 커다란 중형 머니백을 메고 있는 나에게 쏠리는 것 같아 불편했다. 하기야 중형 머니백을 메고 백화점에 쇼핑하러 오는 사람이 얼마나 될까? 마음 같아서는 가게에 놓고 오고 싶었지만, 20m 이상 떨어지게 되면 센서가 주인을 감지하지 못하여 요란한 알람이 울리기 때문에 포기했다.

백화점에는 온갖 명품들이 즐비했다. 눈앞에서 3,000만 원짜리 시계들이 씽씽 지나가고 있었는데, 절대 잡을 수 없을 정도로 빠르게 눈앞에서 사라졌다. 모든 사람에게 시간은 평등하다고 하던데 왠지 이곳에서는 아닐 것 같다.

처음 백화점 구경 중 놀란 것은 듣던 대로 모든 물건의 색 및 재질 중 금과 은이 없는 점이다. 금박, 은박을 이용해 화폐를 만들다보니, 자연스레 금색, 은색조차 부정 타는 색으로 여겨지기 때문이다. 그 때문에 서민들은 집마다 저렴한 은수저가 있지만, 부자들은 스테인리스 재질의 수저를 사용한다. 은수저로 국을 뜰 때 독이 들어 있으면 은수저가 퍼렇게 변한다고 하는데 서민들은 독살당할 가능성이 없겠다. 사실 독 값이 비싸서 일개 서민 한 명을 독살할 확률은 낮다. 참 다행이다.

걷다 보니 가방을 파는 곳에 도착했다. 정문으로 들어온 손님처럼 느긋하게 살펴보았다. 점원은 나를 보더니, 대꾸도 않고 어딘가로 전화를 걸었다.

"여기 형광 '프라다 지갑' 좀 볼 수 있을까요?"

진열대 앞에 한 여인이 고개를 반쯤 숙이고 열심히 아가들을 찾고 있었다. 여자들은 지갑이나 소형 백을 아가라고 부른다. 길게 늘어뜨린 머리카락에서 복숭아향 샴푸 냄새가 은은하게 퍼졌다. 눈은 앵두처럼 동그랗고 코끝은 싱싱한 가지처럼 둥그렇게 빚어져 있었다. 입은 조그마한 포도알을 연상케 하는, 과즙을 짜놓은 듯 상큼한 여인이다. 나이는 분명 내 또래인데, 500만 원이나 하는 지갑을 겁도 없이 쥐락펴락하며 이리저리 살펴보고 있다. 혹시나 흠집이 가지 않을까 염려되어 나는 만지지도 못하는 물건들이다.

"밝은 노란색으로 할게요."

큰 머니백을 메고 다니는 서민들은 최대한 튀지 않고 무난한 디자인의 머니백을 원한다. 가난하다고 자랑할 필요는 없으니까. 하지만 이 여인은 가장 요란하고 눈에 띄는 색의 지갑을 골랐다. 직원이 바코드를 입력하는데 통장 잔액이 한 번 번쩍한다. 비밀번호를 입력하고 머니백 안으로 돈이 들어갈 때, 0.5초간 손님의 잔액을 볼 수 있다. 예전에 아들의 머니백을 구매하러 온 바다사자를 닮은 아주머니의 잔액은 '+1,000만 원'이었다. 머니백 속에 고스란히 10kg 무게를 메고 다녀야 하는 무거운 인생이었다. 하지만 이 여자의 통장 금액은 … 보이지 않았다. 단위가 10억이 넘어가면 숫자가 보이지 않는다. 아마도 마이너스 10억 이상의 자산을 가진 대단한 부자가 틀림없다.

저 여인은 여익주를 물고 태어난 게다. 저들은 머니백을 모른다. 알아도 모른다. 밤마다 가족끼리 모여서 어깨를 주무르며 눈물짓던

71

구슬픈 기억이 없다. 애초에 서민의 삶에 관심이 없다. 이 때문에 서민들과 괴리감이 생기고 몇몇 서민 여자들은 이들을 보며 코를 세웠네, 광대가 튀어나왔네! 등의 흠을 잡곤 한다. 그런데 이 여인을 보면, 부자인데 심지어 예쁘다. 젠장, 요즘 세상은 부자가 공부도 잘하고 외모도 뛰어나고 마음도 여유롭다. 이 여인을 보니 말을 아는 꽃을 뜻하는 해어화(解語花)가 생각났다.

악어가죽으로 만든 오렌지색 소형 백을 바라보다 백화점 벽면 거울 속 누군가와 눈이 마주친다. 눈은 좀 작게 찢어졌으나 코는 퍼렇게 날이 섰으며, 적당하게 짙은 눈썹을 가진 20대 후반 정도로 보이는 남성이다. 이 정도면 어디서 못생겼다는 소리 들을 일은 없다. 더군다나 명문대를 졸업하고 머릿속에 각종 지식도 둥둥 떠다니는 나다. 이제 부자만 되면 나도 완벽한 사람이 될 테다. 잘 익은 퍼즐 한 조각, 그 따끈따끈한 한 조각의 '돈'만 없으면 만사형통(萬事亨通)이다.

"저기, 죄송합니다만, 잠깐 검문이 있겠습니다."

'아뿔싸.'

각자 검은색 바코드 기계를 한 손에 든 3명의 경비원이 다가왔다. 얼굴에는 검문하게 되어 무척 미안하다는 표정이 가득했다. 저들이 내 머니백에 기계를 대는 순간 나는 끌려 나갈 것이다. 마이너스 6,000만 원 중에 도매상에게 물건값 5,000만 원을 받고 가게와 원룸 월세 및 각종 초기비용으로 +1,100만 원을 받아, 총 +100만 원의 금액이 머니백 안에 들어 있었다. 백화점은 마이너스 통장 1억 이상을 가지고 있는 중산층 이상만 올 수 있는 곳이다. 순간 눈앞이 노래졌다. 하지만 저들은 아직 내 잔액을 모른다. 이대로 그녀 앞에서 창피를 당할 수는 없다.

"지금 무슨 말을 하는 겁니까? 들어올 때 확인하시지 않았나요?"

젠장, 어불성설(語不成說)이다. 저들이 위아래 1.5m 크기의 가방을 메고 다니는 손님을 기억 못 할 리 없다. 하기야 부자 중에서도 중형이나 대형 머니백을 메고 다니며 패션의 한 부분으로 생각하는 정신 나간 사람들도 많이 있지 않은가? 21세기 최고의 천재이자 거부(巨富) 중 한 명이었던 애플의 창업자 스티브 잡스도 청바지에 검정 목폴라티 그리고 중형 머니백을 메고 다녔다. 많은 부자들은 그를 보고 '정신 나간 괴짜'로 치부하였으나 서민들은 모두 그를 좋아했다.

해적 소굴에 잡혀가도 정신만 차리면 산다. 이때, 순간적으로 창의적인 변명이 떠올라 힘 있게 한마디를 내뱉었다.

"당신들 내가 누군지 알아?"

젠장, 아주 창의적인 변명이다. 높으신 분들이 자주 써먹는다는 그 변명이 아니던가? '두유노 후아이엠 (Do you know who I am)?' 영어든 한국어든 정말 말이 안 되는 변명이다. 오늘 처음 본 저들이 내가 누군지 알 수도 없고 알 필요도 없다.

몇 초간이 침묵이 흘렀다.

"아…. 죄송합니다. 매장 직원이 벨을 눌러서 그만…."

제일 선임으로 보이는 경비 한 명의 이마에 작은 땀방울이 송골송골 맺히기 시작했다. 생각보다 당당한 내 모습에 적잖이 놀란 듯했다.

"이거 기분 더러워서 참… 당신들 매니저 불러요. 이런 취급 받으

73

면서 쇼핑하고 싶지 않습니다. 누굴 거지로 아나.”

“죄송합니다. 성함을 알려주시면 앞으로 쭉 검문은 생략하도록 하겠습니다.”

사실 이게 웬 떡인지, 앞으로는 검문 없이 자유롭게 백화점에 들어올 수 있는 무적의 통행증을 얻는 것이다. 매일 눈치 보지 않고 매장 구경을 할 수 있게 된다. 하긴 나는 미래의 VIP 고객이다. 나를 단순히 중형 머니백을 메고 다니는 가난한 서민 취급을 하면 곤란하다.

“정말 죄송했습니다. 즐거운 쇼핑 되시길….”

경비원들은 황급히 자리를 떴다. 높은 사람들이 불리할 때마다 내가 누군지 물어대는 이유를 알았다. 정말 효과가 있었다. 역시 이들이 괜히 박식하고 높은 자리까지 올라간 게 아니다.

“저기요?”

매장에서 이 광경을 지켜보던 여인이 말을 걸었다. 가까이서 보니 성숙미가 물씬 느껴졌다. 혹시 나의 당당한 모습에 반한 것일까? 아니면 나 같은 거부와 대화를 나눠보고 싶은….

“당신 그렇게 살지 마세요!”

예상치 못한 반응에 아이스크림 한 통을 입안에 털어 넣은 듯 머리가 띵했다.

“네? 무슨….”

“아니, 돈 없는 게 무슨 벼슬입니까? 그냥 검문 받으면 되죠. 굳이 아버지뻘 되는 경비분들에게 무안을 줄 필요가 있나요? 그리고, … 휴, 그 중형 머니백. 도대체 왜 머니백을 패션으로 메고 다니죠? 화폐

몇 장 넣어두고 공기 빵빵하게 채우고 다니면서 희열이라도 느끼시나요? 매일같이 무거운 가방을 들고 다니는 이들의 어깨의 멍, 아니 시퍼런 가슴속 멍은 생각해보셨어요? 너무 하시네요."

"…아니, 백화점에서 정당한 대접을 받는 게 문제인가요?"

"본인이 저분들보다 더 뛰어나다고 생각하시죠? 부자는 신이 아니에요. 사람 위에 사람 없습니다. 몽블랑 만년필로 서명하면 계약이 무조건 이뤄지나요? 장인이 만든 시계를 차면 시간을 늘리고 줄일 수 있어요? 명품 구두를 신는다고 물 위를 걸을 수는 없잖아요? 명품 쇼핑 따위로 돈을 벌어들이는 사람은 진정한 부자라 할 수 없어요. 돈보다 중요한 삶의 가치를 이해 못 하는 사람 따위나 백화점에서 쓸데없이 명품 쇼핑을 즐기는 거라고요!"

관자놀이가 지끈거렸다. 500만 원짜리 지갑을 아무렇지 않게 결재하는 아가씨가 백화점 쇼핑의 폐해를 고발하는 광경이란⋯ 누워서 침 뱉는 꼴 아닌가?

"저기 아가씨, 저보고 뭐 어쩌라는 겁니까?"

"인생에 있어 큰 보람을 느낄 수 있는 일이 많아요."

"그러니까, 그게 뭔지 말씀해보세요! 인생에 있어 돈보다 가치 있는 게?"

"값을 매길 수 없는 것들이 참 많아요. 그냥 들어서는 절대 알 수 없어요. 누군가가 성실하게 살라고 하면 그렇게 살 건가요? 아니죠. 자기 자신이 직접 피부로 느끼지 못하면 우이독경(牛耳讀經)밖에 안 됩니다. 정말 관심 있으시면, 여기 제 이름하고 번호예요. 생각 있으면 연락하세요."

그녀는 구매한 명품 지갑을 들고 자리를 떴다. 복숭아 향기만 덩그러니 남았다. 그녀가 건넨 쪽지에는 '조유빈' 세 글자와 아라비아 숫자들이 정갈하게 박혀 있었다. 나는 쪽지를 손에 꼭 쥔 채로 백화점을 빠져나왔다. 그녀는 틀림없는 부자다. 부자 옆에 고동 나무 매미처럼 꼭 붙어만 있어도 얻을 게 참 많다. 심지어 그녀의 외모도 끝내준다. 연락을 망설일 필요가 전혀 없다. 어쩌면 돈보다 가치 있는 투자 아이템 등에 관한 정보를 얻을 수 있을지도 모르는 일이니….

가로등 불빛을 벗 삼아 백화점에서 40분 거리에 있는 원룸에 도착했다. 냉장고, 텔레비전, 나무 책상 한 개가 한쪽 벽으로 줄지어 있고, 반대편에는 성인 남자 한 명이 겨우 누울 만한 싱글 침대 한 개와 검게 그을린 구형 붙박이 에어컨이 있다. 일체형 욕실이 딸린 비좁은 원룸이다.

급속한 방전이 느껴져 씻지 않은 채로 침대에 누웠다. 매트리스 속 스프링이 등 전체에 느껴졌다. 이윽고 좁은 원룸에 은은한 향기를 풍기던 여인의 모습이 가득 찼다. 사실 내가 아는 그녀의 정보는 많지 않다. 이름과 외모 그리고 자산 수준 정도이다. 한 가지 궁금증은 명품 지갑을 턱턱 사면서 나에게는 그렇게 살지 말라고 말하는 그 아이러니한 상황과 돈보다 보람차고 가치 있는 게 차고 넘친다는 그녀의 말이다. 돈보다 가치 있는 게 정말 있을까? 그녀의 정체는 대체 뭘까….

8

억만금보다
가치 있는 것

요 며칠은 바쁘게 보냈다. 첫 장사다 보니 손 가는데도 많았고, 이론과는 다르게 생각지 못했던 어려움도 산재해 있었다. 세상이 복잡한 이론으로 구성되어 있지만, 막상 실제 살아보면 모든 이론이 무시되는 경우가 태반인데, 가정학을 전공하신 교수님이 정작 아내와 이혼하고 소원한 부녀(父女) 관계를 풀지 못해 불안정한 가정을 꾸려가거나, 미용사가 자신의 머리는 잘 자르지 못하는 경우가 그 예이다.

　불타는 토요일 밤. 라면에 달걀 1개, 파를 송송 썰어 물만두 3개와 함께 폭탄을 투하하듯이 사정없이 던져 넣고 바글바글 끓여 먹는 중에 휴대폰이 울렸다.

　"아들, 잘 지내고 있지? 장사는 어때? 밥은 잘 챙겨 먹고? 몸은 아픈 데 없고? 동생한테 전화 한 통 해라! 요즘 취업 준비로 한창 힘들어하던데… 응?"

　엄마의 질문 폭탄이 시작됐다. 나는 요리조리 입을 비틀어 포탄 세례를 피해가기로 했다.

"잘 지내고 있어요. 장사도 잘되고요. 밥도 푸짐하게, 안 거르고 잘 먹고 있어요. 몸도 멀쩡하고! 내일 동생한테 전화해 볼게요."

어머니의 전화에 회사 입사 때 본 압박 면접이 떠올랐다.

일반 면접, 압박 면접, 창의성 면접, 임원 면접, 심층 면접… 요즘 면접 종류가 30가지가 넘는 아이스크림 맛보다 다채롭다. 회사라는 감옥에 입성하기 위해서 열심히 줄을 서고 때로는 새치기도 마다하지 않고 열과 성을 다하는데 이들의 목표는 '평범한 서민이 되어 부자의 삶을 동경하는 인간이 되자'이다. 그나마 입장이라도 해야 만성 어깨 및 허리 통증을 줄일 수 있으니 참으로 절박하다.

이들을 위해 팁을 하나 주자면, 면접관도 사람임을 잊지 말자는 것이다. 면접관도 감정을 지닌 동물이며, 매사 합리적이고 공정할 수 없다. 가장 중요한 건 호감 얻기다. 자질과 업무능력은 그 다음이다. 늘 미소 지으며 눈을 마주치는 여유, 대나무가 두 쪽이 나도 꼿꼿이 유지해야 하는 자세, 회사와 조직에 진심 어린 관심과 애정이 필요하다. 물론 창의적이고 뛰어난 유머 감각도 한 몫 하겠다.

"자네는 군대에서 폭발물 관리를 담당했다고 적어 놨는데 이런 걸 왜 자기소개서에 적은 거지? 폭발물 관리가 우리 회사와 무슨 상관이 있나?"

"사실, 은행 업무에 폭발물 관리는 관련이 없습니다만, 제가 오늘 면접에서 떨어지면 상관이 있을 것 같습니다."

이러한 발칙한 발언으로 남들이 원하던 은행에 당당히 입사할 수 있었다. 면접에서 시선을 못 끌겠다면 이러한 방식도 괜찮을 것이지만, 혹시 정유 회사에서 면접 보는 친구들에게는 절대 추천하고 싶지 않다.

"아들, 내일이 크리스마스야. 미리 메리 크리스마스!"

"엄마도 메리 크리스마스. 아버지랑 동생한테도 전해주세요."

통화를 끝내고 지친 몸을 질질 끌고 침대에 누웠다. 3일 전 백화점에서 만난 그녀가 생각났다. 백화점 쇼핑이나 하는 부자 말고 돈 잃는 것보다 가치 있는 삶을 누리는 부자가 뭔지 알려주겠다고 제안한 그녀. 통화 버튼에 손을 대었다. 떼기를 반복하다가 손이 미끄러지면서 통화음이 터져 나왔다.

"여보세요?"

은반 위를 뛰노는 피겨 선수가 생각나는 아리따운 목소리다.

"아, 저, 저는 저번에 백화점에서 만났었던, 그러니까… 경비…."

"아, 기억나네요. 반가워요. 잘 지냈어요? 혹시 쇼핑 중인 건 아니겠죠? 호호. 전화 올지 몰랐어요. 반갑네요."

"네. 그… 생각 있으면 전화 달라고… 저번에…."

긴장으로 혀가 굳어버렸는지 자꾸 더듬었다. 그녀는 내 바보스러운 모습에도 굴하지 않고 차분하게 물었다.

"맞아요. 그랬었죠. 음… 전화 온 김에 갑작스러울 수 있겠지만, 혹시 내일 아침 10시에 시간 괜찮아요?"

"내일요? 내일은 음… 마침 일정이 비네요."

크리스마스에 일정이 없는 나를 한심하게 보지 않을까? 신경 쓰였다.

"그럼 내일 같이 봐요. 편하게 입고 오세요. 제 친구들도 몇 명 갈 수 있는데 괜찮으세요? 장소는 문자로 보내드릴게요."

"네. 내일 10시에 뵐게요."

근사한 부자 친구들을 소개해줄지도 모른다. 화려한 카지노 플로어에서 보드카를 마시며 금발 미녀들 틈에서 블랙잭, 포커를 거하게 즐기는 크리스마스 파티를 상상해본다. "딩동" 새까만 휴대폰 화면에 흰색 글자들이 은하수처럼 일렬로 촘촘히 박혀 있다.

'대학로 마로니에 공원 호떡 가게 앞 10시'

평소와 다르게 알람 소리에 벌떡 일어나 냉장고 2번째 칸에 누워 있던 우유에 시리얼을 말아 뚝딱 밥을 해치우고, 가장 비싼 옷들을 꺼내 펼쳐놓았다. 목 부분 단추를 잠그면 거북이 목처럼 머리만 쑥 나오는 네이비 터틀넥 코트를 입기로 했다. 내 의류에 필수적으로 들어가는 어깨 패드를 칼로 도려내어 얌전히 책상 위에 올려놓았다. 부자들은 폭신한 어깨 패드를 넣지 않는다.

금색으로 번쩍이는 화폐들은 연두색 소형 머니백에 옮겨 담았다. 은행에 근무하면서 연말 보너스로 받은 가방이다. 머니백을 바꾸는 작업은 상당히 복잡하지만, 나에게는 식은 죽 먹기다. 소형 머니백에 들어가지 않는 돈은 모두 가족들 머니백에 하루만 옮겨 담았다.

크리스마스에 남자, 여자가 만나는 일은 특별한 이벤트나 파티 등을 의미한다. 그녀는 외모도 매려저이지만 부자다. 물론, 한 가지 문제는 내가 아직 부자가 아니라는 사실인데, 절대 부자가 될 때까지 통장 잔액을 들킬 순 없다.

집을 나서면서 다시 한 번 문자를 확인한다. 대학로는 주로 청년들이 저렴하게 각종 공연 등 문화생활을 즐기는 가성비 좋은 놀이터이다. 왜 그녀는 대학로에서 보자고 했을까?

소설 《다빈치 코드》에 나오는 암호 해독 전문가 소피 느뵈와 하버드 기호학 교수 랭던은 레오나르도 다빈치 작품에 감춰진 진실을 하나씩 파헤쳐가는 천재들이다. 하지만 이들도 그녀의 문자를 해독하려면 시간 꽤 걸릴 것이다.

지하철을 타고 가는데 고등학교 동창 지석이의 전화가 울린다. 지석이는 고등학교 때 공부도 곧잘 했었고, 심성도 착한 친구다. 건조하고 지루한 지하철 안에서 조금은 심심함을 달래줄 촉촉한 단비같이 반가운 전화다.

"어, 지석이 이놈 오랜만이다. 잘 지내지?"

"바로 받네! 나야 뭐 그럭저럭 살고 있지. 너는 요즘 뭐해?"

"나 요즘 역에서 지갑 가게 하고 있어. 너도 한번 놀러 와."

"지갑 가게? 그렇구나. 나는 요즘 보험 쪽에서 일하고 있어."

서로의 안부를 묻던 중 갑자기 지석이는 목소리를 조금 떨었다.

"민수야, 혹시… 보험 필요하지 않니? 요즘에 '머니백 이동 보험'이 새로 나왔거든. 이게 뭐냐면, 언제든지 네가 필요할 때 머니백을 옮기는 트럭이 와서…."

"어, 지석아, 미안한데 아직 보험 들 형편이 안 된다. 메리 크리스마스다. 지금 좀 바쁘네. 나중에 술 한잔하자. 가게 한번 꼭 놀러 와라.”

나는 예의는 아니지만, 대화에 깊은 피로감을 느껴, 혀라는 냉철한 가위로 지석의 말 보따리 끈을 끊어버렸다.

“그래…… 바쁜데 미안, 문자로 주소 좀 남겨주고… 허리 조심해! 안녕.”

친구란 놈이 평소에 전화 좀 하면 덧나나. 그의 힘없는 목소리에 한편으로는 안쓰러우면서도 오랜만에 전화해서는 다짜고짜 보험 상품을 권유하는 태도는 영 불쾌했다.

사실 보험 회사의 거대한 마이너스 자산은 내달리고 있는 경제라는 열차의 필수 동력원이다. 미국의 대형 보험 회사가 미국 경제의 견인차 구실을 했다고 해도 과언이 아닐 정도다. 이들은 개개인에게 확률이 낮은 상황을 가정하고 공포심을 조장하여 거대한 마이너스 자금을 움직인다. 하지만 유독 한국에서는 보험 판매가 아주머니들의 성지로 여겨지고 전문성이 떨어지는 분야로 취급되는 찬밥 신세를 면치 못하고 있다.

보험이 꼭 필요한 부분은 맞다. 하지만 대부분 서민은 보험을 들 여력이 없다. 보험 회사는 가난한 서민들에게 많은 보험료를 책정하고, 오히려 여유 있는 부자들에게는 적은 보험료를 책정한다. 굉장히 불공평해 보인다. 하지만 경제학적으로 이는 매우 바람직한 결정이다. 가난한 사람들은 아프기도 쉽고 갑자기 돈이 밀물처럼 들어와 파산하는 예도 많기 때문이다. 보험 회사는 자신 단체가 아니지 않은가? 그들은 불안감을 상대로 장사를 하는 최고의 장사꾼들이다.

그 때문에, 매달 보험 회사 직원이 찾아와 가증스러운 웃음과 함께 이번 달 보험료라고 머니백 속에 화폐를 살포시 담아주는 경험은 달콤하지는 않다. 또한, 막상 큰일이 생겨 보험금을 줄 때는 보험 회사 직원들은 각종 서류에 법 조항들을 들먹이며 최대한 적게 받아 가려고 애쓰는 파렴치한 모습을 자주 보인다.

　　그렇지만 모든 경제활동 인구가 세금에서 일정 부분 책정되는 '국민 보험'이 있는데 일명 '머니백 이동 보험'이다. 머니백 이동 보험은 국가에서 관장하는 보험으로써 국민연금과 함께 국민이라면 반드시 가입해야 한다.

　　월급 또는 장사를 통해 머니백에서 빠져나간 총액의 1%가량을 매월 보험금 명목으로 국민에게 지급한다. 강도를 만나거나 갑자기 사기 등으로 큰돈을 떠안게 되는 경우, 몸을 다치는 경우 등 무거운 머니백을 들고 이동하기 어려운 경우에 집 또는 원하는 장소로 신속하게 이동할 수 있도록 도와주는 보험이다. 횟수에 제한은 없지만, 과도한 생활비, 본인의 무리한 사업 확장이나 잘못된 보증 등 본인 과실이 있는 경우에는 1년에 12회로 횟수에 제한이 있다.

　　정부 보험의 한계점 때문에 보험 회사를 통해 추가로 머니백 이동 보험을 드는 경우가 많다. 금액에 따라서 무제한 이동도 가능하다고 한다. 또한, 비상시 머니백을 옮기기 어려운 경우에 각자 쌓아 놓은 보험 적립금에 따라 책정된 거리만큼 이동을 부탁할 수 있는데, 일부 부잣집 여성들은 가끔 쇼핑할 때 부족한 손을 보충할 요량으로 부르는 정신 나간 예도 있다.

스위스나 스웨덴 같은 북유럽 국가들은 복지가 잘 되어 있어서, 보험 가입이 필요 없다고 한다. 비상시 국가에서 머니백을 평생 무료로 옮겨준다고 하니 마냥 부럽기만 하다.

아무튼, 지석이의 사정이 딱하지만 내 앞가림도 제대로 못하는 상황이다. 무엇보다 친구도 손바뀜이 있어야 한다. 옛것을 다 가지고 새 출발하기에는 내 어깨가 너무 무겁다. 그 사람의 수준은 가장 친한 친구 5명의 평균이라는 연구 결과가 있다. 이제 나도 앞으로 있을 부자들의 세상으로 진출해야 한다.

걷다 보니 어느새 유독 젊은이들이 많이 오가는 젊음의 거리 한복판에 자리 잡은 대학로 '마로니에 공원'에 도착했다. 복잡한 도심 속 여유가 느껴지는 작은 공원이다. 곳곳에서 아마추어 음악가들이 자리를 잡고 각종 악기를 연주하고 있다. 아름다운 선율이 산들바람처럼 온몸을 감쌌다가 흩어졌다. 공원을 둘러싸고 있는 은행나무들은 울창하지는 않아도 고즈넉한 느낌을 주기 충분했다. 공원에는 크리스마스 캐럴이 울려 퍼졌다. 오늘은 그 누구와도 사랑에 빠질 수 있을 것같이 설레는 날이다.

그나저나 호떡집을 찾기가 여간 쉽지 않다. 검색해도 도통 찾기가 어렵다. 한참을 빙빙 맴돌다 공연장 옆 구석에 조용히 숨어 있던 작은 호떡 가게를 찾아냈다. 인자한 모습의 부부가 운영하는 노점형 길거리 호떡집이다. 10시 정각인데 아직 그녀는 보이지 않는다. 방향감 없이 호떡집 주위를 서성거렸다. 다른 호떡집이 있는 건 아닌지 불안했다. 때마침 내 앞으로 손을 살포시 잡은 채 공원을 가로질러 가는 한 커플이 보였다.

"저기 죄송한데요. 이 근처에 다른 호떡집이 또 있나요?"

여자는 크리스마스에 어울리는 분홍색 하이힐을, 남자는 푹신한 운동화를 신고 있었다. 요즘 젊은 여성들의 하이힐을 보면서 깜짝깜짝 놀란다. 여자는 미(美)에 살고 미에 죽는다지만 저 가냘프고 흰 다리 아래 콘크리트를 뚫고 들어갈 기세로 꼿꼿이 서 있는 뾰족구두를 신은 모습은 마치 서커스에서 가시덤불을 맨발로 걷는 사람을 보는 것같이 불안해 보였다. 남자는 자기 머니백 위로 여자친구의 머니백을 가로로 얹어서 총 2개의 머니백을 메고 있었다. 익숙한 광경이다. 남자들은 주로 여자친구의 머니백을 들어준다. 그 대가로 여자들은 예쁜 하이힐을 신은 모습으로 남자를 만족시켜준다. 둘은 잘 어울리는 듯 보였지만, 남자의 이마에서 줄줄 흐르는 땀을 보니 무거운 짐을 지는 짐꾼처럼 고생스러워 보였다.

나도 그녀의 가방을 들어줘야 할까? 기분이 썩 나빠지는 않다. 크리스마스라 그런지 여기저기 '또각또각' 걷는 소리가 간헐적으로 달팽이관을 자극했다.

"호떡집은 여기 한 개뿐이에요. 아주 맛있습니다. 옷도 쫙 빼입으시고, 여자친구 기다리시나 봐요?"

"아, 뭐… 네 여자친구라 볼 수 있죠. 오늘이 성탄절이라고 화장하고 예쁜 옷 고르느라 늦나 봅니다. 하하."

"많이 기다렸어요? 죄송해요."

등 뒤에서 들려오는 목소리에 설레어 돌아보았다.

"……."

그녀의 옷차림은 예상을 뒤엎는 파격 그 자체였다. 마치 외삼촌이 공사장 막노동하실 때 즐겨 입으시던 정신 나간, 아니 무릎이 나간 운동복 바지에 빛 바란 빨간 스웨터 그리고 화장기 없는 민얼굴. 그보다 심지어 그녀의 등 뒤로는… 자기 체격보다 3배나 큰 빨간색 대형 머니백이 떡 하니 자리 잡고 있었다. 공원에서 이 여자보다 큰 머니백을 메고 있는 사람은 공연장 왼쪽 구석에서 구걸 중인 걸인뿐이다. 도대체 빨간색 대형 머니백은 은행에서도 잘 팔지 않는 제품인데 어디서 구했는지, 여간 존경스러웠다. 첫 만남에 내게 중형 머니백에 공기를 넣어 다닌다고 핀잔을 주던 그녀다.

"여자친구분 오셨네요. 좋은 시간 보내세요. 메리 크리스마스입니다."

뒤돌아서 키득거리는 커플의 웃음소리에 귀싸대기를 한 대 얻어맞은 듯 양 귀가 빨갛게 물들었다. 하지만 이 여자는 주의 시선에는 아랑곳하지 않았다. 오히려 편안해 보인다.

"아주머니 여기 호떡 30장 주세요."

당황함이 숨 가쁘게 허들을 넘었다. 평생 살면서 호떡을 30장씩 주문하는 사람은 처음 본다.

"30장이요? 저기, 호떡을 30장 시키면 누가 다 먹나요? 오늘 오시는 분들이 많나요?"

"아니요. 진수는 한 냉인네요. 이 호떡은 우리가 먹을 호떡이 아니에요."

평소 같으면 누가 먹을 호떡인지 물어보았겠지만, 펑퍼짐한 그녀의 바지는 나의 대화 의욕을 상실시켰다. 제발 나머지 친구는 대낮에 빨긴색 대형 머니백을 메고 활보하는 철면피가 아니기를 바랐다.

"뜨거우니 조심하세요."

아주머니의 환한 미소를 끝으로 악몽 같은 등산이 시작되었다. 대학로 뒤편에 이렇게 가파른 언덕이 있을 줄이야. 높게 뻗은 언덕 주위로 허물어져 가는 집들이 아슬아슬하게 걸터앉아 있었다.

"유빈 씨, 우리 지금 어디에 가는지 말 좀 해줄 수 있어요? 그리고 백화점에서 중형 머니백을 들고 다니는 패션을 그렇게 저주했으면서 지금 유빈 씨는 그 큰…."

기가 막혀서 말도 안 나온다. 이 여자는 이상하다. 관심이 가면서도 도저히 정체를 모르겠다.

"5분만 더 걸으면 도착합니다. 군대 안 다녀왔어요? 조그만 가방 메고 왜 이렇게 못 걸어요? 호호."

그녀는 이 상황이 자못 웃겨 죽는 모양새다. 화려한 크리스마스는 낙동강에 둥둥 뜬 오리알처럼 무심히 흘러갔다.

"하… 여기예요."

숨을 헐떡이며 올라온 그곳에 제법 커 보이는 건물이 보였다. 허름한 간판에 '천사원'이라고 쓰여 있다. 가히 하늘과 맞닿은 이곳에 천사가 살지 않을 리가 없다. 천사가 먹을 호떡을 지고 올라왔나 보다. 한 여인이 유빈 씨를 보고 웃으며 뛰어왔다.

"제 친구 소개할게요. 27살이고 이름은 한비야. 여행사에서 일하고 있어요."

역시… 그녀는 화장기 없는 까무잡잡한 얼굴에 아무렇게나 입은 옷과 그 뒤로 자기 키를 뛰어넘는 빨간색 머니백을 메고 있었다. 나는 포기한 듯 퉁명스럽게 던졌다.

"아, '바람의 딸'로 불리는 여행작가 한비야와 동명이네요."

"아버지께서 한비야 작가를 너무 좋아하셔서 제가 태어났을 때 한비야로 작망하셨다고 들었어요. 덕분에 여행사에서 제 이름을 모르는 사람이 없어요. 호호."

아버지께서 여행사를 하시든 구멍가게를 하시든 상관없다. 그녀 어깨 뒤로 보이는 빨간색 괴물 머니백은 나를 더 우울하게 만들었다.

"비야! 그리고 이분은……."

"아! 저는 강민수입니다. 반갑습니다."

간단한 인사가 끝나자마자 수십 명의 아이가 여기저기서 팝콘처럼 튀어나왔다. 우리의 등장을 예상이라도 한 듯 놀란 기색이 없다. 유빈 씨는 재빨리 호떡을 꺼내 아이들에게 나눠주었다. 뒤늦게 나오신 수녀님은 아이들 통제에 나섰다. 하지만 호떡은 게 눈 감추듯 사라져갔다. 휠체어에 몸을 의지하는 등 몸이 성치 못한 아이들도 군데군데 눈에 띄었는데, 호떡은 재빠른 아이들 손에 2개, 3개씩 들려 있었다. 사회에서나 보육원 안에서나 앞서가는 사람들만 달콤한 호떡을 독점할 수 있고 배불리 맛볼 수 있다. 이 높은 언덕까지 매서운 겨울바람을 뚫고 호떡이 도착했다면, 이 정도 경쟁은 예상해야 했다.

"세 분 모두 안으로 들어오세요. 감기 걸립니다."

수녀님의 인자한 목소리에 이끌려 안으로 들어가는데 한비야 씨 안경에 뿌옇게 김이 서린다. 가까이서 보니 까무잡잡한 피부에 여드름이 이마와 뺨 부분을 수줍게 감싸고 있는 앳된 얼굴을 하고 있었다. 몸은 호리병처럼 볼륨이 느껴지는 요즘 말로 '베이글녀'다. 갑작스럽게 추진되는 낯선 환대에 쭈뼛하게 앉아 있는데 수녀님이 흐뭇한 표정을 지으며 입을 뗐다.

"천사원에 오신 여러분을 환영합니다. 매월 이렇게 찾아오셔서 도움도 주시고, 너무 감사드려요. 저번 달에 계획했듯이 오늘은 우리가 산타 복장을 하고 아이들에게 선물을 나눠 주려고 해요. 아이들이 무척이나 좋아할 거예요."

빨간 대형 머니백 안에는 화폐 대신에 인형, 사탕, 의류, 신발, 로봇, 축구공, 장난감 등 평범한 선물들과 보청기, 카메라같이 전문적이고 때로는 고가의 제품이 담겨 있었다. 다시 보니 계좌연동이 되지 않는 고장 난 대형 머니백이다. 수녀님은 며칠 전 아이들이 꼬깃꼬깃 접어서 긴 양말에 담아놓은 메모지를 모두 꺼내 왔다. 유일하게 선물을 다른 사람에게 전달해야 하는 일도 있었다. 형은 동생에게 미키 마우스가 그려져 있는 카메라를 선물로 주고 싶어 했고, 동생은 축구를 좋아하는 형에게 축구공을 사주고 싶다고 적혀 있었다.

빨간 머니백의 진실은 풀렸으나 썩 기분이 내키지는 않았다. 유빈 씨와 친구는 신이 나서 수염을 붙이고 산타복으로 갈아입는 동안 나는 외딴 섬처럼 멀찍이 서 있었다. 유빈 씨가 나에게 산타로 변신할 기회를 주겠다는 성화를 뿌리치고 옆에서 거드는 정도로 타협을 봤다. 크리스마스를 보육원에서 보내는 상황은 절대로 내 상상 밖이었다.

준비를 마치고 밖으로 나가 아이들을 만났다. 아이들은 어느새 모두 호떡을 한 개씩 들고 있었다. 몸이 불편한 아이들을 위해 조금 건강한 아이들이 호떡을 건네고 있었다. 아이들은 더 가지려 하지 않았다.

"꺅!"

"헤헤."

두 여성 산타가 지나가는 자리마다 아이들의 얼굴에 웃음꽃이 피었다. 수녀님은 두 여성 산타를 흐뭇하게 바라보며 내 곁으로 오셨다. 수녀님은 아이들 한 명 한 명이 다 사정이 있다고 했다. 특히 노란색 오리털 파카를 입고 머리를 양 갈래로 예쁘게 묶은 여자아이는 자신의 인형을 '지숙'이라고 부르는데 돌아가신 엄마 이름이 '지숙'이라고 했다.

경민, 경수 형제가 보이지 않자, 수녀님께서 내게 카메라와 축구공을 형제에게 전해주라는 특명을 주셨다. 굳이 가야 하는지 반문하려다가 포기했다. 한참을 찾던 중 저 멀리 가파른 언덕 계단을 한 걸음 한걸음 조심스럽게 올라오는 아이가 보였다. 특이한 점은 왼쪽 눈을 가리고 오른쪽 눈으로만 세상과 마주하고 있었다. 혹시 한쪽 눈이 안 보이는 친구가 아닐까?

"지기 혹시 내가 경민이 형 경수니?"

아이는 왼쪽 눈을 가렸던 손을 내리며 두 눈을 놀란 토끼 눈처럼 떴다. 두 눈은 멀쩡해 보였다.

"네. 제가 경민이 형인데요. 누구세요?"

"아, 삼촌은 오늘 천시원에 산티 누나들과 같이 선물을 전달해주려고 왔어. 그런데 왜 한쪽 눈을 가리고 걷고 있니? 어디 아프니?"

아이는 해맑게 웃으며 말했다.

"아니요. 연습하고 있었어요."

"무슨 연습?"

"보는 연습이요. 제가 11살 때, 그러니까 3년 전에 부모님이 제 동생이랑 저를 두고 떠나셨어요. 무서운 아저씨들이 집에 찾아와서 온갖 물건에 빨간딱지를 붙이고 마구잡이로 들고 갔어요. 무서운 아저씨들이 유일하게 놓고 간 물건은 커다란 머니백뿐이에요. 옆집 아줌마가 말하길 부모님이 하늘나라로 여행 가면서 물려주신 유산이래요. 그걸 메고 동생과 이곳저곳 돌아다니다 하루는 빵집에서 빵을 훔쳐 먹었어요. 이때 빵집 주인아저씨에게 오른쪽 뺨을 세게 맞았거든요? 그때 머리 위에 별이 보이고 오른쪽 눈에서는 피가 났어요. 그 뒤부터는 오른쪽 눈이 흐릿하게 보여요. 그래도 사람이나 물건을 알아볼 순 있어요. 왼쪽 눈은 아주 잘 보여요. 왼쪽 눈을 가리면 걷기조차 힘들어요. 그래도 연습하면 나아질 거예요."

이해하기 어려웠다. 한쪽 눈으로 걷기 놀이를 하는 것 정도로 단정 지었다.

"그렇구나…. 동생이 메모지에 형한테 축구공을 전달해달라고 썼던데 축구 좀 하니? 삼촌도 축구 굉장히 잘하는데. 중학교 때 축구부

주장도 했었지. 하하."

"경민이가요? 축구공을… 감사합니다. 저는 이제 축구 안 할 거예요. 그나저나 카메라는 어떻게 됐어요? 동생에게 갔나요?"

나는 긴 한숨을 내쉬었다. 한숨의 끝에 하얀 김이 뿌옇게 서렸다.

"어디 있는지 모르겠다. 이제 찾아봐야지. 너도 추운데 그만 놀고 들어가렴."

"네."

아이는 우렁찬 대답을 끝으로 다시 눈 가리기 놀이에 돌입했다. 아직 이 친구들은 세상의 냉혹함을 모른다. 같은 또래 친구들은 학교에서 성공을 목표로 열심히 공부한다. 저렇게 한가하게 눈 가리기 놀이를 하는 아이를 아랫동네에서는 찾아볼 수가 없다. 이들의 차이가 결국 극명하게 벌어질 수밖에 없고 가난이 대물림되는 것은 당연지사다. 이들이 거대한 현실과 사회의 횡포에 맞서 싸울 수 있을까? 아니, 아랫동네로 내려갈 수나 있을까?

10여 분의 수소문 끝에 눈 가리기 놀이를 하는 아이의 동생을 찾았다. 아이는 보육원 2층 체육관 창가에 서서 높다란 유리창을 통해 흩날리는 눈송이를 바라보고 있었다. 2층에서 바라보는 풍경은 추위도 잊게 할 만큼 아름다웠다. 멀리 산등성이가 보이고 오른쪽으로는 작은 개천이 흘렀다. 나무에는 눈의 꽃이 살살 피어갔다. 아이 옆으로는 아직 먹지 않은 호떡 2개가 종이컵에 담겨 맥없이 고개를 숙이고 있었다. 아이는 두 눈을 감고 있었디.

"저기, 혹시 네가 경민이니? 삼촌이 산타할아버지 선물을 대신 들고 왔어."

나의 질문에도 아이는 돌아보거나 눈을 뜨지 않았다. 아이와 카메
라를 번갈아 쳐다보았다. 이긴 또 무슨 상황인가. 아이는 작은 입을
열었다.

"저는 '경수 형에게 축구공을 주세요'라고 썼는데요?"

"사실, 형은 너에게 카메라를 주라고 하더구나."

순간 아이가 환하게 웃었다. 창밖의 눈보다 더 희고 고른 이가 비
쳤다.

"경수형이 카메라를요? 우와~ 우와."

"응… 카메라야. 그런데 너는 눈이….”

아이는 눈을 감은 채로 다시 씩 웃었다.

"태어날 때부터 눈이 안 보였어요. 엄마 아빠가 매일 저 때문에 싸
웠어요. 근데 곧 저도 세상을 볼 수 있어요. 수녀님께서 그러시는데
다음 달에 제가 수술을 받는데요. 저랑 그 뭐라더라 조직이 맞는 사람
이 있는데요. 왼쪽 눈을 기증하기로 했는데, 누군지 말할 수는 없는데요.
하지만 수술이 끝나면 볼 수 있다고 했어요. 형하고 호떡을 들고 찾아
가서 고맙다고 말할 거예요. 정말 기뻐요. 형한테 자랑도 했어요. 형
은 아무 말 없이 저를 꼭 안아줬어요. 아 그리고 수술이 끝나면 형하
고 축구도 하기로 했어요. 그래서 제가 형한테 축구공을 선물했어요.
형은 우리 천사원 내에서 축구를 제일 잘하거든요. 아무도 형한테 이
길 순 없어요!"

"……."

아무 말도 할 수 없었다. 조금씩 눈동자에 김이 서려 앞이 잘 보이지 않았다. 앞이 안 보이는 동생에게 자신의 왼쪽 눈과 카메라를 선물한 형. 그리고 곧 한쪽 눈을 잃어버리고 시력이 감퇴한 눈으로 살아가야 하는 형에게 축구공을 선물한 동생… 아랫동네에서 일어나는 온갖 추한 것들이 가파른 언덕을 오르기에는 힘에 부쳤나보다. 아무리 물질 만능 사회라 해도 자신의 한쪽 눈을 양보하는 일은 억만금을 받는 것보다 어려운 일이다. 여기까지 올라오는 동안 들었던 온갖 추악한 생각들이 떠오르면서 부끄러워졌다.

　이 세상에 돈으로 해결할 수 없는, 돈으로는 살 수 없는 것들이 있을까? 만약 없다면, 돈으로 모든 것을 해결하는 사회가 과연 정의로울까? 마지막으로 저 어린 형제의 눈꽃같이 하얀 마음에 값을 매길 수 있을까? 만약 값을 매길 수 있다면 아랫동네에 그 정도 값을 치를 수 있는 부자가 있긴 있을까?

　"민수 씨! 잠시만요!"

　아이에게 카메라를 건네주고 유빈 씨의 음성을 따라 터벅터벅 접견실로 돌아와 앉았다. 곧이어 수녀님이 들어왔다.

　"민수 씨, 유빈 씨, 비야 씨 오늘 하루 너무 수고 많으셨어요. 쉬는 날에도 불구하고 직접 오셔서 아이들에게 희망을 주시니, 어떻게 감사를 드려야 할지 모르겠네요…. 그리고 특히 유빈 씨! 지갑 문제를 해결해주셔서 정말 고마워요."

　계속되는 충격 보도에 두통으로 어지러웠다. 아스피린 한 알이 절실했다. 이 사건을 요약하자면 자기 엄마 이름을 딴 '지숙'이라는 인형을 가지고 놀던 귀여운 양 갈래머리의 여자아이가 뉴스 홍보용 사진을 찍으러 온 유명한 고위 관료 아내가 잠시 테이블 위에 올려둔 노란색 지갑이 예뻐 보여서 엄마에게 주고 싶은 마음에 들고 나갔다기 화장실에서 응가를 하던 중 변기에 풍덩! 빠뜨린 사건이다.

이 일로 고위 관료의 아내는 노발대발하며, 천사원에 내용증명을 보냈고, 지갑 값을 물어내던지 법적으로 처벌을 받으라고 난리란다. 유빈 씨는 수녀님의 감사에 부드럽고 낭랑한 목소리로 답했다.

"에이, 고맙긴요. 사실 별거 아니에요. 그냥 수녀님이 지갑을 잘 모르시니까 제가 대신 사 온 거지요. 저기 역 앞에 지갑을 파는 곳이 있는데 거기서 5만 원 받고 사 왔습니다. 정말 고마워하지 마세요…. 부끄럽네요."

수녀님의 손에는 5만 원이 들려 있었다.

"그래도 유빈 씨의 그 마음 잊지 않을게요. 덕분에 우리 아이도 다시는 남의 물건에 손을 대지 않겠다고 약속했어요. 아! 시간이 많이 늦었네요. 너무 수고 많으셨어요. 조심히 들어가시고 즐거운 성탄절 보내세요."

천사원을 나와서 또 한참을 가파르고 구부러진 길을 따라 내려갔다. 가로수의 은은한 불빛과 고즈넉한 달빛이 함께 비비고 어우러져 골목길을 비췄다. 마치 '신비한 나라의 엘리스'가 모험을 끝내고 집으로 돌아가는 것만 같았다. 내가 오늘 본 게 천사가 맞는지? 정신이 몽롱했다. 동시에 백화점에서 아버지뻘 경비원들에게 한 나의 행동들이 주마등처럼 스쳐 지나갔다. 부끄러웠다.

"민수 씨! 오늘 어떠셨어요? 크리스마스날에 제가 괜히 시간을 뺏은 것은 아닌지….."

"좋았습니다!"

나도 모르게 좋다는 말이 반사적으로 튀어나와 버렸다. 나는 계속 말을 이었다.

"그리고 조금 부끄럽네요. 저는 유빈 씨가 그냥 '여의주를 물고 태어나 세상 물정 모르는 부자'가 아닐까 생각했었거든요. 그런데 제가 우물 안 개구리였네요."

"민수 씨 너무 부끄러워하지 마세요. 오늘 보니까 애들하고도 잘 놀아주시고, 민수 씨는 꽤 괜찮은 사람이에요. 저도 오해해서 죄송합니다. 물론 민수 씨도 부자겠지만, 물질의 적고 많음으로만 부자라고 단정할 수는 없지 않나요? 어려운 사람의 마음을 헤아릴 줄 모르고 권력만 생각하고 쓸데없는 허세를 부리며 왕 노릇을 하는 사람이 정말 부자일까요? 행복할까요? 저는 그렇게 생각하지 않아요. 아까 경민, 경수 형제 보셨죠? 형을 위해 축구공을, 동생을 위해 눈을 기증하고 카메라를 선물한 형제…. 민수 씨는 이 둘을 보면서 무엇을 느끼셨어요? 부자로서 가난한 사람들에 대한 동정 뿐은 아니었겠죠? 저는 부자를 이렇게 생각합니다."

"세상의 무게를 조금이라도 덜어주기 위해 노력하는 사람!"

단순하게만 보면 부자는 돈이 없다 못해 마이너스인 사람이에요. 돈을 빌어대도 마이너스 통장 잔액이 줄어들지 실제 삶에는 전혀 지장 없거든요. 늘 가볍고 자유로워요. 하지만 어깨가 무거운 사람들을

이해하고, 그들의 무거움을 조금이라도 덜어주기 위해 노력하는 부자
가 있다면 저는 정말 존경하고 사랑스러운 눈으로 바라볼 수 있을 것
같아요. 민수 씨가 자꾸 저를 부지라고 하는데, 맞아요. 하지만 저는
단 한 번도 돈과 힘을 이용해 개인적인 이득을 취하고 싶다고 생각해
본 적은 없어요. 민수 씨도 한 번쯤 고민해 보셨으면 해요…."

언덕 아래로 내려오면서 상가들이 서서히 보이기 시작했다. 가게
앞에는 온갖 물품들이 저마다 가격이 매겨져 손님들을 유혹하려 애쓰
고 있었다. 아랫동네 사람들은 윗동네에 천사가 산다는 사실을 알까?
감히 알 수 없을 것이다.

"다 왔네요. 민수 씨, 오늘 수고 많으셨어요. 오늘 즐거웠어요."

"저도요. 온갖 생각들로 너무 피로하네요."

"생각이 많으셨다니 기분 좋은데요! 호호. 다 왔네요."

"벌써요? 아, 그렇네요."

"민수 씨 그럼 저는 이만 저녁 선약이 있어서 가봐야겠어요. 미안
해요. 메리 크리스마스!"

"아, 네. 조심히 들어가세요. 오늘 즐거웠어요. 메리 크리스마스."

그녀는 혜성처럼 짧지만 강렬한 여운이 담긴 긴 웃음의 꼬리를 남
기며 점점 멀어져 갔다. 언덕 위를 올려다보았다. 하지만 화려하고 강
렬하게 반짝이는 네온사인 불빛에 가로막혀 언덕 위 불빛은 보이지
않았다. 하지만 보이지 않는다고 없다고 말할 순 없다.

9

신용카드로
악마를 죽였다

천사원을 다녀온 후에도 바쁜 일상은 계속되었다. 백화점에서 본 것들을 바탕으로 지갑 제작을 의뢰했다. 어두운 밤거리를 비추고도 남을 정도의 밝은 형광 물질이 골고루 발라져 있는 지갑, 나무 재질의 꺼끌꺼끌한 느낌을 한껏 뽐내는 목각 지갑, 보송보송한 캐시미어 털이 송송 박혀서 고급스러운 느낌을 주는 형형색색의 지갑들이다.

물이 가득 찬 컵을 넘치게 만드는 한 방울의 물방울처럼 나는 고급스럽게 완성된 지갑에 머니백 계좌 연동시스템을 도입했다. 드디어 완성이다. 여유가 되지만 감히 카드 쓸 엄두는 나지 않던 중산층들의 알량한 허영심을 파고든 상품이 바로 이 계좌연동 지갑이다. 그들은 큰돈은 마이너스 통장에 두고, 일상에서는 소형 머니백을 메고 다닌다. 하지만 소형 머니백은 자신의 고상한 지위를 나타내기에는 부족하다. 귀엽고 조그마한 지갑, 끽해야 50만 원 정도 들어갈까 말까 한 지갑이 필요하다. 하지만 기존 지갑은 계좌연동이 되어 있지 않기 때문에 돈을 담을 수 없다. 우거지로 담는다면 12시간이 흘러도 머니백에 들어가지 않은 일명 '탈출 화폐'가 되어 센서가 이상을 감지하고 곧바로 경찰을 호출한다.

"와! 지갑이 예뻐요."

반짝이는 에메랄드 귀걸이를 주렁주렁 매달고 있는 중년 여성이다.

"네! 손님, 어서 오세요. 신상 상품들이 많습니다."

"가게 앞을 보니까 '머니백 대용으로도 쓸 수 있는 지갑'이라고 쓰여 있던데요, 여기가 은행도 아닌데 가능한가요? 불법인가요?"

모든 손님이 걱정하는 부분이다. 하지만 절대로 심각한(?) 불법은 아니다. 머니백은 은행에서 구매한다고 되어 있지만 다른 어느 법령에도 이를 어길 시 받게 되는 처벌은 명시되어 있지 않다.

"아닙니다, 손님. 저는 우리나라 제일가는 은행에서 머니백 등록 업무를 담당했었습니다. 계좌 등록 방법을 다 알고, 최신 프로그램(사실 가장 친한 후배에게서 몰래 아이디를 빌려서 사용 중이다.)도 있는데 뭐가 걱정이신가요? 걱정하지 마세요. 절대!"

그 순간 중년 여성의 동공이 콧바람에 흔들리는 촛불처럼 미세하게 팔랑거렸다. 이 순간을 파고들어야 한다. 나는 어깨를 쫙 펴며 오른손으로 손님의 머니백을 가리켰다.

"손님! 언제까지 그 커다란 소형 머니백을 들고 다닐 건가요? 말이 소형이지 부자들 사이에서 그런 커다란 머니백을 들고 다니면 대화에 끼워주겠습니까? 아시잖습니까. 이참에 하나 장만하시면 돈도 담을 수 있고, 부자들과의 대화에서도 기죽을 필요가 없으니 꿩 먹고 알 먹고 이런 게 '창조' 아닙니까?"

내가 말하고도 적잖이 놀랐다. 악마 하 부장님 밑에서 어떻게든 머니백을 팔기 위해 고객을 설득했던 피 말리는 순간들이 모여서 나온 결과물이다. 물론 앞집에서 능글맞은 웃음으로 신발을 팔던 배불뚝이 민머리 주인 수준에는 한참 못 미친다. 중년 여성은 잠자코 내 말을 듣더니 옅은 미소를 보였다.

"요, 빨간색 캐시미어 지갑으로 주세요."

"네. 199만 원입니다."

생각보다 높은 가격에 중년 여성의 고민이 다시 시작된 듯 보였다. 2차 위기다. 이 고비만 넘기면 신대륙을 발견한 콜럼버스의 성취감을 나도 느낄 수 있을 테다.

"손님…. 혹시 가격을 고민하십니까? 뭐, 사실 백화점에서도 이 정도 지갑은 200만 원 수준에 구매 가능합니다. 맞습니다. 백화점 가서 사면 됩니다. 뭐 대신 금박화폐는 넣을 수 없겠지요. 요 앞에 저도 몇 번 가봤는데 백화점 1층 가방 판매대 가시면 종류도 더 많습니다. 그런데, 손님 혹시 카드 발급 되세요? 상류층으로 올라가려면 그들의 문화부터 체험해야 하는 거 아닙니까? 저는 중형 머니백을 메고 다니다가 소형 메는 사람 못 봤고, 소형 메다가 카드 발급 받고 지갑 쓰는 사람 못 봤습니다. 그만큼 우리 사회의 계층 사다리가 낡았어요. 올라가기 너무너무 힘이 들지 않습니까. 그럼 포기합니까? 비슷하게라도 가봐야죠!"

장황한 연설이 끝나고 중년 여성은 결심한 듯이 소형 머니백을 조심스레 열었다.

"아! 그리고 지갑 계좌연동 비용 6만 원이 추가됩니다. 괜찮으시죠?"

"네. 알겠습니다."

나는 '부자 되세요.'라는 짧은 문장과 함께 205장의 금박화폐를 여성의 머니백에 재빨리 넣었다. '찰칵' 소리와 함께 입가에 뿌듯한 미소가 흘러나왔다.

이번 판매는 책에서 읽은 지식을 총동원한 결과물이다. 잠시 영업 비밀을 얘기해 보자면, 첫째로 사치재는 가격이 비쌀수록 더 잘 팔린다는 '베블런 효과'를 이용해 지갑을 사려는 사람들의 허영심을 발판으로 오히려 가격 수준을 백화점 수준으로 올려버렸다. 고객은 지갑의 가치를 가격에 맞춰 생각하기 때문이다. 오직 사치품에서만 가능한 판매법이다.

경제학에서 말하는 '가격 문턱 효과'도 써먹었다. 가격 문턱이란 가격을 넘어갈 때의 심리 변화가 판매에 영향을 끼치는 지점을 말한다. 마트에 가보면 대부분 물건의 값이 9로 끝나는 경우가 많다. 내가 판매한 지갑도 200만 원이든, 199만 원이든, 가계에 큰 영향은 없다. 하지만 고객은 가격을 듣거나 볼 때 제일 먼저 언급되는 왼편 숫자를 오른편 숫자보다 크게 인식하는 경향이 있다. 이 때문에 굳이 199만 원이라는 숫자를 만들어냈다.

마지막으로 물건이 비쌀수록 소소한 돈은 신경 쓰지 않는 심리를 이용했다. 사람들은 고가의 거래에 수반되는 적은 금액을 하찮게 본다. 장 볼 때 쿠폰 한 장 한 장 따져가며 물건을 사지만 집을 살 때의 이사 비용이나 부동산 거래 수수료 등은 따지지 않는다. 집 인수 비용에 비하면 그 정도 금액은 너무나 적은 금액이기 때문이다. 이 때문에 이미 199만 원짜리 지갑을 사기로 마음먹은 여성에게 계좌연동비 6만 원은 상대적으로 작아 보였던 게다.

　몇 달 동안 쉬지 않고 지갑을 팔았다. 소문을 듣고 200개, 300개씩 대량 구매하는 큰손들도 생겼다. 마치 브레이크가 고장이 난 롤러코스터처럼 미친 듯이 하늘로 솟구쳤다. 문득문득 나 자신도 이 길이 맞는가 하는 생각이 들었지만, 날개 돋친 듯 팔려나가는 지갑과 빠른 속도로 증가하는 마이너스 통장 액수를 볼 때면 잠도 오지 않았다. 더 팔아야 한다. 한 개라도 더!

　어깨는 가벼워졌다. 더는 중형 머니백을 메지 않는다. 은행에 마이너스 통장을 만들어 놓았기 때문이다. 가령 음식을 먹는다든지 생필품 등 급히 물건을 구매할 요량으로 소형 머니백을 이따금 메곤 했다. 덩달아 주변 인맥도 달라졌다. 중형 머니백을 메고 다니는 사람과는 상종하지 않기로 했다. 뭐 딱히 그들이 미운 건 아니지만, 다시 그 수준으로 돌아갈 것만 같아 두려웠다.

　반면에 상류층이 이용한다는 사교클럽, 고급 레스토랑, 호텔, 골프장을 드나들기 시작했다. 지갑을 들고 다니는 내게 아무도 카드를 보여 달라고 하지 않았으므로 그들은 내가 자기들과 같은 부류라고 생각했다. 즉 자산 마이너스 50억 이상만 발급할 수 있는 성공한 인생

인증을 받은 자신들의 친구로 여겼다.

부자 친구도 생겼다. 이름은 강다원. 35살 나이에 조금은 수다스럽지만 매너가 몸에 밴 변호사다. 그와 친분을 쌓은 지 한 달이 돼 가는데 첫 만남에서 '범상치 않은 부자의 상'을 느꼈다.

힘든 시기에 그를 만났다. 카드 지갑을 팔던 한 중견 업체 대표가 지갑에 계좌를 연동시켜 판매하는 나를 고발한 것이다. 그는 점점 경기가 어려워지는 가운데 나 같은 비양심적인 사람 때문에 더 장사가 안 된다면서 나를 사기 혐의로 고발했다.

강다원 변호사를 만난 건 그쯤이었다. 친분을 쌓아가던 사업가 형님 한 분께 소개받았다. 그는 상담 1시간 만에 잠시 문서 하나를 작성해야겠다며, 의뢰인을 앞에 두고 말없이 노트북을 두들겼다. 그런데 그 문서를 나를 고발한 중견 업체 대표에게 보낸 지 20분 만에 업체 대표한테 전화가 왔고, 소송을 취하하겠다고 했다. 나는 그 당시 너무 놀라서 동그랗게 눈을 뜨고 물었다.

"아니 변호사님. 어떻게 하신 겁니까? 마술같이 1시간도 안 돼서 문제가 해결되지 않았습니까?"

변호사는 어깨를 들썩이며 말했다.

"마술 비법을 알려주는 마술사가 있나요? 관객은 그냥 마술을 즐기기만 하면 됩니다. 어쨌든 해결돼서 다행이네요. 수임료는 1,000만 원입니다."

비싼 수임료에 또 한 번 놀랐다. 금액이 터무니없이 높았나. 낭황하면 말이 빨라지는 게 사람이다.

"아니… 1,000만 원? 아무리 제가 급해서 수임료 협상도 못 하고 먼저 의뢰를 드렸지만, 1시간짜리 일치고는 수임료가 너무 과하지 않나요?"

"아닙니다. 이렇게 생각해보죠, 민수 씨."

그는 차를 한잔 홀짝 들이키고 천천히 낮은 어조로 설명했다.

"민수 씨가 일반 보통의 평범한 변호사에게 의뢰했다면, 100만 원이면 해결되었을지도 모릅니다. 하지만 그들은 당신의 일을 해결하는 데, 몇 주일은 걸렸겠죠. 당신 같은 성공한 사업가들은 시간이 매우 중요하지 않습니까? 저는 그 골치 아파서 일에 집중할 수 없게 만들 뻔했던 시간을 벌어준 겁니다. 저는 민수 씨의 문제를 파악하는 데 10분이 걸렸고 문서를 작성하는 데 30분, 그리고 상대로부터 20분 안에 답을 얻은 겁니다. 그리고 이렇게 1시간 안에 해결하기 위해 그동안 제가 공부하고 고민한 소중한 시간에 비하면 그렇게 비싼 금액은 아닙니다. 물 아래에서 열심히 발을 휘저어대는 오리를 생각해보세요! 보이는 게 전부는 아니잖아요? 그리고 바로 이 점이 사람들이 저를 최고의 변호사로 추앙하는 이유죠."

그의 말이 100% 옳았다. 이제 와 돌아보건대 그는 정말로 나의 고민을 깨끗이 해결해 주었다. 그는 내게 시간을 선물했다. 그리고 나는 그 시간을 샀다. 덤으로 고민도 깔끔하게 해결하고 말이다. 사람에게 가장 중요한 보물은? 시간이 아니던가? 이 사건 이후로 나는 그와 친해지려고 매일 연락했다. 그와는 대화가 잘 통했고, 그와 대화할 때면 늘 '부자가 되고 싶다.'라는 욕망이 끓어올랐다. 갑작스럽게 클래식을 토해내는 휴대폰을 꺼냈다. '강다원 변호사'라는 문구가 스크린에 떴다. 나는 반갑게 전화를 받았다.

"형! 잘 지냈지? 요 며칠 통 연락을 못 했네."

"어, 민수야, 나야 뭐 잘 지내지. 다름이 아니라 다음 주 주말에 우리 집에 놀러 오지 않을래? 그냥 이런저런 친한 사람들, 기업가, 정치인, 의사, 변호사, 유명 연예인, 운동선수 등등 흔히 말해 잘 나가는 (?) 고객들 불러서 파티를 열 거야."

설레었다. 말로만 듣던 '부자들의 파티'는 어떤 모습일까? 아마 그 파티에서 나는 평생 가까이 가지도 못할 사람들을 만날 수 있을 것이다.

"그런데 민수야, 너 그 신용카드 들고 와야 한다. 카드 소지자만 부르기로 했어. 괜찮지? 까먹지 말고 꼭 들고 와."

순간 어지러웠다. 내가 모은 자산을 다 끌어 모아도 마이너스 40억이다. 신용카드를 발급받으려면 마이너스 50억이 필요하다. 그런데 무슨 수로 1주일 만에 마이너스 10억을 만들 수 있을까? 아무래도 이번 파티는 참석하지 못할 것이다. 조금 우울해져서 아무 말도 하지 않았다.

"민수야? 왜 말이 없어. 올 거지?"

형의 재촉에 기어들어 가는 목소리로 답했다.

"아…. 형 아무래도 이번에는…."

"아 맞다. 민수야. 이번에 내가 소개해 줄 중요한 분도 오실 거야. 늦게 참석하신다고 하셨는데, 자선사업에 굉장히 관심이 많으신 분이야. 회사가 장학재단도 운영 중이고, 아무튼 너도 그쪽으로 관심 있다고 했으니, 같이 재단을 하나 만들 수도 있고, 또 후에 네가 만들 재단에 투자하실 수도 있지 않겠니? 내가 말한 대로 어려운 사람들 도와주는 재단 하나 만들어야지?"

형의 변호 능력은 최고였다. 보통 일이 일어나기 전에 예방하는 게 최고의 해결책이라고들 하는데, 형은 그런 면에서 굉장히 뛰어난 해결 능력을 갖췄다. 즉 일어나기 전에 해결해버리는 식이다. 사업을 하다 보면 크고 작은 소송에 휘말리게 되는데 장학재단을 만들어서 보여주기식이라도 기부를 해야 지역 정치가들이나 시민들이 나의 편을 든다는 논리다. 특히나 나는 법망을 살짝 벗어나는 사업 중인지라 더더욱 그런 도움이 필요할 거라고 말했다.

사실 요즘 경기가 급격하게 안 좋아지면서 고민이 많다. 지갑을 사려는 고객들도 더 까다로워지고 판매도 영 시원찮다. 물장사(술을 파는 장사)로 사업을 확장시켜 볼까 하는 생각도 했었다. 동서고금을 막론하고 물장사가 망했던 적은 없지 않은가. 하지만 허가를 받아야 하는데 이게 여간 까다로운 게 아니어서 포기했다. 아무튼, 형은 지갑 사업의 번창을 위해 인맥을 넓히고 좋은 이미지를 쌓을 타이밍이라고 연신 강조했다.

"알았어. 다음 주에 봐. 카드 들고 갈게."

"그래 민수야. 다음 주에 보자! 재밌을 거야."

전화를 끊고, 잠시 고민에 빠졌다.

"젠장. 10억이라…. 누구에게 부탁을…."

사실 형은 모르겠지만, 지난번 소송으로 은행 감시대상명단에 올랐다. 은행에서도 교묘하게 법망을 빠져나가는 미꾸라지 한 마리가 흙탕물을 튀기고 있으니 좋아할 리 없었다. 감시대상명단에 오른 나는 곧이어 모든 은행에서 추가 적금 거래가 금지되었다. 은행끼리의 카르텔을 무시할 수 없는 노릇이다.

　하지만 은행 아이디는 여전히 사용 중이다. 후배 놈으로부터 매달 꼬박꼬박 50만 원씩 돈을 수금하는 대신 머니백 등록 계정을 계속 사용하기로 약속받았다. 사실 은행에서 나올 때만 해도 후배 신입사원이 착하고 세상 물정 잘 모르는 후배인 줄 알았는데 생각보다 배포도 있고 도전적인 후배였다. 하지만, 이번만큼은 부탁할 수 없다. 잘못하다가는 계정 도용이 들통날 수 있다.

　서랍 속 명함집을 꺼내어 뒤지기 시작했다. 몇 달간 모은 명함 양이 꽤 된다. 명함집 2개를 다 털어서 책상 위에 어질러 놓았다. 매의 눈으로 빠르게 스캔하다가 한 명함에 눈길이 꽂혔다. 검은색 바탕에 각 모서리가 둥글게 재단되어 제작된 명함 가운데에는 흰색 굵은 글씨로 이름 석 자와 전화번호가 적혀 있었다. 그 아래로는 한 문장으로 이 명함의 존재를 드러내고 있었다.

　'언제 어디서든 불러주시면 수금하러 찾아갑니다.'

　사실 어릴 때부터 학교든 집이든 절대 이런 회사와 돈거래를 하지 말라는 얘기를 듣고 자랐다. 이런 사금융 업체는 도대체 누가 연락하고 거래하는지 늘 의문이었다. 경기가 불황으로 돌아서면서 텔레비전 속에 많은 서민이 사금융 업체와 거래를 하다가 인생의 밑바닥을 경험했다는 기사가 심심치 않게 들렸다.

"에라 모르겠다. 사업가가 이것저것 다 재면 언제 기회를 잡나."

목구멍 속의 두려움을 혼잣말로 억지로 끄집어내었다. 그리고는 곧바로 번호를 눌렀다.

"사랑합니다. 고객님 무엇을 도와드릴까요?"

생각보다 가냘프고 고운 목소리에 마음이 조금 편해졌다.

"안녕하세요. 돈을 좀 적금하고 싶습니다."

"네 고객님. 생각하시는 금액은요?"

"10억이요."

여성 상담원은 1초간 말이 없었다. 이렇게 큰돈을 적금하려는 손님은 입사 이래로 처음이었을 게다.

"아, 손님 죄송합니다. 이렇게 큰돈을 처리해 본 적이 없어서요. 대표님이 직접 전화를 드릴 겁니다. 즐거운 하루 되세요."

5분 뒤 사석에서 한 번 일면식이 있던 대표가 전화했다. 그는 자신이 예전에 큰 조직에 몸담고 있다가 손 털고 나와서 사업을 시작했다고 했었다.

"네, 강민수입니다."

"아, 안녕하세요. 사장님. 이 대표입니다. 전화 주셨다고 들었습니다. 마이너스 10억이 필요하시다고요."

고운 목소리의 직원과 더 대화하고 싶었지만, 빠른 처리를 위해 걸걸한 목소리를 받아들이기로 했다.

"네, 대표님. 다음 주까지 가능할까요? 담보할 수 있는 자산이 40

억 가까이 됩니다. 제가 적금할 10억은 이번 연도 안으로 충분히 다시 회수할 테니 걱정 안 하셔도 되고요. 빨리 처리되었으면 좋겠습니다. 제가 또 뭐 좀 만들러 가야 해서….”

“바로 처리하겠습니다. 하지만 요게 이자가…. 1년에 30%입니다.”

30%의 이자에 적잖이 놀랐지만, 떨리는 목소리를 가라앉히고 담담한 어조로 말했다.

“네, 그렇게 하시죠. 어차피 이번 기회는 그 이상의 수익을 가져올 테니.”

“화끈하시네요. 하! 하!”

이 대표의 한 박자 끊어지는 웃음소리가 영 거슬렸지만, 일 처리는 굉장히 빠른 속도로 진행되었다. 대표는 이렇게 담보가 확실하고 큰 금액을 거래하는 VIP를 놓치고 싶지 않았던 모양인지 재차 전화해서 이자를 몇 퍼센트 깎아드릴 수 있다고 했지만 나는 거절했다. 겨우 몇 퍼센트 때문에 내 성취감을 낮추고 싶지 않았다.

“딩동”

3시간 뒤에 휴대폰이 울렸다. 자산을 표시해주는 문자인데, 내 총 자산이 −50억이 되었음을 친절하게 알려주었다. 너무 기뻐서 오히려 덤덤했다. 거울을 보니 내 표정도 변함이 없었다. 아니, 단지 도대체 어떤 표정을 지어야 할지 고민 중이었다. 여러 의미로 이날을 기다려왔다. 나는 서둘러 길을 나섰다.

날씨는 화창했다. 한적한 공원에 주차를 마친 후 익숙한 풍경을 사부작사부작 밟으며 걸었다. 점심시간에 자주 들르던 초록색 간판의 커피숍을 지나자, 오가는 사람들로 붐비는 광장 사거리가 나왔다. 인파를 피해 숨은 샛길로 들어섰다. 처음 오는 사람들은 절대 알 수 없는 을씨년스러운 비밀 통로다. 즐비했던 노점상이 사라지고 새로이 나타나는 장애물을 피해 좁은 골목길을 어깨를 세로로 세우고 계속 걸었다. 골목길을 빠져나오자마자 삼삼오오 서 있는 사람들이 눈에 띄었다. 그리고 그 뒤로는 대형 은행 건물이 떡하니 서 있었다. 나는 망설임 없이 신규 신용카드 등록 부서로 당당하게 걸어갔다.

음산한 기운이 살갗을 스치며 스멀스멀 기어올랐다. 어떤 의미인지 모르겠지만 심장 박동도 조금 빨라졌다. 걸음은 멈추지 않았다. 마지막 코너를 돌자 '신용카드 등록 부서' 팻말이 나타났다. 그리고 그 아래에는 곧 뿌리째 뽑힐지도 모를 혀를 날름거리는 악마가 있었다.

하 부장님의 얼굴은 식중독에 걸린 만화 주인공처럼 새파랗게 질려버렸다. 그도 그럴 것이 부자가 되겠노라 뛰쳐나간 일개 신입 직원 따위가 정말로 마이너스 50억을 굴리는 사업가가 되어 상류층만 만들 수 있다는 신용카드를 발급하러 왔기 때문이다. 기가 막힐 일이다.

"부장님. 오랜만에 인사드리네요."

"어… 자네가 어떻게?"

"요즘 힘든 일 있으신가요? 못 뵌 사이에 피부가 많이 상하셨어요. 하하."

나는 사무용 커터칼로 악마의 손등에 얇은 생채기를 냈다. 악마의 피부에서 얇은 핏물이 올라왔다. 사실 회사 다닐 때 받은 악마의 집중 포화에 비하면 모기 주둥이 수준의 반격이다.

"하…. 강 사원. 아니 강 사장님이 여기를 어떻게…."

나는 성공의 기쁨을 온몸으로 받아들였다. 몸속 세포 하나하나에 강한 성취감이 배어들었다.

"부장님. 에이~ 무슨 말씀을 그렇게 하십니까. 그냥 민수 씨라고 불러주세요. 사장이요? 하하하. 그런데 저 조금 실망했습니다. 부장 님께서는 항상 손님을 왕으로 모시라고 외치셨는데, 이거 제가 막상 손님이 되었는데 왕으로 대접받는다는 느낌이 안 드네요. 하하."

그는 두 눈을 두 번 깜빡이더니 자리를 박차고 일어났다. 드디어 처음으로 반격을 시도하나 싶었는데, 이내 강렬했던 눈빛이 풀리더니 황급히 생각난 듯 어색한 미소를 입가에 걸쳐놓았다. 하지만 입꼬리 의 미세한 떨림까지 숨길 순 없었다.

"아이고, 강 사장님. 일단 VIP 방으로 모시겠습니다. 들어오세요."

악마는 싸울 의지를 상실한 강아지처럼 꼬리를 내리고 등을 보였 다. 사실 조금 싱거운 접전이었다. 그의 성격상 내 거만한 태도에 조 금은 성을 낼 수도 있었을 테다. 돈의 위대함이랄까? 돈이 한 인간의 본능적인 감정 표현까지 자제시켰다.

"자. 커피 한잔해요." 그는 커피가 담긴 머그잔을 내밀었다. "아이 고, 아니 나는 정말 너무 놀랐지 뭐야. 사직서 딱 내고 나갈 때 제가 딱 알아봤어요. 우리 강 사장님은 분명 어디서도 성공할 인재다! 이렇 게 말이지. 아니 근데 무슨 사업을 했길래? 나도 좀 알려주면 안 될까

나? 응!"

순간 악마의 부드러운 속삭임에 넘어갈 뻔한 나의 정신 줄을 급히 붙잡았다. 내 성공담을 애기하다가는 한낙은행 머니백 등록 계좌 계정을 무단으로 사용하고 있음을 들킬 수 있기 때문이다. 역시 악마와의 전쟁에선 방심은 금물이다.

"에이…. 그냥 어쩌다 운 좋게 사업이 커졌죠. 하하…. 카드 관련 필요한 사항 같은 것 좀 들어볼게요."

"조금 긴데, 아니지! 바쁘신데 빨리 말씀드리겠습니다."

"아주 좋습니다!"

그의 입꼬리가 다시 씰룩거렸다. 뭔가 마음에 들지 않을 때 나타나는 비언어적 행동이다. 하지만 어색한 미소는 끝까지 풀지 않았다. 저 자리까지 괜히 올라간 게 아닌가 보다. 그는 내게 A4 반 정도 크기의 작은 안내서를 건넸다.

"일단 신용카드는 카드 단말기가 있는 곳에서만 사용할 수 있습니다. 단말기 센서에 카드를 대거나, 오른쪽 파인 홈에 카드를 힘차게 긁으면 결재가 됩니다. 결재되면 자동으로 연결된 주거래 마이너스 통장과 연동됩니다. 많은 혜택이 있는데 안내문을 참고하시면 되고, 몇 가지를 설명해 드리면 일단 앞으로는 은행에 방문할 필요가 없습니다. 여기 카드에 적힌 번호로 연락하시면 저희 은행 직원 한 명이 직접 찾아가서 상담해드립니다. 또한, 현금을 수송할 일이 있으셔도 카드만 보여주시면 국내 어느 업체에서도 무료로 현금을 원하는 목적지까지 옮겨 드리고 있습니다. 다음으로 이건 정말 큰 혜택인데, 비행기를 반값에 이용할 수 있습니다."

 나는 운동에너지를 잃은 팽이가 되어 몸의 중심을 말소리가 나오
는 곳을 향해 기울였다. '비행기'라는 단어는 정말 낯선 단어다. 태어
나서 단 한 번도 비행기를 타본 적이 없는 내게 비행기 탑승은 너무나
달콤한 솜사탕을 입속에 넣고 오물거리는 설렘과도 같았다. 사실 이
시대에 비행기는 부익부 빈익빈을 절실히 드러내는 교통수단이다.

 하늘을 날아다니는 비행기는 무거우면 연료를 더 많이 사용한다.
때문에, 항공사들은 연료를 아낄 방법을 고심했고 그 결과 승객의 무
게에 비례한 요금을 책정했다. 이때 중요한 것이 이 승객의 무게에 머
니백의 무게가 포함된다는 점이다. 즉 몸무게가 60kg인 사람이 중형
머니백에 5,000만 원을 담은 채로 비행기를 타면, 60kg+50kg으로
110kg에 해당하는 항공권 금액을 받아야 한다. 사실 비행기는 1kg당
금액 차이가 상당하므로 몸이 무거운 사람은 탈 엄두도 내지 못한다.
또한, 총합이 100kg이 넘어가는 사람은 가산세가 배로 붙는다고 하
니, 내가 지금껏 비행기를 타보지 못한 이유인 게다. 아무튼, 신용카
드가 있으면 비행기를 저렴하게 이용할 수 있다고 하니 참으로 멋스
러운 혜택이다.

 "아! 그런데 한 가지 꼭 유의할 점이 신용카드는 한 달 단위로만 명
세가 공개됩니다. 즉 카드값 명세서를 받기 전에는 본인이 얼마나 썼
는지 모릅니다. 스스로 계산하면서 사용해야 한다는 말입니다. 뭐⋯.
부자들이야 그런 거 계산하면서 쓰는 사람이 없으니 상관은 없겠습니
다만⋯, 뉴스에도 보셨듯이 몇몇 부자 중에는 신용카드를 함부로 쓰

다가 개인 파산을 신청한 부자도 종종 있습니다. 아시다시피 원래 화폐로 결재하면 화폐가 머니백으로 들어가는 과정에서 무게가 늘어난다고 생각하게 되고 이때 뇌에서 고통을 느끼는 영역이 활성화됩니다. 하지만 신용카드는 잠깐 상대방에게 카드 자체가 건너가지만, 다시 돌아옵니다. 그 사이에 모든 결재가 마무리되죠. 때문에 '돈을 받는다'라는 느낌을 전혀 받을 수 없습니다. 이 때문에 본인도 모르게 막 긁게 되는 것이고 특히 졸부들은 더욱이⋯."

졸부라는 단어가 영 거슬렸다. 나는 이 카드를 감당할 사람이 아니라는 말인가? 어이가 없었다. 그는 내 기분을 살피더니 황급하게 말을 바꿨다.

"아! 카드는 곧 발급됩니다. 그리고⋯."

"알겠습니다."

그의 말을 끊어버린 후 가로 9cm, 세로 6cm의 앙증맞은 파란색 신용카드를 집어 들었다. 그의 입꼬리는 연신 씰룩거리다 못해 일그러졌다.

"서류는 여기 작성했으니 확인해 보세요. 바빠서요. 아, 그리고 저는 커피에 설탕 넣는 것을 싫어하는데⋯ 다음에는 블랙으로 부탁드릴게요."

말을 끊는 행위는 그가 가장 싫어하는 행동이다. 직원 중 누구라도 그의 말을 끊는 날에는 지옥문이 열렸다. 또한, 마무리로 그가 탄 커피에 대한 비평의 칼날로 악마의 가슴을 도려내 버렸다.

무의식이 무섭다고 했던가. 그의 이마에 힘줄이 섰다. 하지만 이내 돈의 힘에 짓눌린 이성적 판단이 발동되면서 스르륵 풀려버렸다. 얼굴은 웃고 있지만, 그도 여간 화가 치밀어 올라 미쳐버릴 지경일 것이다. 그는 카드에 굴복했다. 날카롭게 날이 선 플라스틱 카드에서는 악마의 핏물이 줄줄 흘러내렸다. 미세하게 동정의 파도가 일어날 낌새를 눈치 채고는 마음을 재차 굳게 먹었다.

'지금까지 내가 당한 거만 생각하면 이 정도는 정말 신사적인 거야. 암! 당연하지.'

나는 스스로 정당화하며, 지옥의 방에서 당당히 걸어 나왔다. 내 오른손에 들린 작은 카드 한 장에서 따뜻한 기운이 흘러나왔다. 이 작고 작은 카드 한 장 따위가 부자를 상징한다는 사실이 놀라웠다.

카드는 평범해 보였다. 파란색 바탕에 흰 글씨로 내 이름 석 자가 쓰여 있었고 VIP라는 글자와 함께 카드 발급 날짜와 카드 번호가 적혀 있었다. 뒤편에는 바코드가 있었는데 이 바코드로 물건을 살 수 있다고 했다. 카드를 쓰면 포인트가 쌓이고 그 포인트를 사용하는 방법도 자세하게 설명되어 있었지만, 이 점은 은행원이 부자가 아니기 때문에 넣어 놓은 것 같다. 부자가 이런 포인트 따위를 신경 쓰면서 카드를 사용할 리 만무하다.

아무튼, 나는 지금 세상 부러울 게 없는 부자가 되었다. 이 세상 어디에도 나를 무시할 수 있는 사람은 이제 없다. 그리고 나를 무시하는 사람은 내 등 뒤에 피를 흘리며 죽어가는 악마와 같은 꼴을 당하게 될 것이다.

돌아오는 길에 백화점에서 한 시간만 신어도 발이 퉁퉁 붓는다는 딱딱한 나막신을 샀다. 멋지게 카드를 긁었다. 첫 개시이다. 순간 창고에 고이 보관된 배불뚝이 신발가게 주인이 백화점 출입 방법을 알려주겠다고 해서 억지로(?) 구매한 나막신이 생각났다. 겉은 나막신이지만 속은 푹신한 쿠션으로 가득 찬 참 신기 부끄러운 나막신 코스프레 제품인데 집에 가자마자 쓰레기통에 버릴 요량이다.

나막신은 말 그대로 불편해서 비싼 신발이다. 방금 구매한 나막신은 호주에서 자라는 아열대 나무인 캄포나무로 만들었다. 신선하고 산뜻한 장뇌 향이 나는 것이 특징이다. 백화점 직원 설명을 잠시 빌리자면, 이런 고급나무를 호주 장인들이 손수 '라운딩공법(?)'을 이용해 수제로 작업했다고 들었다. 한 켤레에 280만 원 수준의 값 비싼 신발이다. 새 나막신을 신었다. 신발을 신고 일어서자마자 두 발에 고통이 전해졌다. 걸을 때마다 무릎에 모든 진동이 전해지는 기분이다. 하지만 걸을 때마다 울리는 또각또각 소리는 '이제 너는 무거운 머니백 따위는 절대 들 일이 없는 사람이야!'라고 말하고 있었다.

"딩동"

변호사 다원이 형으로부터 8글자로 이루어진 문자가 도착했다. 문자를 읽는 순간 절정에 달하는 오케스트라 마지막 장의 희열이 수천 년간 똬리를 틀다 터져 나온 듯 황홀했다.

'드레스 코드는 흰색'

10

꽃이 소중하다면
공들인 시간 때문이다

살이 비치지 않을 정도의 희고 얇은 브이넥 셔츠와 어디든 앉기만
해도 때가 탈 것 같은 새하얀 바지를 꺼내 입었다. 지난주에 신용카드
로 결재한 옷들이다. 아마 위아래로 500만 원 정도 했던 것 같다. 중
형 머니백을 메고 다니다 쉼터만 보이면 털썩 주저앉아 쉬곤 했었던
과거는 이제 옛일과 같이 낯설었다. 부모님은 갑자기 잘나가는 아들
이 자랑스럽기도 하면서 한편으로는 불안해하셨다. 부모님은 연신 조
심하라고 말씀하셨지만, 쓴 조언이 달콤함에 취해버린 내 귀에 들어
오긴 여간 어려웠다.

"내가 제일 잘 나가잖아?"

나는 허세로 휘감긴 말을 뱉어내며 새로 장만한 독일산 스포츠카
에 올랐다. 몸이 구겨져 여간 불편했다. 하지만 불편하다는 내 말에
딜러는 이상하게 쳐다보며 이런 맛으로 타는 차라고 말했다. 액셀을
꾹 밟았다. 밟는 순간 차체가 용수철처럼 튀어 나갔다.

"캬! 좋다."

스포츠카의 굉음과 경쟁하듯 목구멍 깊은 곳에서 탄성이 밀려 나왔다. 선루프를 열자 향긋한 봄바람이 두 뺨을 타고 흘러내렸다. 파티 장소는 시내에서 차로 1시간 반 정도 가야 하는, 조금은 외딴 곳에 있었다. 그곳은 소수의 부자가 모여 사는 동네다. 진짜 부자들은 복잡한 도시에서 서민과 어우러져 사는 것을 꺼리기 때문에 조금 떨어진 곳에 모여 산다고 들었다.

1시간쯤 달리자 한적한 은행나무 길이 펼쳐졌다. 나뭇가지 사이사이 봄을 알리는 푸릇푸릇한 새잎이 돋아났다. 주소에 다다를수록 초호화 주택들이 웅장한 위용을 뽐내기 시작했다. 실로 위축되는 광경이다. 살면서 이 동네를 오게 될 줄은 꿈에도 생각지 못했다.

찍어준 주소에 도착하니 도시락을 먹던 경비원이 부리나케 달려 나왔다. 그는 볼펜을 오른손에 고쳐 든 채 내 이름이 파티 명단에 있는지 확인했다. 그는 신용카드가 있는지 물었다. 나는 엄지와 검지로 카드를 잡고 내밀었다. 경비원은 카드를 받아보고는 무전기 버튼을 누르고 중얼거렸다. 그러자 열리지 않을 것 같았던 묵직한 철문이 속절없이 열렸다.

양옆으로는 큰 정원이 펼쳐졌고 가운데로 일직선의 길이 나 있었다. 웅장하게 펼쳐지는 낯선 풍경에 핸들을 잡은 손아귀에 힘이 실렸다. 정원에는 족히 5명 이상은 되어 보이는 정원사들이 가로줄 스프라이트가 새겨진 녹색 유니폼을 입고 가지를 치고 꽃밭에 물을 주고 있었다.

일직선의 길 끝으로 상아색 저택이 보였다. 1개의 본관과 2개의 별

관으로 구성된 3층짜리 저택이다. 저택 입구 양쪽으로는 동상이 자리 잡았다. 왼쪽 동상은 여의주를 물고 있는 용의 형상이고, 오른쪽 동상 은 호랑이나 사자처럼 굵은 송곳니를 가진 맹수의 형상이다.

집 안으로 들어가자마자 신발 소리에 매우 놀랐다. 흰 대리석 바닥 과 딱딱한 나막신이 부딪치면서 또각또각 소리가 배는 커졌기 때문이 다. 나는 대리석을 뚫고 들어갈 듯한 존재감을 내뿜으며 걸어갔다. 복 도 양옆으로는 동양, 서양을 막론하고 한눈에 봐도 금액이 꽤 나갈 법 한 그림들이 30㎝ 간격으로 가지런히 걸려 있었고, 그림 아래 선반에 는 딱 봐도 오래돼 보이는 도자기와 골동품들이 일렬로 진열되어 있 었다. 나는 행여나 셔츠 자락이 걸리지 않게 튀어나온 셔츠 자락을 바 지춤에 모조리 쑤셔 넣었다.

그때 나무로 만든 원앙 한 쌍이 눈에 들어왔다. 한 마리는 적색, 한 마리는 녹색인데 암수가 다정해 보였다. 나무를 깎아 표현한 모든 깃 털의 간격이 매우 일정했다. 그냥 보기에는 서민의 신혼부부 집에 있 을 법한 흔한 원앙이었지만, 부자들의 눈에는 이러한 정교함과 장인 의 고급스러운 수고로움이 보이는 게다.

"좀 늦었네? 오느라 수고 많았어."

뒤에서 다원이 형이 웃으며 걸어왔다. 그는 파스텔 색조의 연노랑 반소매 셔츠에 흰색 백바지를 입고 있었다. 두어 번 접어 올린 셔츠 소매 아래로 태양 빛에 그을린 피부가 단단해 보였다.

"응. 조금. 초행길이다 보니까. 하하."

"원앙 예쁘지? 역시 볼 줄 아네."

122

"참 예쁘다. 어떻게 하면 이렇게 고급스러울까. 어떤 나무로 만든 거야? 유칼립투스? 바오밥나무? 느릅나무?"

"아니! 다 틀렸어. 소나무야. 그것도 지천으로 널린 흔하디흔한 소나무! 그 평범한 소나무를 잘라서 유명한 목수가 작업한 걸작이야."

실망스러웠다. 흔한 소나무라니….

형은 웃으며 설명했다.

"실망했니? 지천으로 널린 나무일지라도 목수가 공을 들였냐에 따라서 훌륭한 걸작이 되기도 하고, 톱밥이 되어 쓰레기통 직행 열차를 타기도 하지. 네가 본 섬세함과 고급스러움은 그 목수의 솜씨고 나는 평범한 소나무 목각 원앙을 산 것이 아니라 목수의 시간과 노력에 투자한 거야."

번지르르한 다원형의 연설에도 이 나무가 소나무라고 생각이 드는 잡생각을 떨쳐버릴 수 없었고 고급스러워 보였던 목각 원앙이 더는 특별해 보이지 않았다.

"그나저나 사람들은 다 오셨으려나? 안 보이시네."

"저 끝에 문으로 나가면 인공 호수가 하나 보일 건데 거기에 모여 계셔. 얼른 가서 인사해. 몇 분 빼고는 다 오신 것 같은데?"

복도 끝에는 문이 하나 있었다. 나는 걸어가 문고리를 조심스럽게 쥐고 오른쪽으로 살살 돌렸다. 벌어지는 문틈 사이로 은은한 클래식 음악이 반가움에 마중 나왔다.

홀 중앙에는 3~4명의 성인 남성이 목욕을 할 수 있을 만한 조그마한 연못이 있었고, 그 주위로 흰색 식탁보를 덮은 5개의 테이블이 호수 주위에 원을 그리며 배치되어 있었다. 하지만 어디에도 의자는 보이지 않았다. 부자들은 늘 불편한 걸 추구한다고 들었는데, 파티 중에 서민들처럼 털썩 주저앉지 않는 것을 하나의 우월감으로 느꼈다. 문에서 가장 가까운 테이블로 걸어갔다. 걷는 동안 나의 나막신은 조용한 클래식 음악을 비웃듯이 큰 소리로 주위에 내가 왔음을 당당하게 알렸다.

'또각또각'

파티에 참석한 사람 중에 요란한 나막신을 신은 사람은 나뿐이었다. 테이블에 도착하자마자 몇몇이 간단한 자기소개를 부탁했다. 모두 순백의 흰옷을 입고 있었다.

"안녕하세요. 사업가 강민수입니다. 강 변호사님과는 호형호제하면서 지내고 있습니다. 오늘 이렇게 멋진 분들과 대화할 수 있어서 기쁩니다."

2개의 시선이 꽂혔다. 한 시선은 나의 왼쪽에서 들어왔는데 흰색 턱시도를 입은 중년의 남성이었다. 나이는 40대 정도로 쌍꺼풀 짙은 큰 눈과 오뚝한 콧날 그리고 정리된 눈썹 등 전반적으로 깔끔한 인상이다. 우리는 간단히 명함을 주고받았는데 명함에는 '한국해운 대표'라고 적혀 있었다.

"우리 회사는 배를 이용해 물자를 수송합니다. 특히 강점이 있는 분야가 현금 수송입니다. 각 국가가 무역하면 일정 금액 이상이 넘어갈 시 통화를 각국에 보내줍니다. 예를 들어 한국이 일본에 마이너스 천만 달러의 무역 이익이 발생했을 때, 한국에서 일본으로 송금합니다. 돈에 센서들이 달려 있고 무겁다 보니 항공으로는 수송할 수 없으므로 배로 운반합니다. 컨테이너에 돈을 가득가득 담아서 그 컨테이너를 배에 싣고 각 국가로 수송합니다. 따라서 저희는 기업과 기업 간의 거래, 또는 정부와 정부 간의 거래를 주로 담당하는 회사입니다. 일반 구멍가게 기업들과는 차원이 다르죠. 하하."

그는 자기 회사에 대한 애사심이 매우 높아 보였다. 그도 그럴 것이 그 많은 현금의 수송을 담당한다고 하니 정말 대단했다. 겨우 지갑에 계좌나 연동시켜서 판매하는 나와는 차원이 다른 부류다.

"민수 씨는 무슨 일을 하시죠?"

"아… 저는 뭐 주로 백화점을 상대로 의류나 지갑 같은 액세서리 제품 전부를 판매하는, 뭐 그런 일을 합니다… 좀 크게…."

나는 차마 지갑만 취급하는 장사꾼 정도로 치부되고 싶지 않았다.

"아, 그러시는군요. 한마디로 패션계의 큰손으로 이해를 하면 되겠네요. 하하."

좋게 포장하는 달변에 조금 당황했지만, 어쨌든 여기서 무시당하지 않기 위해서는 나를 좀 더 멋진 사람으로 포장할 필요는 있다. 이 파티장 안에 있는 모든 사람은 나보다 뛰어나고 성공한 사람들이니까.

오른쪽에 어딘가 낯익은 얼굴의 30대 정도로 보이는 아가씨가 흥미로운 표정으로 다가왔다.

"민수 씨 멋진 일을 하고 계시네요. 서도 패션에 침 괜심이 많아요."

패션의 '패'자도 모르는 내가 졸지에 패션 전문 회사 대표가 되어 버렸다. 등허리가 축축해졌다.

"아, 네네. 혹시 이떤 일을 하고 계시는지요?"

그녀의 실망감이 두꺼운 화장 막을 뚫고 얼굴에 묻어 나왔다.

"저 모르시는구나⋯ 너무 일만 하신 거 아니에요? 조금 서운하네요."

"우리 어디서 본 적이⋯." 순간 그녀가 유명 여가수 백진희 양의 얼굴과 굉장히 닮았다고 생각했다. 그녀는 회색빛이 살짝 도는 드레스를 입고 있었는데, 그녀의 짙은 화장과 시선을 집중시키는 회색빛 토끼 머리띠 덕분에 한눈에 알아볼 수 없었다. 유명 걸그룹 출신인 그녀는 음악성을 인정받은 후 솔로로 활동하고 있는, 가히 대한민국 대표 가수 중 한 명이다.

"혹시 가수 백진희?"

여자는 미소를 지으면 답했다.

"맞습니다. 백진희입니다. 다행이네요. 알아봐 주시다니."

우리 둘 사이를 지켜보던 한국해운 대표가 대화에 끼어들었다.

"민수 씨는 젊은 사람이 백진희 씨를 알아보지도 못하시고, 업무 좀 줄이셔야겠습니다. 하하."

나의 귀여운 실수(?) 덕분에 분위기는 조금 화기애애해졌다. 그간 몇 명의 사람들이 우리 테이블에 잠시 머물렀다가 떠났다. 그들의 직업을 들어보면 시내 최고층 빌딩 건물주, 유명한 성형외과 의사, 기업 전문 세무사, 각종 회사 대표 등 소위 잘난 사람들이 대부분이었다.

126

잠시 어수선한 틈을 타서 진희 씨가 옆에 다가왔다. 그녀는 옅은 팔짱을 시도했다.

"민수 씨, 여기 부자들이 많죠?"

"아… 네. 그러네요."

"그런데 저는 민수 씨가 왠지 이 사람들하고 다른 것 같아서 궁금해요."

나는 그녀가 이 사람들하고 다르다는 의미에 대해 생각할 충분한 시간이 필요했지만, 그녀는 아랑곳하지 않고 말을 이었다.

"그러니까, 분명 민수 씨도 대단한 부자인데, 뭔가 좀 좋은 의미로 순수해 보여요. 그냥 평범한 서민 냄새가 난다는 겁니다. 민수 씨를 제외한 다른 사람들은 자신의 행복이 자신이 소유한 절대량이 아니라 그것이 다른 사람보다 더 많고 적음을 비교하는 과정에서 온다고 생각하는 것 같아요. 즉 경쟁에서 남을 짓밟고 이기는 것을 행복의 본질이라고 생각해요."

맞는 말이다. 인간은 늘 비교를 하고, 당한다. 그리고 비교를 통해 자신의 행복을 결정지어 버린다. 적어도 내 옆 사람보다 뛰어나면 행복감을 느낀다. 사실 지금 내 상황도 그렇지 않은가. 대단한 부자들 사이에서 나 자신을 비교하고 그로 인해 수반되는 좌절감을 맛보는 중이다.

"맞아요. 사람은 늘 비교를 하며 살아가죠. 저도 오늘 뼈저리게 느끼고 있습니다."

"아니요. 저는 그러니까. 민수 씨는 왠지 그런 사람들하고는 다르다고 느꼈어요. 그리고 그 점에 저는 끌려서….”

마이크에서 치직 하는 소리가 나더니 오늘의 주인공이 나타났다. 진희 씨가 옅은 팔짱을 잠시 풀었다.

“아아! 마이크 테스트. 안녕하십니까! 오늘 이 자리에 참석해주신 귀빈 여러분께 감사 말씀드립니다. 오늘 파티를 주최한 강다원 변호사입니다.”

박수 소리와 몇 번의 휘파람 소리가 울렸다. 다원이 형은 어떻게 들어갔는지 호수 중앙에 장식된 둥그런 트로피 모양의 동상 꼭대기에 서서 파티를 진행했다.

“다들 한 번씩 얘기는 나누셨을 테니 각자의 소개는 생략하고, 짧게 한 말씀만 드리겠습니다. 우리는 모두 성공한 사람들입니다. 맞습니까?”

대부분 사람이 고개를 끄덕였고, 몇몇은 큰소리로 동의했다.

“하지만, 여러분! 이 정도로 만족하시나요?”

아무도 대답하지 않았다.

“안 됩니다. 우리는 우리만의 풀(pool)을 만들고 여기 오신 분들끼리 서로 도와가며 힘들 때 도와주고 좋은 기회가 있으면 나눠야 합니다. 그래서 다른 부자들보다 더 많은 돈을 잃어야 합니다. 그게 바로 이 파티의 목적이 아니겠습니까?”

사람들은 환호했다.

“자, 모두 카드를 꺼내주세요! 건배하겠습니다.”

다들 주섬주섬 카드를 꺼냈다. 나도 지갑에서 신용카드를 꺼내 왼손에 꼭 쥐었다. 오른손에는 와인잔이 들려 있었다.

"자! 진정한 부자의 길로! 건배!"

"진정한 부자의 길로!"

모든 사람이 진정한 부자의 길을 연발하며 카드를 흔들어 댔다. 흰색 등불 빛이 카드에 반사되어 여기저기서 반짝거렸다. 나는 카드를 흔들어 대며, 한편으로는 너무 즐겁고 뿌듯했지만, 진희 씨가 얘기한 '남들을 짓밟아 이기는 게 행복의 본질이라고 생각하는 부자들'이라는 말이 자꾸 떠올라 흥이 줄었다. 진희 씨는 카드를 들지 않고 고개를 숙인 채 와인을 홀짝거렸다.

"칵테일 한잔하시겠습니까?"

웨이터 한 명이 은쟁반 위에 놓여 있던 칵테일 한잔을 집어 들었다. 붉은색 칵테일 속에 순금 가루들이 어우러져 한껏 아름다운 탱고를 추는 듯했다. 칵테일 잔 밑 부분을 잡으면서 자연스레 웨이터들이 타고 있는 이동 수단이 눈에 띄었다. 전동 휠체어 같이 생겼는데, 앉아서 우측에 탑재된 버튼들을 누르면 앞, 뒤, 좌, 우로 움직이는 구조다. 바퀴는 작은 탱크를 연상케 했다. 움직일 때마다 체인이 톱니바퀴와 맞물리면서 돌아갔다. 뒤쪽으로는 큰 수납형 상자가 있는데, 바로 머니백 보관 장소이다. 머니백과 20m 이상 떨어질 수 없다 보니, 효율적인 업무를 위해 특수 제작된 이동 수단으로 볼 수 있겠다. 사실 이러한 이동 수단은 장애인을 제외한 일반인이 무단으로 사용하면 큰 벌금을 내야 힌다.

"민수 씨! 여기 계셨네요. 저랑 칵테일 한잔해요."

진희 씨는 한층 친밀해진 관계를 과시하듯 오른쪽 옆구리에 손을 집어넣어 과감하게 팔짱을 꼈다.

"아… 네. 그러시죠."

"저 간이 자동차! 정말 우습지 않아요? 사실 일반 서민들을 위해 맞춤 제작해서 배포하면 얼마나 좋아요? 어떻게 아직도 국회에서 통과조차 되지 않는 걸까요?"

"음… 제 생각에는 일단 가격이 비싸서 일반 서민들이 사용하기는 부담되겠죠. 하지만 그것보다는 아마 부자들의 로비가 더 큰 이유일 겁니다."

진희 씨는 맞장구를 쳤다.

"맞아요! 바로 그겁니다. 부자들이 문제예요. 그들은 서민들이 자기들처럼 힘 안 들이고 자유롭게 돌아다니는 꼴을 못 보는 겁니다. 제가 듣기로는 국회나 각종 기관을 움직이는 데 사용되는 돈이 상위 1% 부자들의 통장으로 꾸준하게 들어간다는 거예요. 그들이 다 부담하고 있는 거죠. 그러니, 법안을 발의하려 하도 그들을 먼저 대변하는 게 아닐까요?"

진희 씨는 술기운 때문인지 조금 흥분했다. 생각해보니, 저번에 뉴스에서 가수 백진희에 관한 기사를 읽었던 기억이 났다. 그녀는 어린 시절 매우 가난했다. 하루하루가 무거움의 연속이었다. 식모살이하던 그녀는 늘 몸집보다 큰 머니백을 메고 청소를 하고 빨래도 했다. 평소에는 생존을 위한 길거리 거리 공연을 했는데 머니백을 열어 놓고 노래를 부르면 지나가던 사람들이 멈춰서 노래를 듣고 마음에 들면 머니백에 있는 돈을 조금씩 가져갔다고 한다. 그러던 중 하루는 자신의 신세가 서러워 달빛을 쐬며 인적이 드문 공원에서 노래를 불렀고, 우연히 기획사 대표가 그 노래를 듣게 되었다고…. 어쨌든 그녀는 그 길로 열심히 노력하여 지금은 이렇게 훌륭한 가수가 되었다.

"아무튼! 정말 부자들은 이해할 수가 없네요. 좋은 게 좋은 거지. 원 참 자기보다 더 잘난 사람이 있으면 끌어내리고, 못 나가는 사람은 더 비참하게 만들어야 직성이 풀리나 봅니다."

"맞아요… 진희 씨! 여기 천사 모양의 동상 예쁘지 않아요? 천국을 잘 표현한 것 같아요."

흥분한 진희 씨의 관심을 돌리기 위해 연못 중앙 황금색 천사 모형 동상을 어색하게 가리켰다. 진희 씨는 동상을 본체만체하더니 다시 내 쪽으로 고개를 돌렸다.

"천국은 무슨요. 여기는 '천국'이 아니에요. 천국에는 천사가 살지만 여기는 천사가 살지 않아요. 마치 천사의 탈을 쓴 악마들이 사는, 이름만 번지르르한 곳일지도 몰라요. 너도, 나도 서로가 잘났다고 난리잖아요. 어려운 사람은 생각도 안 하고 한 달에 자기가 얼마를 쓰는지 서로 자랑하고, 고가품을 사는 데 흥청망청 돈을 버는 데 혈안이 되어 있다고요.

지천에 사람이 널려 있어요. 단순히 길거리 행인들을 쳐다보면 모습들이 제각각이죠. 값비싼 보석을 치렁치렁 매달고 다니는 부자들과 기껏해야 금반지 정도를 끼고 머니백을 등 뒤에 붙여놓은 채 걸어가는 사람들. 우리는 그 겉모습만 보고는 사람을 판단해요. 저 사람은 돈이 없어 보이니까 착하고 예의가 바를 것이다! 저 사람은 대형 머니 백을 메고 다니니 불성실하고 게으를 것이다!

과연 그럴까요? 사람은 어떻게 생각하고 행동했고 살아왔는지가 중요한 거예요. 타인의 불행을 자신의 기회로 삼는 기회주의자들이 지갑을 들고 다닌다고 해서 존경받을 이유가 전혀 없지요. 어떻게 보이는지가 아니라 어떻게 살아왔는지가 중요한 거예요."

지천으로 널린 흔하디흔한 소나무를 깎아 만든 원앙 한 쌍이 떠올랐다. 목수는 절대 나무 탓을 하지 않는다. 멋진 작품이 되기까지 나무의 재질보다 더 중요한 것은 목수의 소중한 시간과 피땀 어린 노력이다. 저 먼 복도에 자리 잡은 한 쌍의 원앙의 숭고한 가치가 가깝게 느껴졌다.

진희 씨는 그 이후로도 많은 것에 흥분했다. 진희 씨와의 대화는 흥미로웠지만, 파티에 와서 할 얘기는 아닌 것 같아 여간 곤욕스러웠다.

"민수야! 잠깐만 이쪽으로."

다원이 형의 부름에 곧 가겠다는 사인을 보내고 진희 씨의 '부자는 왜 망해야 하는가?' 강의가 끝나기를 기다리다 그녀의 호흡이 잠시 끊어지는 틈을 놓치지 않았다.

"진희 씨! 잠시 저 다른 테이블 좀 다녀올게요! 다원 변호사님이 부르시네요."

"아! 네. 다녀오세요."

진희 씨의 아쉬워하는 동의를 뒤로하고 형이 있는 테이블로 성큼

성큼 걸어갔다. 형은 여성 한 분과 얘기 중이었는데, 그녀를 본 순간 나는 그 자리에 접착제에 발이 붙어버린 바퀴벌레처럼 서버렸다. 짙은 남색 운동화 위로 깔끔하게 접어 올린 롤업 청바지, 그 위로 검은색 후드티에 브랜드 로고가 박힌 심플한 디자인의 검정 모자… 유빈 씨였다. 패션 어디에도 흰색은 없었다. 그녀는 늘 상황에 어울리지 않는 옷을 입는 이상한(?) 매력이 있다.

"유빈… 씨?"

"어머! 민수 씨?"

"와! 반가워요. 잘 지내셨죠? 여러 번 연락드리고 싶었는데, 제 상황이…."

"아 저도요. 미안해요. 연락드렸어야 했는데… 그나저나 그때 백화점에서 말씀하신 게 사실인가 봐요."

"네? 백화점이요?"

나는 통 무슨 말인지 알 수가 없어 갸우뚱했다.

"민수 씨가 경비원들 보고, 얘기한 거요! 내가 누군지 알아! 호호. 알고 보니 카드를 가지고 계셨네요. 사실 카드를 소지한 사람들은 그런 상황에서 그렇게 당황하지 않잖아요? 그냥 카드 한 장 보여주면 해결되니까."

사람의 얼굴이 붉어질 땐 즉시 느낌이 온다. 몸이 달아오르고 그 열이 얼굴 전체로 퍼지는 그 이상야릇한 느낌.

"아, 놀리지 마세요. 유빈 씨!"

다원이 형은 유빈 씨와 나를 번갈아 보았다.

"아니 두 사람 서로 아는 사이야? 민수는 내가 아끼는 동생이에요. 사업가고. 그리고 민수야! 유빈 씨는 우리나라 최고 그룹 중 하나인 신화 그룹의 막내 따님이셔. 신화 그룹 특성상 대중매체에 소문 퍼지는 걸 워낙 싫어하니 다른 사람들은 유빈 씨가 어떤 분인지 모르실 거야. 내가 저번에 한번 소개 자리 만들어준다고 했었지?"

무미건조하게 말하는 형의 말에 입을 연 조개처럼 입이 다물어지지 않았다. 입을 벌리다 못해 턱이 빠질 지경이다. 한국에서 가장 평판 좋은 신화 그룹. 장학재단부터 각종 복지 사업 추진 그리고 연필부터 자동차까지 안 만드는 제품이 없는 신화 그룹의 막내딸이 유빈 씨라는 사실을 믿을 수 없었다.

"오늘 아버지께서 변호사님께 전해드리라고 서류를 주셔서 오긴 했는데, 제가 사실 이런 파티를 좋아하지 않아서요. 다음부터는 초대 말아주셨으면 좋겠습니다."

그녀는 여전히 똑 부러지는 말투로 거절 의사를 표시했다. 진희 씨는 내 옆으로 다가오더니 유빈 씨와 나와의 오묘한 분위기를 오해한 건지 멀찍이 서서 연거푸 샴페인을 마셔댔다.

"듣던 대로네요. 회장님이 저에게 막내딸이 이런 파티를 싫어할 테니 잘 좀 챙겨주라고 말씀하셨거든요. 아무쪼록 민수랑 아는 사이라고 하시니 두 분 대화 나누시고, 오늘은 파티를 즐겨주시기 바랍니다. 아! 그리고 회장님께 전해주세요. 제가 항상 감사드리고 있다고. 그리고 이번 사건도 확실하게 처리하겠다고요."

"알겠습니다. 아버지께 전해드릴게요."

다원이 형이 다른 테이블로 떠나면서 테이블에는 나와 유빈 씨만 덩그러니 남았다. 천사원 산타 봉사 이후로 오랜만에 인사하려니 무슨 말을 꺼내야 할지 고민이었다. 아니, 그것보다도 '그녀가 신화 그룹 막내딸'이라는 사실이 우리 둘 사이에 넘지 못할 만리장성을 쌓아버렸다. 나의 머뭇거림을 눈치 챈 듯 그녀가 말했다.

"민수 씨, 반가워요. 이런 데서 보네요…. 그리고 신화 그룹은 얘기 못 해서 죄송해요…."

"…그러게요. 인생이 지루하지 않아서 좋네요. 신화 그룹 막내 따님과 얘기도 나누고…."

"…."

술기운 때문인지 충격적인 정보를 들어서 그런 것인지 모르겠지만 조금 어지러웠다. 나도 모르게 행동거지가 공손해졌다. 높은 사람들 대하는 것 같아 부담스럽기도 했다.

"딩동."

파티를 즐기느라 미처 보지 못했던 휴대폰에서 문자가 울렸다. 3통의 부재중 목록이 있었고, 여러 통의 문자가 와 있었다.

"유빈 씨 잠시만요."

문자를 읽던 중 온몸에 벌레가 기어가는 듯한 소름이 돋았다. 아찔하여 한 번 휘청했다.

"민수 씨? 괜찮아요? 무슨 일 있어요?"

"미안해요. 유빈 씨. 정말 미안해요. 저 먼저 들어가 봐야 할 것 같아요. 급한 일이 생겨서…."

하마 굴에 들어가도
정신만 차리면

엘리베이터는 4층에 멈춰 있었다. 나는 심장이 뛰지 않으면 죽는 병을 가진 영화 속 주인공처럼 미친 듯이 계단을 올랐다. 아드레날린이 분수처럼 뿜어졌다. 심장이 뛰는 소리에 주의 모든 소리는 숨을 죽였다. 그리고는 공포에 가득 찬 얼굴로 문을 열었다. 이 모든 게 찰나의 순간이다.

　아! 한발 늦었다. 검은 무리의 사내들이 컴퓨터에서 막 분리한 듯 따뜻한 기운이 감도는 하드디스크를 상자에 담고 있었다. 곧이어 테이블 위, 서랍 속에 놓인 각종 문서를 헤집어댔다. 서류함들이 여름날 헐떡이는 강아지 혓바닥처럼 축 늘어져 여기저기 나뒹굴었다. 내가 붙잡고 빈다고 해도 그들은 눈 하나 깜짝할 리가 없을 것이다. 마치 감정에 메마른 로봇 군단 같았다.

　"강민수 대표님?"

　검은 무리에서 가장 나이가 있어 보이는, 그래봤자 삿 40대 정도로 보이는 남성이다. 키는 180cm 정도에 구레나룻을 하얗게 직각으로 밀어버린 각진 스포츠머리를 하고 있다. 몸무게는 족히 120kg 이상 되어 보였다. 그의 인상에서 특히 시선을 끄는 곳은 입이다. 도톰하다 못해 퉁퉁 부어 있는 입술에 보통 사람보다 커다란 입은 마치 한 마리의 하마를 연상케 했다. 그는 입을 벌리고 주의를 블랙홀처럼 빨아들였다.

"네. 접니다. 무슨 일로⋯."

목소리가 가늘게 떨렸지만 애써 침착하기로 했다.

"경찰입니다. 여기 영장도 있습니다. 잠시 동행해 주셔야겠습니다. 불법 계좌 업체 신고를 받았어요. 그것도 아주 크게 판을 벌이신다고⋯. 뭐, 사실인지 아닌지는 곧 판명 나겠죠. 흐흐."

"⋯⋯."

잠시 아찔했다. 두 발로 걸어서 하마의 입속으로 들어갔다. 정신을 차리고 보니 어느새 경찰서다. 크고 작은 사건들은 모두 이곳을 거친다. 내 옆자리에 앉은 남자가 먼저 조사를 받고 있었다. 나는 그의 눈을 볼 수 없었는데, 덥수룩하게 길은 머리카락이 눈 아래까지 대롱대롱 매달려 있었기 때문이다. 풍성한(?) 머리카락과는 반대로 그의 몸은 가시고기처럼 깡말라 있었는데, 멀리서 보면 흡사 먼지떨이가 생각났다. 얼굴을 볼 수 없으니 나이를 가늠하기 어려웠다. 하지만 곧이어 그의 죄명을 듣고 나는 눈 맞추기를 포기했다.

그의 죄명은 살인이다. 돈을 노린 계획적 실인을 서실렀다. 사건은 이렇다. 먼저 불법 도박을 즐기던 중 돈이 급격하게 증가한 한 사내가 돈을 버리기로 작심한다. 그는 바로 앞집이자 평소에 그를 챙겨주던 할아버지의 집에 잠입하여 둔기로 할아버지를 기절시킨다. 할아버지가 깨어났을 때는 이미 온몸이 의자에 꽁꽁 묶인 상태였는데, 그는 이때부터 1시간가량 바늘로 손 밑 부분을 찌르는 끔찍한 고문을 자행했고, 할아버지는 청년이 요구한 머니백 계좌 비밀번호를 알려준다. 그는 자신의 대형 머니백에서 할아버지의 중형 머니백으로 돈을 옮겨 담았다.

머니백에 들어간 돈이 '찰칵' 소리를 내면서 할아버지의 계좌로 들어가자마자, 그는 그 돈을 다시 꺼내 할아버지 방 한쪽 구석에 차곡차곡 쌓아 놓았다. 그리고는 20m 거리 안에 있는 자신의 집으로 들어가 자신의 머니백에서 돈을 빼내고 할아버지 머니백에 넣었다가 꽉 차면 방구석으로 옮겨 놓는 작업을 반복했다.

돈의 주인이 20m보다 멀어지지 않으면 알람이 울리지 않는다는 사실과 머니백에서 꺼낸 돈도 12시간 이내까지는 주인의 머니백에 들어가지 않아도 알람이 울리지 않는다는 사실에 근거한 주도면밀한 계획범죄다. 사내는 자신의 돈을 할아버지의 돈으로 모두 세탁한 뒤 할아버지를 살해하고 공항으로 도주했다. 범행 후 돈에서 위치 추적 알람이 울리기 전, 즉 12시간 전에 이 나라를 떠버리겠다는 심산이었다.

모든 게 완벽했다. 하지만 사내가 꿈꾼 완벽 범죄는 초라한 그의 행색과 대형 머니백을 메고 비행기를 타는 경우를 보지 못했던 신입 승무원의 신고 과정에서 들통 나 버렸다. 공항에서 신원 조사를 받던 중 12시간이 지나버렸고, 경찰은 알람이 울리는 돈의 위치 추적 및 사건 현장에 들이닥쳤다. 결국, 계좌를 역추적하는 과정에서 범행이 밝혀졌고 사내는 비행기에 발도 못 붙이고 체포되었다.

승무원의 합리적인 의심. 즉, '대형 머니백을 메는 수준의 사람이 비행기를 타는 것은 이상하다'라는 고정관념과 사회 분위기가 범인을 잡은 것이다. 마냥 축하해야 할 일인지 모르겠지만, 그 덕분에 범인은 현재 나와 같이 하마를 닮은 경찰관 앞에 앉아서, 같은 색의 팔찌를 차고 조사에 응하는 중이다. 그는 변호사도 선임하지 않고 소름 끼치도록 차분하게 모든 범행을 자백했다. 그는 살면서 비행기를 타봤더라면 대형 머니백을 메고 공항에 가는 어리석은 짓은 하지 않았을 것이라고 진술했다.

"민수야!"

뛰어난 변호사이자 신뢰하는 다원이 형이 헐레벌떡 경찰서로 들어왔다. 이제부터가 나와 이 살인자의 지위가 뒤틀어지는 변곡점이다.

"형! 고마워 하필이면 파티 중에… 사실은…."

"괜찮아. 다들 집으로 돌아가셨어. 어떻게 된 거야? 괜찮아?"

"그게…."

이미 사정을 대강 알고 있던 형은 내 말을 귀담아듣는 척하면서 어떻게 하면 나를 '하마 굴'에서 빼낼 수 있을지 생각하고 있었다. 내가 그렇게 생각한 이유는 형이 건성으로 대답하면서 계속 눈알을 오른쪽 위로 사정없이 올려댔기 때문이다. 이는 사람이 골몰히 생각할 때 나타나는 신호 중 하나이다.

"형사님! 이제부터 이 사건에 대한 모든 변호는 제가 합니다. 제가 이분 변호사입니다. 참고로 저는 국내 변호사 협회 총무도 맡고 있습니다. 각설하고! 일단 피의자는 아무런 죄가 없습니다. 왜냐? 법에 나와 있지 않아요. 헌법, 민법, 형법, 형사소송법, 상법 어디 있습니까? 제 의뢰인이 법을 어겼다는 사실이?"

변호사의 단단하고 논리적인 능변 앞에서 하마 형사는 삐딱하게 누워 있던 자세를 바로 세웠다.

"뭐 이미 다 밝혀진 내용은 저도 알고 있습니다. 지갑에 머니백을 연동시켜서 판매했죠. 그런데 문제는, 문제가 없다는 겁니다. 법에 따르면 '소형, 중형, 대형 머니백 및 신용카드는 은행에서 전담하여 판매한다.'라고 되어 있어요. 자! 이 말이 무엇을 뜻하냐? 지갑은 상관이 없는 겁니다. 제 의뢰인은 단지 지갑에 계좌를 연동하는 최첨단 IT 기술을 접목해서 장사를 한 죄밖에 없습니다. 아니 우리가 은행 시스템을 불법 도용했습니까? 예를 들어 은행 아이디를 대신 빌려다가 계좌를 연 것도 아니잖아요?"

다원이 형은 목소리의 높낮이를 조절하면서 힘주어 연설을 마쳤다. 사실 한국은행에 있는 후배가 계좌 등록을 돕고 있다는 사실은 다원이 형도 모른다. 친하다고 모든 사실을 다 밝힐 필요는 없다.

"아, 그러니까…."

하마 형사는 적들의 공격에 성문이 개방된 성주처럼 혼비백산하여 말이 없었다. 쭉 째진 눈꼬리를 좀 더 위로 올리는 것 말고는 할 수 있는 게 없어 보였다. 나는 속으로 쾌재를 부르며 안도의 한숨을 내쉬었다.

그때, 조수로 보이는, 20대 초반 정도로 앳되어 보이는 경찰관 한

141

명이 다가와 하마 형사의 귓속에 몇 마디를 뱉어냈다. 두 번째 마디를 뱉어낼 때 하마의 입꼬리가 올라가더니, 세 번째 마디를 듣고는 뭔가 결심한 듯 소수를 내보냈다. 나는 설마 은행에 다니는 후배 놈이 모든 걸 불어 버린 게 아닐까 하는 불안감에 머릿속에 담배 연기가 가득 찬 듯 어지러웠다.

"대단하신 변호사님의 변론 잘 들었습니다. 변호사님이 말씀하셨듯이 이 사건은 법망을 아주 잘 피해 간 사건이라고 생각됩니다만, 오늘 저녁 5시 뉴스 보셨나 모르겠습니다. 정부에서 머니백을 강력히 통제하겠다고 합니다. 그 내용을 잘 보시면 앞으로 사장님께서는 골치가 아프시겠습니다. 흐흐."

형과 나는 재빨리 휴대폰을 꺼내 뉴스를 틀었다. 저택에서 한참 흥청망청 즐기던 터에 보지 못하였는데, 그 내용이 참으로 충격적이다. 어떻게 한순간에 정부는 정책의 방향을 어린아이 병원 놀이처럼 쉽게 바꿀 수 있단 말인가? 형과 나는 뉴스를 보고 터벅터벅 걸어 나왔다. 하마 형사는 문 앞까지 친히 배웅해주며 한마디 거들었다.

"아무튼, 앞으로 자주 뵙지 않았으면 좋겠습니다. 흐흐."

사실 그동안 정부 정책의 허점을 파고들어 남들이 진입하기 어려운 희소한 장벽을 만들고 장사를 했었다. 그 덕택에 큰 부를 얻은 것도 사실이다. 하지만 이제는 어떻게 사업을 지속하여야 할지 앞길이 막막하다. 다원이 형은 도움이 못 돼서 미안하다는 말을 남긴 채 돌아갔다. 혼자서 분식집에 들러 어묵 꼬치 두 개에 국물 한 사발을 들이켜면서 앞으로의 일들을 곰곰이 예상해봤지만 뾰족한 묘안이 떠오르지 않았다. 가게에서는 머리 아픈 뉴스들이 터져버린 비닐봉지 속 어묵탕처럼 속절없이 흘러나왔다.

'뉴스 속보입니다. 신흥국 발 경제 위기로 하루아침에 주식 시장이 30%가량 주저앉았습니다. 혼란을 잠재우기 위해 정부는 현재 전반적인 경제 정책을 점검 중입니다. 특히 서민 경제 활성화를 위해 앞으로는 시중 은행 대신 국가에서 머니백을 직접 관리할 예정이며, 계좌 보안 시스템도 업그레이드하는 방침을 논의 중입니다. 특히 정부는 다음 달부터 머니백 계좌를 연동해 불법으로 사용하는 지갑에 대한 단속을 강화할 것이며, 신용카드 소지자의 세금명세를 철저히 조사하여 세금을 받아 가지 않는 일부 상류층의 행태에 대한 엄중 처벌을 경고하였습니다. 이상 뉴스 속보였습니다.'

12

파도는 난파선 선원의
사정을 봐주지 않는다

모든 추락하는 것에는 날개가 있다. 아무리 추락해도 마지막 날개를 펼 힘만 남아 있다면 우리는 날개를 펴고 다시 하늘로 날아갈 수 있다. 하지만 나는 추락 중이었고, 내게 날개를 펼 힘이 남아 있는지 의문이었다. 아니, 날개가 있기는 한 건지 모르겠다. 밤마다 잠을 잘 때마다 날개가 있는지 어깻죽지를 만져보고 겨드랑이도 만져보았지만, 그 어디에도 날개가 있었을 법한 흔적은 없었다.

　그도 그럴 것이 요 며칠 동안 정말 많은 일이 나를 봄철 꽃샘추위처럼 갑작스럽고 매섭게 할퀴며 지나갔다. 선거철이 다가오자 뉴스에서는 연일 서민들의 삶의 질 향상(?)을 이유로 부자들을 때려눕히는 상황이 펼쳐졌다. 나같이 부자의 초입에 있는 사람은 그 가벼운 주먹질이 마냥 시원할 순 없었다.

　먼저 신용카드 수수료가 치솟았다. 신용카드의 많은 혜택도 줄어들었다. 신용카드를 당분간 사용하지 않기로 했다. 하지만 쓰지 않아도 각종 연회비 등을 받아야 하므로 여간 신경 쓰이는 게 아니었다.

연회비는 600만 원이나 되었는데, 사실상 혜택은 적고 연회비는 높은 쓸모없는 카드다. 이제 카드는 내게 부자를 상징하는 허무한 허세의 상징 그 이하, 그 이상도 아니다.

내가 투자한 회사의 주식도 반 토막이 났다. 상당 부분을 이런저런 지인들 추천에 한 다리씩 걸쳐 있었는데 곧 초장에 찍힐 삶은 문어 다리처럼 전부 잘릴 판이다.

지갑 재고 역시 무서울 기세로 쌓여만 갔다. 하마 경찰관의 감시도 심할 뿐더러 정부 정책에 반하여 지갑을 사려는 용감한 시민들은 많지 않았다. 은행에 다니던 후배 놈은 머니백 업무를 정부 산하의 '머니백 공사'에서 관장할 예정이며, 더는 도와드릴 수 없게 되었다는 비보를 전했다. 이러한 이유들로 지갑 사업은 강제 중단되었다.

설상가상으로 사업 확장을 위해 많은 주문을 넣었던 지갑이 오늘 예쁘게 화장한 채로 부두에 도착했다. 수억 원에 달하는 지갑들이 차디찬 컨테이너에 담긴 채 나의 처분만을 기다리고 있었다. 그나마 운송비는 아낄 수 있었는데, 저번 파티에서 인연이 된 한국해운 대표님이 특별 할인 수준으로 운송해 주셨기 때문이다. 나에게 왜 컨테이너 한 개로만 옮기냐는 대표의 질문에 신상품 출시 전 시제품으로만 구매해서 이번에는 소량만 수입한다고….

강한 진동으로 손이 파르르 떨렸다. 다시 멈췄다. 그리고는 다시 떨리기 시작했다. 돈놀이의 대가 이 대표님의 전화다.

"여보세요."

"네. 대표님."

"아! 강 사장님, 별일 없으시지요? 이번 달 원금하고 이자 드릴 날이 되었는데 말씀이 없으셔서 전화를 드립니다. 혹시 오늘 괜찮으시면 직접 찾아가는 서비스를 진행하고 싶은데요."

"아…. 네 그게 오늘은 좀 바빠서요. 다음에 오시죠."

"강 사장님? 제가 요즘 듣기로는 사업이 좀 힘들다고 들었습니다. 뭐, 사업하는 처지에서 충분히 이해합니다. 하! 하! 하지만 말입니다, 뭐 나중에 설마 제 돈 안 받아 가시고 그러시면 곤란합니다. 사실 야밤에 도망을 치는 경우가 몇 번 있었답니다. 뭐 그분은 이미 흙 속에 묻혀 계시는지라, 젊은 나이에 참 안됐습니다. 예기치 못한 사고를 당했다고 하던데…. 하! 하!"

"……."

"뭐, 오해하지는 마세요. 어디까지나 노파심에 말씀드립니다. 하! 하!"

"대표님 잘 알겠습니다. 일정 확인하고 연락드리겠습니다."

이 대표는 반 협박 투로 돈을 받아 가지 않을 시 발생할 수 있는 상황을 친절한 묘사로 생동감 있게 설명했다. 나 또한 높은 이자 때문이라도 빨리 돈을 받아버리고 싶지만, 당장 돈을 받을 수 있는 상황이 아니었다. 지금 당장 이자랑 원금을 받아버리면 꼼짝없이 머니백의 굴레에 묶여서 옴짝달싹 못한다. 사실 예전처럼 중형 머니백에 쑤셔 넣는 방법도 있겠지만 남의 시선이 있지 않은가? 굶어 죽거나 이 대표에게 맞아 죽는 한이 있더라도 다시는 중형 머니백을 메고 돌아다니는 볼썽사나운 꼴을 보일 수는 없다.

며칠이 지났지만, 상황은 내게 더 불리하게 흘러갔다. 날개가 없는 나는 계속 추락 중이었고, 추락하는 내 몸뚱이 밑에는 퍼렇게 날이 선 차디찬 절망뿐이었다. 나는 계속 추락하다가 저 시퍼런 절망의 모서리에 부딪혀 산산이 조각날 테다.

경제는 계속 불안했고, 내가 산 주식은 휴지조각이 되었다. 지갑 사업도 절망적이었는데, 금융감독원은 지갑에 계좌연동으로 돈을 담는 행위를 집중적으로 단속했다. 하루에 단 한 개의 지갑도 팔 수 없었다. 나라도 엉망이었다. 경기 악화로 나라 곳간이 넘쳐나기 시작했다. 수출길도 막히다 보니 국고는 급격히 비대해졌다. 국가는 올해 추가로 대형 금고를 구매하기로 했다.

평소에 법안 하나 만드는 데 강산이 변하던 국회에서는 갑자기 합심하여 새로운 법안들을 빠르게 만들어나갔고, 국민들에게 세금을 퍼주기 시작했다. 경찰들이 눈에 불을 켜고 불량지갑 소지자를 찾아서 세금을 부과하는 것도 빨리 금고에 있는 돈들을 없애버리기 위한 정부 정책이 맞물린 현상이다. 우리나라뿐만 아니라 많은 유럽의 선진국들도 재정 과다에 골머리를 앓고 있었다. 특히 복지를 자랑하던 유럽 국가들은 연이은 경제 불황에 국고가 넘치다 못해 거품처럼 부풀어 오르는 수준이 되었다. 하지만 파도가 망망대해에서 나무판자를 붙들고 희망을 바라는 난파선 선원의 사정을 봐주지 않듯이 불황은 계속 밀려 들어왔다.

하지만 부자들은 여전히 큰 충격을 피부로 느끼지 못하는 모양새다. 그들은 최고의 결제 수단인 신용카드를 들고 거리를 당당하게 활보했다. 또한, 그들에게 경제 위기는 곧 기회였는데 경제가 추락하면서 상대적으로 저렴해진 부동산이나 주식 등을 닥치는 대로 매수했다.

하지만 나는 24시간 밀려드는 파도에 떠밀려 신용카드를 반납했다. 자산이 급속도로 늘어나면서 신용카드가 정지되었고 곧이어 마지막 통지서가 날아왔다. 통지서는 마치 일장춘몽(一場春夢)에서 깨어날 때가 됨을 알리는 불편한 알람이었다. '나쁜 일은 이어달리기를 한다.' 더니 지갑 대금을 독촉하는 전화도 울렸다. 40피트(ft)짜리 커다란 컨테이너에는 수백 개의 명품 지갑들이 빼곡히 쌓여 있었다. 나는 일단, 이 무허가 가설물을 인적이 드문 공터에 옮겨 놓았다.

오후에는 소형 머니백을 구매하러 근처 '머니백 공사 지점'에 들렀다. 카드도 없는 마당에 마이너스 통장으로 처리가 안 되는 급한 돈들을 담기 위해 소형 머니백을 샀다. 다원이 형과는 연락을 잠시 끊었다. 신용카드를 못 쓸 정도로 궁핍해졌다고 말할 수가 없었다.

"딩동."

유빈 씨다. 다음 주말에 볼 수 있는지 물어보는 문자이다. 답을 보낼 수 없었다. 나는 한순간에 여드름투성이가 된 여중생처럼 나 자신이 부끄러웠다. 신용카드도 없는 나는 이제 더는 그녀에게 다가갈 수조차 없다. 그녀는 신화 그룹 막내딸이다. 나는 '바쁘다.'라는 문자를 끝으로 당분간은 그녀에게 연락하지 않기로 다짐했다. 상황이 나아지면 그때 다시 연락해 보리라.

149

요즘 들어 장사가 맘대로 풀리지 않으면서 흔히 말하는 '결혼으로 인생 피기'의 남성 버전을 실천해 볼까? 하는 생각도 들었다. 될지는 모르겠지만 그녀에게 의도적으로 접근해서 마음을 얻고, 결혼하는 것이다. 그렇게 된다면 그 많은 부동산과 회사, 자산들이 다 내 것이다.

시대가 바뀌었는데 남자라고 데릴사위나 취업 대신 결혼을 하는 '취집', 살림하는 가정주부가 되지 못할 법이 어디 있으랴? 하지만 이 길 또한 남다른 용기와 재능이 필요하다. 하지만 신은 내게 감정을 숨기는 카사노바의 달란트를 쥐어주지 않았다.

결국 나는 정통으로 부딪쳤다. 살아남기 위해 노력했다. 정치권 사람들, 흔히 잘 나갈 때 거래하던 거래처 사장님들을 찾아뵙고 도움을 청했다. 물론 소용 없었다. 대중매체에서는 올해의 화젯거리로 몇몇 키워드를 소개하고 있었는데 위기, 넘치는 곳간, 폐업, 우울, 자살 등이었다.

몇 주가 지나자, 나는 모든 사업에서 손을 떼고 아무 일도 하지 않는 게 추락의 속도를 늦출 수 있다고 판단했고, 더는 노력하지 않기로 했다. 그동안 내가 벌여 놓은 일들과 고리의 이자들로 내 마이너스 통장의 숫자는 빠르게 0을 향해 달려갔고, 바로 오늘! 0을 사이에 두고 줄다리기를 하던 마이너스와 플러스의 승기가 역전되는 역사적인 순간을 맞이했다.

시사하는 바가 매우 큰데, 이제부터 들어오는 모든 돈은 모두 내 삶의 무게로 변하기 때문이다. 나는 이 역사적인 순간을 기념하기 위해 아침부터 머니백 공사에 들러 어두침침한 누런색 중형 머니백을

150

구매했다. 다시 예전으로 돌아왔다. 아니 어쩌면 예전보다 상황은 더 좋지 않았다. 한번 플러스가 된 머니백에는 빠르게 돈이 쌓이기 시작했다. 곧 돈놀이하는 이 대표님이 직접 내 중형 머니백에 예금 이자를 넣으러 친히 행차하시겠다는 메일도 받았다.

나는 계속 추락하고 있었고 곧 절망의 모서리에 부딪혀 산산이 조각나리라 생각했지만, 틀렸다. 차라리 부서져버리고 싶던 내가 부딪힌 것은 아무것도 없었다. 추락 중 보였던 시퍼런 절망은 고체가 아니고 액체였다. 나는 퍼렇고 차디찬 물속으로 들어갔다. 그리고는 계속해서 아래로 내려갔다. 아무것도 보이지 않는 어둡고 차가운 심해 그 속으로 더 깊이 빨려 들어갔다.

머니백의 크기가
곧 인간 수준이다

도심 한복판 월세 400만 원이 넘는 펜트하우스를 정리하고 변두리 월세 30만 원짜리 비좁은 원룸으로 옮겼다. 돈이 불어나면서 생각지 못한 걱정들이 슬그머니 고개를 들었다. 전에는 비서가 처리했던 은행 업무 보기, 택배 붙이기, 머그잔 닦기 등 자잘한 모든 것들을 내가 직접 해야만 했다.

　이것들은 나의 에너지를 소진시켰고, 이 때문에 중요한 일에 초점을 맞출 수 없었다. 장기적인 관점이 사라지고 당장 받아야 하는 전기세 따위에 온 신경이 곤두섰다.

　내 생각에는 모든 빈곤층의 문제도 이와 비슷하다. 그들이 틀린 결정을 내리는 것은 아니다. 단지 결정을 내리기 전에 충분히 생각할 여유 따위가 없다. 즉, 눈앞에 닥친 상황만 보고 결정을 내린다. 그리고 이러한 효율적이지 못한 단기적 결정들이 모이면 빈곤에서 벗어날 수 없다. 결국은….

　"안녕하세요. 모두가 특별한 세상을 만드는 머니백 공사 박민지 대리입니다. 무엇을 도와드릴까요?"

모두가 특별하다는 말은 모두가 특별하지 않다는 말의 모순이 아닐까?

"머니백을 구매하려고요."

직원은 내 뒤에 거북이 등껍질처럼 수줍게 붙어 있는 중형 머니백을 바라보며 지긋이 웃었다.

"네. 머니백 색상을 변경하시려는 건가요? 아니면 소형 머니백으로 변경 도와드릴까요?"

"대형 머니백으로 부탁드립니다. 색상은 아무거나 주세요…."

"네. 도와드리겠습니다. 여기 서류 작성해주시고요. 색상은 가장 튀지 않는 황색으로 준비해드리겠습니다."

머니백 공사 직원은 대화 내내 친절했지만, 왠지 모르게 대형 머니백을 구매한다고 한 순간부터 나를 깔보는 것 같은 기분이 들었다. 나를 길거리 노숙자나 사회 부적응자로 보지는 않을까? 하는 많은 생각이 꼬리를 물고 늘어졌다. 동시에 내 자존심도 조용히 바닥을 기었다.

"여기 있습니다. 허리 조심하세요!"

"무릎 조심하세요!"

나는 땡볕에 화상을 입은 사람처럼 얼굴이 벌게져서 공사를 빠져나왔다. 마음속에는 더 큰 화상 자국이 남았다 .

화상 자국이 아물기도 전에 은행에 들러 모든 자산을 정리하기 시작했다. 팔 수 있는 모든 명품, 자동차 등은 경매로 팔아넘겼고, 급한 대로 손실이 큰 주식, 펀드 등 금융 자산들도 헐값에 정리했다. 단, 지

154

갑은 정부 정책 여파로 단 한 개도 정리하지 못했다. 그것들은 외딴 공터 컨테이너에 덩그러니 남겨졌다. 아쉬운 대로 정부 정책이 바뀌어 지갑을 판매할 수 있을 때까지 기다리기로 했다.

정부 정책이 바뀌는 상황을 기다리는 것이 그다지 무모한 기다림은 아니다. 정권이나 담당자 교체에 따라서 언제든지 바뀔 수 있기 때문이다. 현재 상황을 역전시킬 수 있는 유일한 방법은 지갑을 팔아서 돈을 없애는 방법뿐이다. 그 때문에 컨테이너 속 지갑은 내게는 '판도라 상자 속 유일한 희망'이다.

모든 자산의 정리가 끝나고 드디어 마지막 관문만 남았다. 아무 생각 없이 뚜벅뚜벅 걸었고 마침내 묵직하고 투박해 보이는 철문 앞에 섰다. 군데군데 도끼 자국처럼 움푹 파인 부분들이 보이는 철문 앞에서 나는 저 자국들이 진짜 도끼 자국이 아니기를 간절히 바랐다.

'똑똑.'

"들어와요."

걸쭉하고 음침한 목소리를 따라 문 안쪽으로 질질 끌려 들어갔다. 제법 큰 홀 바닥에는 호랑이 가죽 무늬의 카펫이 깔려 있었고, 그 끝에는 철재로 만들어진 검은색 티 테이블이 있었다. 티 테이블 뒤쪽으로는 골프 연습용 매트가 깔려 있었고, 테이블 양옆으로는 한 눈에도 푹신해 보이는 검은색 소파가 놓여 있었다. 소파에는 흔히 드라마에서 주폭 역할로 나올 법한 험상궂은 인상의 이 대표가 앉아 있었다. 도끼 등으로 찍혔을 것으로 추정되는 약 3cm 정도 크기의 왼쪽 이마의 흉터가 파란만장했던 삶을 대변하는 그의 명함이었다. 그는 자리에 앉아 다리를 꼰 채로 말했다.

"강 사장님이 직접 오시다니, 조만간 찾아뵈려고 했습니다. 하! 하!"

"이 대표님, 잘 지내셨죠? 오랜만입니다."

"오랜만이지요. 요새 통~ 제 전화를 피하셔서 말이지요. 하! 하! 어쨌든 반갑네요. 요즘 사업하기 참 어렵지요. 그래도 사업하는 사람들은 신용이 있어야 하지 않겠습니까? 하! 하!"

"네. 맞습니다. 제가 오늘 온 이유가 이 대표님 돈을 받고자 왔습니다."

"좋습니다. 자, 그럼 10억 중에 아직 못 받은 5억에, 이자가 30%라……."

"대표님, 죄송하지만 이자가 너무 쎄서 다 받기가 곤란합니다. 조금만 낮춰주세요."

순간 이 대표의 눈빛이 링 위에 막 올라간 복싱 선수처럼 날카롭게 변했다.

"내가 왜요?"

"그게……."

"필요할 땐 돈 맡기고 신용카드 만들어서 이리저리 팽팽 놀러 다니더니 이제 사업이 어려우니까 이자는 다 못 받겠다?"

"대표님 흥분하지 마시고요."

그는 자리에서 벌떡 일어나 사납게 쏘아붙이기 시작했다.

"내가 지금 흥분 안 하게 생겼냐? 어? 나는 당신네 같은 사람들이 제일 뭐 같아. 부자가 되고 싶어서 계약했잖아. 부자 놀이하다 왔으면 제값을 받아 가야지. 안 그래? 강 사장이 욕심 부리다 망한 건데 내가 왜 강 사장 사정까지 살펴야 하지?"

공포감이 엄습해 왔지만 할 말은 해야 했다. 어차피 이리 죽으나 나가서 죽으나 죽는 건 매한가지다.

"이자라도 면제해주시면 정말 감사하겠습니다. 30%는 절대 못 받습니다…."

'절대 못 받는다.'는 말은 활활 타오르는 이 대표의 불꽃에 기름을 붓고야 말았다. 이 대표는 자리에서 벌떡 일어나더니 티 테이블 뒤쪽 구석에 뉘어 있던 골프채 하나를 꺼내 들었다. 그는 흰색 천으로 골프채 머리 부분을 문지르기 시작했다.

"그래. 뭐 돈 못 받는 놈들 수도 없이 많았지. 이자는 없던 것으로 하자고. 그런데 말이지 내가 제안을 하나 하지."

갑자기 식어버린 수프처럼 차분해진 이 대표의 말투에 등허리 전체에 소름이 끼쳤다. 사람의 감정이 이렇게도 요동칠 수 있다는 사실이 놀라웠다.

"어… 어떤 제안을…?"

동물적인 감각으로 위험을 직감했지만, '이자를 없던 것으로 하겠다.'라는 달콤한 속삭임이 뿌리가 되어 바닥을 뚫고 나와 두 다리를 뒷걸음치지 못하게 꽉 붙잡았다.

"쉬워. 아주 쉽지. 한 대당 500만 원씩 까주지. 싫으면 지금 얘기해."

나는 바닥을 본 채 아무 말도 하지 않았다. 나를 붙잡았던 뿌리는 사라졌지만 움직일 수 없었다.

"말이 없군. 동의하는 거로 알겠어."

그는 말이 끝나자마자 골프채를 들고 달려와 내 오른쪽 무릎을 휘갈겼다.

"악!"

나는 외마디 비명을 지르며 자리에 주저앉았다.

"으… 억…. 대표님…."

나는 두 손으로 얼굴을 감싸고 바닥에 바싹 엎드려서 뒤집힌 바퀴벌레처럼 누워 있었다. 그 순간 옆구리에 또 한 방 맞았다. 이 대표는 얼굴을 제외한 모든 신체 부위를 무차별적으로 갈기기 시작했다. 맞다 보니 손가락에 피가 묻어 있었다. 하지만 어느 부위에서 피가 나는 것인지 도무지 알 수 없었다. 신체 모든 곳에서 아프다고 절규했다. 하지만 "그만!"이라고 외치지 못했다. 오히려 무의식에서는 몇 대를 맞았는지 셈하고 있었다. 한 대당 500만 원이니까….

"하…. 하…. 이 개 같은 자식, 돈이나 실컷 벌어라. 내 눈에서 썩 꺼져."

이 대표는 소파 한구석에 피 묻은 골프채를 던져버리고 깊은 숨을 몰아쉬며 씩씩거렸다. 비서는 일어서지 못하는 나를 위해 친절하게 은행 계좌를 연결해 정리가 필요한 모든 돈을 내 계좌에 연동시키고 남은 5억의 현찰을 대형 머니백에 담았다. 그녀는 이런 일이 늘 있는 일이라는 듯 침착했다.

"감사… 합니다."

"한 비서. 저 거지 당장 끌어내!"

나는 거리로 내동댕이쳐졌다. 그 뒤를 이어 나의 분신이자 애증의 관계인 대형 머니백도 거리에 던져졌다. 길거리 사람들은 수군거리며 관심을 보이다가도 이내 자기 갈 길을 갔다. 피투성이의 남자가 대형 머니백과 함께 길거리에 앉아 있는 모습. 사실 아주 낯설지는 않은 모습인 게다. 만약 내가 소형이나 중형 머니백을 메고 있었다면 사람들은 다가와 물어봤을 것이다. 무슨 일이 있었던 건지, 경찰을 부를지? 하지만 5억이 담긴 3m 높이의, 성인 남성 6명도 거뜬히 들어갈 법한 500kg짜리 머니백을 메고 있는 남성에게는 아무도 다가오지 않았다. 그들 눈에 나는 그저 구걸하다 얻어맞은 대형 샌드백이다.

이쯤 되면 내가 머니백이고, 머니백은 나다. 그들은 내가 전에 어떤 사람이었는지, 삶의 계획은 있는지? 사회에 어떤 도움이 될지 관심이 없다. 나는 이름까지 잃게 될까 두려웠다. 사람들은 내 이름을 궁금해하지 않을 것이다. 그저 괴물 머니백일 뿐.

14

118 머니백 구조센터

길바닥에 앉아 오른쪽 무릎을 부여잡고 한참을 울었다. 정확히는 울부짖었다. 하지만 지나가는 그 누구도 다가오거나 신경 쓰지 않았다. 나는 그렁그렁한 눈을 질끈 감으며 난간을 잡고 힘겹게 일어섰다. 눈물 몇 방울이 양 볼을 따라 턱 아래로 모여들었다. 나는 홀로 구부정한 자세로 서서 조금씩 걸었다. 온몸에 통증이 전해졌지만 움직일 순 있었다. 액정이 깨져버린 휴대폰을 꺼내어 고생스럽게 번호를 눌렀다. 액정을 누를 때마다 바스락거리는 소리가 들렸다. 곧이어 묵직한 통화 연결음이 졸졸졸 흘러나왔다.

　"감사합니다. 118 머니백 구조센터 상담원 정혜윤입니다. 무엇을 도와드릴까요?"

　119가 화재, 인명사고 등 각종 크고 작은 재난 사고 시 도움을 청할 수 있는 곳이라면, 118은 갑자기 돈이 불어나거나 사고로 머니백을 옮길 수 없을 때 머니백을 대신 옮겨주는 성부 센터이나. 단 무분별한 사용을 막기 위해 상황별로 다르지만, 보통은 연 12회로 제한된다. 나머지는 사기업 보험 상품에 가입하면 보장받을 수 있다. 물론 나는 친구 지석이가 권했던 '머니백 이동 보험'에 가입하지 않았기 때문에 연 12회 정부 서비스만 받을 수 있는 처지다.

"118이죠? 제가 몸을 다쳐서 머니백을 운반할 수 없는 상태입니다. 도움 부탁드립니다. 주소는⋯."

"네 소중한 정보 감사드립니다. 지금 당장 저희 직원들이 출동하도록 하겠습니다. 자리 이동하지 마시고 그 자리에서 기다려 주세요."

"감사합니다."

"네 고객님. 늘 행복하세요!"

118에 전화를 걸 때 행복할 경우는 별로 없을 것이다. 상담원의 과한 친절이 내 처지와 대비되어 더 슬펐다. 전화를 끊고 15분 만에 빨간 모자를 푹 눌러 쓴 20~30대로 보이는 건장한 청년 네 명이 도착했다. 팀장으로 보이는 한 명을 제외하고는 모두 중형 머니백을 메고 있었다. 그들은 간단한 신원 조회 후 500kg에 달하는 대형 머니백을 3.5톤 트럭에 옮겨 담았다. 트럭 좌석에는 6명 정도가 앉을 수 있는 공간이 있었는데 나는 맨 앞 조수석에 앉았다. 트럭은 1차선 도로 위를 달리기 시작했다. 퇴근 시간이었지만 도로는 한산했다. 적막한 분위기 속에 팀장으로 보이는 118센터 직원이 입을 뗐다.

"부자들은 차를 타고 다니는데, 참 좋겠습니다. 저는 이 일을 하면서 트럭을 타고 다니지만 늘 그런 생각을 합니다. 정부가 자동차에 너무 높은 세금을 책정하다 보니 도무지 살 수가 없잖습니까? 자동차는 비싸지 않지만, 세금이 자동차 가격의 두 배나 높잖아요. 그러니까 서민들이 어찌 차를 타겠습니까. 버스나 타지. 아니, 그러면 버스는 편한가요? 버스 문짝 크기보다 큰 대형 머니백을 멘 사람들은 버스도 못 타죠. 설사 탄다고 해도 다른 사람들의 불편한 시선을 피할 방법이 없어요. 선생님도 많이 불편하셨겠어요. 버스도 못 타시고. 매우 안타깝습니다."

한순간에 버스조차 타지 못할 정도로 큰 괴물 머니백을 짊어지고 있는 나는 말하고 싶은 기분이 아니었지만, 흥미가 있는 주제이기에 조금은 반응하기로 했다.

"네. 높죠…. 저도 얼마 전까지만 해도 자동차를 구매…가 아니고….."

"제가 볼 땐 정도가 지나칩니다. 자동차에 대해서는 모르지만, 쇠로 프레임 만들고 엔진 돌려서 바퀴만 돌아가게 만든 물건 아닌가요? 위험물도 아니고 사치품도 아닌데 정부가 자동차에 세금을 200% 이상 책정한 거는 말 그대로 서민은 항상 신체 능력으로만 걸어 다녀라! 이거 아닙니까? 허리나 무릎이 남아나지 않지요."

팀장은 이어서 현 정부의 정책에 관한 사견을 토해내기 시작했다. 그는 서민을 위한 정책을 펼쳐야 한다고 강하게 주장했다. 사실 욱신거리는 무릎 때문에 팀장의 하소연은 더는 들리지 않았다. 그러던 중 갑자기 트럭이 멈췄다.

"무슨 일이죠? 아직 우리 집은 더 가야 하는데?"

"앞 버스에서 실랑이가 있나 봅니다."

트럭 앞에 버스는 멈춰 있고 사람들이 버스 문 앞에 모여 웅성거렸다. 버스 밖에서 2m 정도 높이의 빵빵하게 채워진 대형 머니백을 메고 있는 할아버지 한 분이 버스에 오르겠다고 고집을 피우고 있었다. 그는 작은 출입문을 향해 대형 머니백을 욱여넣고 있었고, 버스 기사는 반대편에서 머니백을 버스 밖으로 밀어내고 있었다. 둘 사이에서는 고성이 오갔다.

"아, 빨리 가야 하는데, 참. 아니 대형 머니백을 메고 버스에 탈 생각을 하다니 미친 거 아닙니까? 어차피 버스 출입문 크기 제한 때문에 버스에 못 오르는 것이 뻔한데 왜들 저러는지 모르겠습니다."

좀 전까지 자동차에 책정된 세금 때문에 편리함을 추구할 수 없는 현실에 불평하며 서민을 위한 정책이 필요하다고 열변을 토하던 팀장은 버스에 오르기 위해 안간힘을 쓰는 할아버지를 욕하고 있었다. 부자는 서민을 이해할 수 없고, 소형은 중형을, 중형을 대형 머니백을 이해할 수 없다. 경험해보지 않고 알 수 있는 인생이 있으랴? 어찌 보면 길거리에 쓰러져 있는 괴물 머니백에 따뜻한 관심을 바라던 내 생각은 매우 비현실적인 바람이었을지도 모른다.

할아버지는 결국 경찰의 제지로 우리 트럭 쪽으로 끌려오기 시작했고, 소형, 중형 머니백을 멘 사람들이 뒤이어 버스에 올라타기 시작했다. 버스 첫 계단에 올라서면 무게가 측정되고 총 무게가 150kg이 넘으면 알람이 울리는데, 노인의 머니백으로는 버스 문 안으로의 진입조차 힘들어 보였다. 사실상 교통 약자다. 어디서나 이런 식이다. 무게가 많이 나가면 혜택을 받지 못한다. 할아버지는 버스 뒤쪽으로 끌려오면서 악에 받쳐 연신 소리를 질러댔다.

"야 이놈들아, 지금 내 손녀 아이가 사고로 병원에 누워있단 말이다! 수술 전 마지막으로 얼굴이라도 보자는 건데! 아이고, 아이고⋯."

멀어져가는 할아버지의 쓸쓸한 뒷모습에 마음 아팠지만 지금 내게 누군가를 걱정할 여유 따위는 사치다.

"도착했습니다. 몇 층으로 옮겨 드리면 될까요?"

"10층입니다."

10층. 순간 등에 식은땀이 났다.

"그런데 선생님. 저희가 10층까지 운반해드릴 순 있지만, 어떻게 다시 내려오실 건지요? 집을 1층으로 구하시든지 아니면 보호지로 입주하시는 방법도 있습니다만⋯."

"무슨 소리 하시는 겁니까? 보호지요?"

순간 차 안에서 너무 큰 목소리를 내었다는 생각에 귓불을 붉혔다. 하지만 '보호지'라는 단어를 언급한 건 실례다. 충분히 기분 상할 일이었다. 아니, 따귀나 맞지 않으면 다행이다. 팀장이 조심스럽게 말했다.

"기분 나쁘셨다면 죄송합니다. 10층으로 옮겨 드릴까요?"

어지러웠다. 뇌세포 하나하나가 상황이 잘못 돌아가고 있음을 알렸다. 엘리베이터도 없는 허름한 원룸에서 혼자서 10층 높이를 오르내릴 순 없다.

높이에서 오는 고충 때문에 서민들의 아파트나 원룸은 꼭대기 층이 제일 저렴하다. 여기로 이사 온 후로 내일 중형 미니백을 짊어지고 10층을 오르내렸다. 다행히 모든 계단에는 무릎에 충격을 줄일 수 있도록 폭신한 우레탄이 두껍게 도포되어 있었다. 하지만 지금은….

"팀장님…."

드디어 끝이 보였다. 바로 추락의 끝이다. 깊은 심해저 속으로 빨려 들어가던 내가 드디어 아무도 닿고 싶어 하지 않았던 깊은 심연의 모랫바닥에 닿았다. 불빛 한 점 없는 암흑세계다. 엄청난 수압이 온몸을 옥죄여왔다. 폐가 오그라드는 것 같아 숨을 쉴 수 없었다. 숨을 쉬면 모든 어둠을 들이 삼킬 것 같아서 두려웠다. 하지만 나는 인간이다. 극심한 피로가 몰려왔다. 심연의 모랫바닥이라도 좋으니 한숨 자고 싶었다. 긴 하루였기에… 이제는 받아들여야 한다.

"보호지로 가겠습니다."

2부

15

보호지

울퉁불퉁한 비포장도로가 끝없이 이어졌다. 엉덩이가 공중에 살짝 떴다가 내리박히기를 수천 번쯤 하고 나니 엉덩이에 감각이 느껴지지 않았다. 우리 국토에 이렇게도 척박한 땅이 있었나 싶었다. 일부 부자들이 산악 자동차를 타고 이렇게 험한 길만 골라 다닌다고 하던데 굳이 왜? 이해할 수가 없다. 118 머니백 구조센터 팀장은 말이 없었다. 그도 보호지로 가는 길이 썩 마음에 들지 않는 모양이다. 시내에서 꽤 떨어진 곳에 있는 탓에 정시에 퇴근하기는 그른 것이다. 그래도 아무런 불평 없이 보호지까지 태워주는 마음 씀씀이가 고마웠다.

고마움을 표현하고 싶었지만 이내 그만두기로 했다. 내가 가는 곳은 보호지다. 바로 그 말로만 듣던 그곳. 어렸을 때 엄마는 늘 얘기하곤 했다. "자꾸 울면 보호지로 보내버린다." 그땐, 왜 그런 말을 했는지 알 수 없었지만 확실한 건 죄를 짓지 않고 갈 수 있는 가장 고통스러운 미지의 세계로 가고 있다는 점이다. 그리고 이것은 현실이다. 정부는 늘 보호지가 언급되는 상황을 꺼렸는데 가끔 뉴스에 보호지에서 탈출한 사람의 이야기가 보도되곤 했다. 그들은 늘 보호지에 대해서 이렇게 설명했다.

"보호지란 겪어보지 않고는 절대 이해할 수 없는 곳입니다. 그곳은 빠져나올 수 없는 지옥입니다."

나는 긍정적으로 생각해보려고 노력했다. 중국 고대 병법서 《삼십육계》의 마지막 서른여섯 번째 계책은 불리할 때는 달아나 후일을 도모하라는 것이다. 즉 '삼십육계 줄행랑'이라고 하는 말이 여기서 온 것이다. 나도 고대 병법서의 한 가지 방법을 배우고 있을 뿐이다. 절대 패배한 낙오자가 아니다.

"자! 도착했습니다."

차가 멈췄다. 사막같이 황량한 공터에는 한눈에 봐도 범죄 영화에 나올 법한 약 3~4층 높이의 회색빛 빌딩이 멀뚱히 서 있었다. 넓긴 또 얼마나 넓은지 한눈에 다 들어오지 않았다. 가끔 뉴스로 보호지에 다녀온 사람들이 넓은 곳이라고 표현하긴 했었는데 이 정도일 줄이야…. 건물 외관은 매우 깨끗해 보였다. 단지 작은 창문들이 띄엄띄엄 있었고 십자형 두꺼운 쇠창살이 창문의 반을 가리고 있었다.

"선생님. 뭐 이런 말씀 드리기 뭐하지만, 보호지에 들어가셔서 1,000명에 한 명꼴로는 탈출에 성공하기도 한다고 들었습니다. 힘내시고 늘 허리 조심하세요."

"감사합니다. 무릎 조심하세요."

사실 이제 머니백을 메고 다닐 때 서로의 무릎이니 허리, 어깨를 걱정하면서 하는 인사말이 나에게는 무의미하다. 500kg이 넘는 대형 머니백을 메고 다닐 순 없지 않은가? 그래도 야근까지 불사하며 보호지에 데려다준 팀장이 고마웠다. 다시 볼 수나 있을지….

"보호지 입주를 환영합니다!"

회색 건물에서 30대 건장한 남성 한 명이 쭈뼛쭈뼛 서 있는 내게로 밝게 웃으며 걸어왔다. 그는 반질반질한 기름을 곱게 바른 머리를 완전히 넘긴 올백 머리를 하고 있었는데 의도한 건지는 모르겠지만 머리 뭉치 한 가닥만 아래로 내려와 달랑달랑 흔들거렸다. 그의 달랑거리는 머리카락 때문인지 최면에 사용되는 추처럼 묘한 긴장감이 느껴졌다.

"아 네 감사합니다. 여기로 들어가면 됩니까?"

"네. 먼 길 오시느라 너무 수고 많으셨습니다. 여기부터는 저희 직원들이 머니백을 옮겨 드릴 테니 같이 들어오시면 됩니다."

"네. 감사합니다."

얼마 뒤 직원 4명이 오더니 끙끙거리며 머니백을 바퀴가 달린 트레일러에 실었다. 크고 웅장한 쇳소리와 함께 문이 열렸다. 제일 먼저 시큼한 냄새가 코를 찔렀는데 땀 냄새로 가득한 좁은 공간에 식초와 간장을 분무기로 뿌려 놓은 듯 시큼하면서도 짜고 퀴퀴한, 정말 난생처음 맡아보는 냄새다. 하지만 코를 찌르는 냄새는 약과였다. 곧이어 내 눈을 의심하지 않을 수 없었다. 발걸음이 떨어지지 않았다. 뉴스에 나오던 탈출자(?)들이 설명한 보호지보다 몇 배나 더 최악이었다.

먼저 입구에 들어가자마자 왼쪽에는 그나마 꽤 현대미가 넘치는 통유리로 된 방이 보인다. 이는 감시관 2명이 순찰 중간중간 쉴 수 있는 당직실이라고 했다. 오른쪽에는 분뇨처리장이 있었는데 아마 화장실에서 발생하는 대소변을 처리하는 곳으로 판단된다. 청소복 차림에 중형 머니백을 멘 아주머니 몇 분이 청소 도구를 들고 이곳을 들락거렸다.

정말 놀라운 것은 바로 이 분뇨처리장 옆에 음식 조리장이 있다는 사실이다. 공간을 최대한 활용하고자 한 건축가의 근시안적인 시도는 나쁘지 않았지만, 아무리 그래도 오물처리장 옆에 조리실을 만든 그 정신머리는 도대체 어디서 나온 것인지 이해할 수 없었다. 어쨌든 조리실 위생은 상상 이상으로 끔찍했다. 내가 도착했을 때는 저녁 준비를 하느라 많은 조리사가 분주하게 움직이고 있었는데 시큼하고 퀴퀴한 냄새에 음식 냄새가 섞이니 절로 구역질이 나왔다. 이런 곳에서 한 끼라도 먹을 수 있을지 걱정되었다.

"선생님. 저를 따라오세요."

"네."

나는 올백 머리 직원을 따라 천천히 보호지 내 깊숙이 들어갔다. 눈앞의 놀라운 광경에 후각이 급속도로 마비되어 버린 건지 더는 냄새가 나지 않았다. 눈앞에는 말도 안 되게 큰 대형 바둑판이 있었다. 성인 두 명이 편하게 걸어갈 수 있을 법한 굵은 흰색 직선이 회색빛 바닥에 가로와 세로줄로 엮여 수천 개의 칸을 만들었다. 각 칸의 넓이는 $5 \times 5m$ 정도이며, 각 칸에는 한 사람의 머니백과 몇 가지 볼품없는 물품들 예를 들면 의자, 거울, 탁자 등 이 각자의 취향대로 요란스럽게 배치되어 있었다. 공간이 충분한 몇몇은 간이침대를 가져나 놓았는데, 대부분은 언제 세탁했는지 불분명한 상태의 이불만을·덮은 채

차가운 콘크리트 바닥에 송장처럼 누워 있었다. 그들은 에너지를 아끼려는 심산인지 잘 움직이려 하지 않았다.

바닥에 그은 선을 제외하고는 어떠한 벽이나 울타리 같은 장애물은 없었다. 하지만 사람들은 정확히 선을 통해서만 다른 곳으로 이동하고 있었다. 다른 거주자의 공간을 침범하지 않고자 하는 나름의 질서(?), 철학(?) 같은 걸지도 모르겠다.

"선생님!"

"네."

"이제부터 저를 감시관이라고 부르면 됩니다. 여기서는 층당 2명의 감시관이 배정되어 있습니다. 2명의 감시관이 상주하면서 여러분을 감시하고 훈계합니다. 선생님께서 계실 1층의 담당 감시관은 접니다. 생활하시다가 불편하신 점이 있으시면 저에게 말씀해주시면 됩니다. 그리고 저기 벽을 보시면 보호지에서 살아남을 수 있는 10가지 규칙이 있으니 무조건 암기하시고 절대 저 규칙에 어긋나는 행동을 하지 않으시길 바랍니다. 이해하셨습니까?"

"네. 선생님."

"감시관이라고 부릅니다."

감시관의 말투는 점점 싸늘해졌다. 따뜻하게 반겨주던 첫 모습과는 너무나 대조적인 싸늘함에 조금 오싹했다.

"아, 네… 감시관님."

올백 머리 감시관이 턱으로 가리킨 곳에는 큰 벽지가 붙어 있었다. 로빈스 크루소의 '무인도에서 살아남기'라는 책이 생각났다. 나는 한 줄 한 줄 열심히 읽었다. 그러자 앞으로의 생활이 절대 순탄하지 않겠다는 생각에 머리가 아파져 왔다.

보호지에서 살아남는 방법 - 십계명

하나. 보호지 내 범죄 행위(절도, 폭력 등)는 절대 금지한다.

(발생시 벌점 또는 형사처벌)

둘. 보호지 내에서는 선을 따라 이동한다.

(위반 시 벌점 부여)

셋. 감시관의 명령에 절대복종한다. (불복종 시 벌점 부여)

넷. 저녁 11시부터 아침 9시까지 취침 시간을 엄수한다.

(화장실 용무 제외한 이동 및 대화 금지)

다섯. 식사는 점심, 저녁 2번 제공된다.

(면회실을 제외한 외부 음식물 절대 반입 금지)

여섯. 전기기구는 각 보호지 외벽에서 충전할 수 있다.

(단, 통행 방해 금지)

일곱. 긴급한 경우(병원 진료 등)를 제외한 외출은 불허한다.

(단, 면회는 1달에 2회 가능)

여덟. 허가받지 않은 물건은 반입할 수 없다.

(마약, 총기류, 화약류 등 위험 물질 절대 불허)

아홉. 유일한 보호지 탈출 방법은 머니백 걷기 시험이다.

(단, 기회는 5번)

활자를 따라서 시선을 아래로 내리던 중 아홉 번째 계명에서 눈이 멈췄다.

'보호지 탈출의 유일한 방법이 머니백 걷기 시험이라고?'

사실 몇몇 보호지 탈출자들이 보호지에서의 끔찍했던 생활을 설명하는 방송은 몇 번 본 적 있지만, 그들이 어떤 절차로 탈출할 수 있었는지는 보도된 적이 없었다.

"감시관님, 보호지에서 머니백 걷기 시험에 통과한다면 탈출이 가능한 건가요? 그게 무슨 시험인지 알 수 있을까요?"

"말 그대로 시험에 통과하면 됩니다. 어차피…."

그는 트레일러에 실려서 끌려오는 내 머니백과 나를 번갈아 쳐다보며 피식 웃었다.

"당분간 탈출은 힘들어 보이네요. 일단 이곳 생활에 잘 적응이나 하시는 게 맘 편하실 겁니다. 10번째 계명을 크게 읽어 보세요."

맞는 말이다. 이제부터 나는 진취적인 생각을 할 수 있는 여유 따위가 없는 인간이다. 다만 이곳에 적응하고, 살아남아야 할 한 명의 감시대상일 뿐. 나는 바둑판식 숙소 빌딩의 1층 좌측 벽으로부터 5번째 칸에 있는 줄의 한 구역을 배정받았다. 자세한 위치 묘사는 사실 필요 없어 보였다. 바둑판의 바둑돌 한 개가 된 기분이다. 저녁을 거른 채 튀어나온 머니백 귀퉁이를 베개 삼아 누웠다. 칙칙한 환풍기, 선풍기와 형광등이 곧 떨어질 것처럼 위태롭게 매달려 있었다. 두 눈

끝에서 뜨거운 액체가 멈추지 않고 흘러내렸다. 눈을 감고 있어도 환하게 비치는 형광등 불빛이 도깨비 불빛 같았다. 영원히 벗어날 수 없는 도깨비 불빛…. 나는 이제 내 의지로 형광등 스위치조차 끌 수 없다. 11시가 되길 기다릴 뿐.

어떻게
살고 싶은가?

아침 9시가 되자 '탁' 하는 둔탁한 소리와 함께 일제히 세상이 환해졌다. 간밤에 한숨도 잘 수 없었는데, 코 고는 소리, 이빨 가는 소리, 통화하는 소리, 서로 떠드는 소리 등 여기저기 들려오는 소음 공해 덕분이었다. 벽으로 둘러싸인 아늑한 공간의 소중함을 절실히 깨닫는 시간이었다. 나는 고치를 벗고 나오는 애벌레처럼 몇 번 꿈틀거리며 기상을 맞이했다. 정신도 몽롱했지만, 전날 저녁을 먹지 않았기 때문에 매우 허기가 졌다. 하지만 12시 점심시간이 되기 전엔 물밖에 마실 수 없었다. 단식원이 따로 없다.

　보호지 생활은 어떻게 보면 굉장히 단순했다. 9시에 불이 켜지면 일어나서 일제히 살아 있음을 알리는 몇 번의 꿈틀거림을 끝으로 찰랑거리는 방광을 비우기 위해 바둑판 위 선들을 따라 일렬로 화장실로 향한다. 그나마 다행인 것은 머니백을 메고 다닐 필요가 없다는 점이다. 정부 보호지 소개란에서 '보호지 내에서는 미니백을 메고 다닐 필요가 없다'는 기사를 본 기억이 있다. 제목에 '유토피아 보호지'

정도의 수식어가 붙어 있었던 것 같다. 그 기사 내용은 사실이었다. 20m 이상 떨어져도 머니백에서 알람이 울리지 않았다.

"강민수! 선 밟지 마! 벌점 1점!"

올백 머리 감시관은 내 명찰을 보면서 크게 소리쳤다. 불과 하루 만에 감시관은 나에게 간지러운 존대를 생략하기로 했나보다. 그런데 오늘만 해도 벌써 벌점 3점이다. 도대체 그 벌점을 차곡차곡 모아다가 어디다 쓰는지 도통 알 수 없었다. 미스터리다.

감시관이 없어도 보호지민들은 규율을 지키려고 노력했다. 곳곳에 달린 제2의 눈 CCTV와 제3의 눈들 때문이라고 했다. 제3의 눈들은 CCTV보다 촘촘히 박혀 있는 보호지민들의 신고다. 상점을 받기 위해 동료의 잘못을 보고하는 행위는 너무나 일상적이다.

이곳은 마치 영국의 공리주의 철학자 제러미 벤담이 제안한 파놉티콘 교도소와 흡사하다. 감시관들이 있는 곳은 어둡고 죄수들이 있는 곳들은 밝아서 죄수들은 감시관을 볼 수 없는 형태의 파놉티콘처럼 보호자들은 늘 감시받고 있다는 느낌 때문에 스스로 규칙을 곱씹어보고 지키기 위해 노력하는 것이다. 사생활이 없는 생활에 일거수일투족 감시당하는 기분 때문인지 보호지민들은 가만히 있어도 쉽게 피로감을 느낀다고 했다.

"무슨 생각을 그렇게 골똘히 하나?"

내 자리 바로 남쪽으로 길을 마주하고 있는 어르신이다. 마른 체구에 어울리지 않는 검정 후드티를 입고 있었다. 나이는 가늠하기가 어려웠다. 눈 꽃송이가 머리에 희끗희끗 젖어든 백발로 보아하니 70대 이상의 나이 정도로 예상되었다. 윤기가 흐르고 기미나 주근깨가 없는 깨끗한 피부를 지니고 있었고, 머니백을 많이 메어 허리가 굽거나 뒤틀린 다른 노인분들과는 다르게 꼿꼿한 자세를 유지하고 있었다. 나는 웃으며 선선히 답했다.

"하하. 뭐, 어떻게 하면 여기에 더 잘 적응할지 이런저런 생각을 하고 있었습니다."

순간 노인의 표정이 굳어서 갈라지는 페인트처럼 일그러졌다.

"도움이 될지는 모르겠지만…. 잘 적응한다는 소리는 하지 말게."

"네?"

"잘 적응하지 말라고!"

노인은 한바탕 쏘아붙이고는 자리를 떴다. 나는 멍하니 서 있었다. 혈혈단신(孑孑單身)으로 온 신입이 잘 좀 살아보겠다는 게 뭐가 그리 역정을 낼 일이었는지 이해할 수 없었다.

"안녕하세요! 저 할아범 말은 그냥 무시하면 돼요. 매일 헛소리만 해대거든요."

30대 중반쯤 되어 보이는 청년이다. 짧은 머리에 턱수염이 얼굴의 반을 덮고 있었고 덩치가 상당히 커서 두 끼만 먹으면서 이런 몸을 유지할 수 있는지 의문이었다. 오른팔에는 괴상한 문신이 새겨져 있었다. 키도 훤칠했다. 190cm는 족히 되어 보였다. 나랑은 북쪽으로 난 길을 마주 보고 있었다.

"네. 안녕하세요. 강민수입니다."

"민수 씨 반가워요. 오셨으니 잘 적응하셔야죠! 제가 도와드릴 테니 모르는 게 있으면 언제든 말씀하세요."

그는 보기와 다르게 친절했다.

"이! 감사합니다. 저기 남쪽에 있는 어르신은 무슨 사연이 있으신가요? 인상은 참 좋아 보이시는데…."

"그런 게 있겠어요? 그냥 다른 사람이 잘 적응하는 꼴을 못 보는 거죠. 몇 주 전에 입주했는데 제가 듣기로는 교도소(?) 같은 곳에서 몇 년 살다가 보호지로 들어왔다고 들었어요. 자세한 내막은 몰라요. 관심도 없어요. 하하. 저기 보세요. 저 머니백. 얼마나 사회에 적응 못 했으면 저렇게 큰 머니백을 지니고 있을까요?"

그러고 보니 노인의 머니백은 다른 사람에 비해 유독 컸다. 머니백이 저렇게까지 탄성이 있는지 몰랐다. 늘어날 만큼 늘려보는 마치 '탄성 실험' 중인 듯했다. 5×5m의 공간에서 반 이상을 차지하고 있었다. 그래서 그런지 노인은 가구가 없었다. 잠도 머니백 위에 올라가서 이불만 덮고 잔다고 했다. 머니백 자체가 크고 푹신해서 괜찮다고….

"아무튼, 민수 씨 잘 적응하세요! 얼마나 좋습니까? 밖에 나가면 매일 머니백 메고 다닐 걱정해야 하고, 무릎 시리고 허리 아프죠. 또 살기 위해 밤늦게까지 고민하거나 노동해야죠. 여기는 안 그래요! 감시관들이 좀 깐깐하긴 하지만 그들은 우리에게 아무것도 바라거나 시키는 게 없거든요. 완전한 자유 상태에 놓이게 되는 겁니다! 정부 말대로 어쩌면 이곳이 꿈꾸던 유토피아일 수도 있어요. 우리는 그냥 앉아서 푹 쉬면서 신에게 기도만 드리면 됩니다. 또 압니까? 좋은 일이 생길지도? 하하. 제가 철학을 전공한 건 아닌데 가끔 이렇게 진지하곤 합니다. 하하."

"아. 네. 그럴 수도 있겠어요. 아무튼, 잘 부탁합니다!"

"네네. 민수 씨는 사회에서 무슨 일 하다 오셨어요?"

"저는 사업을 했었습니다…."

"그렇군요. 여기 몇몇은 매스컴에서 볼 수 있을 정도로 유명했다고 하던데요. 그런 대단한 사람들과 저같이 미천한 것도 한 공간에서 같이 산다는 게 멋지지 않나요? 그들도 세상에 신물이 난 게죠. 보호지 생활이 편한 건 아니지만 다시 한 번 말씀드리면, 저 밖은 정말 생지옥 아닙니까?"

"그럴 수 있죠."

북쪽에 사는 청년과의 대화를 마치고 저녁을 먹었다. 오늘 저녁은 말라비틀어진 시래기를 듬뿍 넣은 시래깃국에 흰 쌀밥, 거기에 신김치 조금과 옆구리 터진 군만두 두 개다. 몇몇 여성들은 요 군만두 두 개도 다 못 먹고 남기곤 했지만, 대부분 남성에게는 너무나 부족한 양이었다. 물론 밥은 얼마든지 더 받을 수 있었지만, 맨밥만 먹기에는 너무나 고통이었다. 그래도 배고픔을 잊기 위해 오늘도 고봉밥 한 그릇을 단숨에 먹어 치웠다. 사실 배고픔은 어찌어찌 잊겠다만, 뒤섞인 음식 냄새와 땀 냄새는 아직도 잘 적응이 안 된다.

저녁을 먹고 불룩하게 솟아오른 머니백에 기대어 누웠는데, 북쪽에 사는 청년이 남쪽에 사는 노인과 말을 섞지 말라는 충고가 무색할 만큼 노인의 행동에 자꾸 호기심이 일었다. 노인은 자기 앞으로 지나가는 모든 사람에게 "가벼워져라!" 하고 외쳐댔다. 그 모습은 마치 마법사가 주문을 외우듯 매우 진지하고 낮은 어조였다. 노인은 뼈가 보일 정도로 매우 말랐는데, 남들에게도 자기의 가벼움을 강요하는 것이었을까? 배가 부르면 사람이 여유로워지고 지적 호기심 즉, 알고 싶은 욕망이 든다. 내가 딱 그쪽이었다. 결국 호기심을 누르지 못하고 노인에게 다가갔다.

"가벼워져라!"

노인은 허공에 대고 연신 가벼워지라고 외쳐대고 있었다.

"네. 가벼워지겠습니다. 그런데 혹시 시간 괜찮으시면 잠시 옆에 앉아서 얘기 좀 나눌 수 있을까요?"

노인은 눈을 동그랗게 뜬 채 내 눈을 바라보더니 이내 경계를 풀며 고개를 두 번 끄덕였다.

"감사합니다. 잠시만 앉겠습니다."

하지만 워낙 큰 머니백 때문에 앉을 자리가 충분치 않았다. 조금 몸을 구겨서 노인 옆자리에 앉았다. 혹시나 다리가 부딪치지 않게 온 신경이 노인과 내 다리 사이의 거리 조절에 쓰였다.

"그래. 무슨 얘기를 하려고? 자네도 정신 나간 노인네와 실랑이 한 판 벌이려고 왔나?"

노인은 보호지 사람들과의 격한 담론에 신물이 난 모양이었다.

"아닙니다. 단지 저는 지혜를 듣고 싶어서 왔습니다."

노인의 입가에 살짝 미소가 띠었다. 노인도 고분고분하게 자기의 이야기를 듣겠다는 청년에 흥미가 생긴 것일까?

"자네는 좀… 멀쩡하구먼. 먼저 자네의 이야기를 좀 듣고 싶은데 어쩌다 보호지에 오게 되었나?"

나는 부자가 되고 싶어서 퇴사한 이야기부터 머니 지갑 사업의 흥망성쇠를 자세히 말씀드렸다. 노인은 아무 얘기 없이 인생 스토리를 경청하더니 보호지에 도착한 첫 소감을 얘기하는 와중에 말허리를 잘랐다.

"흥미롭군. 자네는 참으로 재미있는 인생을 살았구면. 똑똑하고 용감해. 하하. 말을 재밌고, 조리 있게 하는 재주도 있는 것 같고. 그래서 자네는 앞으로 어떻게 살고 싶은가?"

'어떻게 살고 싶은가?'라는 질문은 보호지 내에서 나올 법한 질문은 아니다. 대부분 보호지민들은 '머니백 크기를 비교한다.'든지 '어떻게 하면 반찬을 더 받을 수 있는지.' 등의 눈앞에 보이는 크레바스를 건너기 위해 온 집중을 쏟고 있었다.

"사실 이곳 생활에 잘 적응하려고 합니다만….."

나는 노인의 미간에 깊은 주름이 패는 것을 보고 말을 줄였다.

"진심인가? 잘 적응해서 어쩌려고? 평생 보호지에서 인생을 보낼 생각인가? 노동 없는 세상에 어깨가 가볍고 허리가 편안하니까 이곳이 천국이지?"

"천국이라는 얘기가 아닙니다. 단지 저는 현재 상황에서 제가 행복할 수 있는 방법을 찾고 있습니다…. 그 인디언 이야기 있잖습니까? 호피족 인디언들은 기우제를 지내면 반드시 비가 옵니다. 왜냐하면, 그들은 비가 내릴 때까지 몇 날 며칠을 계속 정성을 들여 기우제를 지내기 때문입니다. 그 정성에 하늘이 움직인 거죠. 아까 저에게 어떻게 살고 싶은지 물어보셨지요? 저는 사실 지금까지 열심히 살았습니다. 열정적으로 도전도 했고 늘 학습하고 인간관계도 다양하게 쌓았습니다. 그런데 지금 제 꼴을 보세요. 별의별 짓을 다 해도 비는 내리지 않았습니다. 어르신 지금 저는 끝없이 메말랐습니다. 이제 제가 할 수 있는 건 현재 삶에 만족한 채 정갈하게 무릎을 꿇고 하늘에게 비는 겁니다. 비가 올 때까지요."

노인은 작은 한숨을 내쉬었다.

"바보 같은 인디언들."

"네?"

"자네도 다른 사람들과 다를 게 없구먼. 조금은 트여 있는 사람인 줄 알았는데…. 가서 기도하고 잠이나 자게나."

노인의 입은 꾹 다문 조개처럼 좀처럼 다시 열 생각이 없어 보였다. 나는 소등 방송을 들으며 쓸쓸히 자리로 돌아왔다. 귀싸대기를 한 대 얻어맞은 듯 멍멍했다. 잘 지내보려고 하는데…. 쌀쌀맞은 노인이 원망스러워 혼잣말을 중얼거렸다.

"도대체 뭐가 바보 같다는 거지? 자기 몸 하나 간수하기도 힘든 노인네가…."

17

인디언들은
비가 올 때까지
기우제를 지낸다

간밤에 꿈이 기묘했다. 인디언들이 모닥불을 피워놓고 기우제를 지냈다. 그들은 간절히 빌었다. 그들의 간절한 정성에 하늘이 동하였는지 갑자기 비가 내리기 시작했다. 인디언들은 춤을 췄다. 두 발을 모아 하늘 높이 뛰었다. 비는 계속 내렸다. 그리고 그치지 않았다. 어느 순간 인디언들의 표정이 바뀌기 시작했다. 그들은 당황했다. 비가 이렇게 많이 내렸던 적은 없었다. 세상이 물에 잠기고 있었고 인디언들은 그들이 올라갈 수 있는 가장 높은 산으로 대피했다.

촌장으로 보이는 인디언이 지시하기 시작했다. 그는 인디언 부족 중에 가장 똑똑한 사람이었기에 인디언들은 그의 지시를 따랐다. 촌장은 산꼭대기에 나무를 겹쳐 높게 쌓기를 명령했다. 그리고 인디언들은 그 위에 올라가 이번에는 비가 그치기를 빌었다. 몇 시간 전까지만 해도 기우제를 지내던 인디언들이었다. 하지만 비는 그치지 않았고, 모든 인디언이 하나둘씩 물속에 잠겨버렸다. 모든 인디언이 잠겨버렸을 때 저 멀리 뭔가가 꿈틀거리는 것이 있었다. 눈을 찡그려 보았지만, 저 멀리에 있는 물체는 잘 보이지 않았다. 좀 더 미간을 조이던 중 갑자기 세상이 환해졌다.

"기상!"

감시관들이 목청이 터지라고 기상을 외쳐댔다. 나는 졸린 눈을 비비며 일어났다. 얇은 이불을 깔고 자기에는 콘크리트 바닥에 등이 배기고, 두꺼운 솜이불을 깔자니 후끈한 열기에 잘 수 없었다. 가끔 남쪽 노인의 머니백 잠자리가 탐났다. 감시관들은 아침 스트레칭을 명령했고 다들 팔과 다리를 살짝살짝 움직여 보이는 성의 정도만 보였다. 이어서 공지사항이 스피커 구멍 사이로 흘러나왔다.

"공지입니다. 내일 오후 3시에 '머니백 걷기 시험'이 있을 예정이니 관심 있는 분들은 중앙 통로로 모여주시기 바랍니다. 이상!"

"민수 씨 안녕하세요!"

"네. 안녕하세요."

북쪽에 사는 청년이다. 그는 뒤통수에 손으로 마구 구겨놓은 듯 지저분한 새집을 지은 채로 나타나 짹짹거리는 목소리로 인사를 건넸다.

"내일 3시에 머니백 걷기 시험이 있나 봅니다. 누군가 신청을 한 거지요. 흐흐."

북쪽에 사는 청년은 기분이 좋아 보였다.

"그런데 머니백 걷기 시험이 뭔가요? 들어올 때 듣긴 했는데 자세히 들어본 적이 없네요."

"직접 보시는 게 좋습니다. 참 재미납니다. 한동안 통 시험이 없었는데 누군가 도전하는 모양입니다. 하하."

"네. 그러죠."

청년이 돌아가면서 만들어낸 작은 바람으로부터 퀴퀴한 냄새가 훅
끼쳤다. 여름이 다가오면서 보호지 내 악취는 절정을 향해 달리고 있
었다. 폭주하는 기관차의 증기처럼 끊임없이 뿜어져 나왔다. 질병에
도 취약했는데, 한 사람이 독감에 걸리면 곧 그 주위로, 그리고는 뻥
뚫린 공간을 통해 바이러스는 빠르게 퍼져나갔다. 화장실이 멀다 보
니 대부분 자기 구역을 구분짓는 흰색 굵은 선 위에 가래를 뱉어대곤
했다. 콘크리트 바닥에 누렇고 붉은 침들이 달마티안의 점처럼 길의
반을 뒤덮었다. 그 침들이 증발하면서 바이러스는 더 빠르게 퍼졌다.
에어컨 하나 없는 이곳에서 조그마한 환풍기 및 작은 창문 따위로는
이 많은 바이러스를 내보낼 순 없었다. 그래서인지 감시관들은 마스
크 착용을 생활화했다.

"강민수!"

올백 머리 감시관이 히죽거리며 다가왔다. 그는 흰색 마스크를 쓰
고 있었다. 그는 기분 좋아 보였다. 감시관을 따라서 감시실에 들어서
니 시원하고 청량한 바람이 불어와 머리칼을 뒤로 넘겼다. 아무렇지
않게 빗어 올린 머리가 산들바람에 기분 좋은 강아지 꼬리처럼 흔들
거렸다.

"앉지."

"네 감시관님."

"자네 프로필을 보니까 은행원으로 근무한 경험이 있더군."

"네 맞습니다. 한국은행에서 근무한 이력이 있습니다."

"뭐, 사회에서 잉크 좀 만져본 모양인데, 이번에 우리 조카가 은행권 취업을 준비 중이라 이력서를 좀 써야 하는데 자네가 좀 도와줬으면 좋겠어."

"아…. 조카분 이력서를요?"

"왜 싫어?"

"아! 아닙니다. 하겠습니다."

"이력서 항목이 좀 많긴 한데 뭐, 100만 원으로 하지. 세상에 공짜는 없지 않은가?"

과제를 완수하면 100만 원을 받아 간다는 감시관의 말에 밑질 게 없는 장사라는 생각이 들었다.

"자! 그럼 오늘 밤까지 완성하게. 이거 받게. 노트북은 뭐 10년은 더 된 건데, 아직 사용할 만해."

나는 오래된 노트북을 건네받았다.

"네! 알겠습니다. 감시관님. 열심히 하겠습니다."

점심도 거르며 열심히 이력서를 적었다. 그다지 어렵지는 않았다. 은행 업무의 경험을 최대한 떠올리며 작성했다. 기분이 썩 괜찮았다. 점심을 먹지 않아도 배가 불렀다. 역시 노인은 틀렸다. 이번 계기로 감시관에게 점수도 따고, 돈도 잃고, 일이 척척 진행되고 있지 않은가?! 이렇게 일하고 100만 원을 잃는다는 것은 너무 관대한 거래였다. 앞으로도 이렇게만 하면….

"강민수! 과제 다 했나?"

올백 머리 감시관이 히죽거리며 다가왔다.

한 기업체에서 진행한 설문 조사에서 보호지 내 사람들의 행복지수가 일반 사람들보다 월등하게 높게 나온 이후로 올백 머리 감시관은 요즘 기분이 늘 좋아 보인다. 마치 자기 때문에 높은 점수를 받았다고 생각하는 것 같았다. 사실 올백 머리 감시관이 없었으면 더 높은 점수를 받을 수 있었을 테다.

"네. 완료했습니다. 아마 좋은 성과가 있을 겁니다. 두고 보세요. 하하."

올백 머리 감시관은 만족한 웃음을 보이며 말했다.

"오 그렇구먼. 잘했어. 굼벵이도 구르는 재주가 있다더니, 쓸모가 조금은 있구먼. 자 그럼 정산을 해야겠지?"

나는 들떠서 빠르게 답했다.

"네. 감사합니다. 감시관님. 다음번에 또 이런 일이 생기면 언제든지 불러주세요. 제가 더 적은 금액으로, 더 좋은 질로 보답하겠습니다."

회사에서도 해본 적 없는 온갖 아부 섞인 말투와 함께 머니백 비밀번호를 입력하고 머니백을 열었다. 오랜만에 열어서 그런지 돈 냄새가 강하게 코끝을 찔렀다. 퀴퀴한 보호지 냄새보다 더 역한 돈 냄새다. 100만 원을 꺼내려고 손을 집어넣는 순간 검은 팔이 100만 원과 함께 쑥 들어갔다.

"자! 정산 끝! 히히."

올백 머리 감시관은 배꼽을 잡고 웃어댔다. 이 상황이 매우 재미있는 모양이다. 나는 눈을 껌뻑거리며 상황을 이해해 보려고 노력했다.

"자네가 한 업무가 100만 원이고 고물 노트북이 200만 원이니까 내가 100만 원을 주면 되는 거 맞지 않나? 표정이 왜 그래? 히히. 노트북 잘 쓰라고!"

아무 말도 하지 않았다. 무의식적으로 표정을 피려고 노력했지만 구겨진 모시 셔츠처럼 잘 펴지지 않았다. 뒤통수, 아니 앞통수를 제대로 맞았다. 어지러웠다. 하지만 이내 여기가 보호지 한복판임을 깨닫고는 간신히 정신을 차리며 입을 뗐다.

"네…. 맞습니다. 정산 감사합니다."

머니백이 '찰칵' 잠겼다. 감시관이 떠나고 주위 사람들은 100만 원으로 끝나서 다행이라고 위로해줬다. 일종의 신고식이다. 얼마 전 한 여인은 올백 머리 감시관의 잠자리 요구를 거절한 후 며칠 뒤에 머리가 아파서 두통약을 받으러 갔는데 무려 300만 원을 강제로 받았다고 했다.

머니백을 메지 않았는데 오늘따라 어깨가 너무 무거웠다. 시선을 돌리다가 남쪽 노인과 눈이 마주쳤다. 노인의 표정은 참 오묘했는데 동정인지, 고소하다고 생각하는 것인지 알 수 없는 표정이었다. 두 뺨에 뜨거운 액체가 흘렀다. 몇 발자국 걸어가는데 저녁 식사 방송이 나왔다. 사람들은 식당으로 앞 다투어 달려 나갔다. 두 발이 잠시 멈췄다. 5초 정도 뿌리를 박은 나무가 되어 움직이지 않았다. 그리고 이내 발길을 돌려 다른 발걸음의 행진에 맞추어 걸었다. 살아야 하니까….

나는 내 인생을
관망하고 있었다

언어가 되려다 만 소리가 어우러져 웅웅거리는 소리에 잠이 깼다. 사생활 침해가 얼마나 고통스러운지, 두 사람만 얘기를 나누면 그 주변 10m 반경은 잠을 푹 잘 수 없었다. 인간의 가장 큰 욕구 중 식욕, 성욕에 이어 수면욕까지 지배당하고 있었다. 잠결에 몇 가지 단어가 웅웅대는 소리 속에서 그 존재감을 발하고 있었는데 이를테면 걷기 시험, 100m, 돈 내기 같은 것들이었다.

"기상!"

기상 소리에 맞춰 형광등에 일제히 전류가 흘렀다. 일류 최고의 발명품이라고 일컫는 '전구' 덕분에 오늘도 눈살을 찌푸리며 자리에서 일어났다.

"일어났어요?"

북쪽 청년이 바짝 다가와 앉았다.

"어디에 걸어볼까요? 성공한다? 못 한다. 오늘 머니백 걷기 시험이 있잖아요! 저는 좀 고민하긴 했는데 오늘 시험 보는 사람 꼬락서니를

보니 성공은 이미 물 건너갔어요. 너무 왜소하고 약골에다가 비실비
실해서….”

청년은 갑자기 내 오른쪽 귓가로 다가와 조용히 말했다.

“사실 민수 씨랑 내가 뭐 옆집(?) 이웃이다 보니 말해주는 건데, 저
도전자는 매년 도전했다가 떨어진 사람이에요. 저는 여기 5년이나 있
었는데, 그때마다 도전하고 떨어지고, 또 떨어지고 하하. 정말 바보
같단 말입니다. 자신의 삶에 수긍하고 운명에 따를 줄도 알아야지. 되
지도 않을 도전으로 힘만 빼고 인생을 낭비하고 있다고요. 안 되는 것
같으면, 포기할 줄도 알아야지요.”

“아… 뭐. 그럴 수도 있겠네요.”

사실 청년의 말에 딱히 반박할 거리는 없었다. 내 삶에 순응하고
살았더라면… 부자가 되고 싶다는 욕심을 가지지 않고 만족했다면,
나는 지금쯤 이렇게 큰 짐을 짊어지고 보호지에 들어오는 일은 없었
을 것이다. 그런데 사실 여기서 나간다고 해도 딱히 이로운 게 있을
까? 가족은 무능한 나를 어떻게 생각할 것이며, 여생을 혼자 결혼도
못 하고 늙어 죽을지도 모른다. 사실 결혼 문제보다는 당장 먹고 사는
문제가 시급하다. 그래도 적어도 여기서는 밥도 주고, 가장 중요한 건
머니백을 짊어질 필요가 없다는 점이다. 예전에는 매일 중형 머니백
을 메고 다니면서 어깨며, 허리며 안 아픈 곳이 없었다. 어쩌면 이곳
이 바로 토머스 모어가 말하는 ‘유토피아’가 아닐까?

“아아. 점심 식사가 있겠습니다. 보호지 내 모든 분들은 식당으로
모여주시기 바랍니다.”

오늘 점심은 말라비틀어지다 못해 곧 부서질 것 같은 수분 제로의 시금치 3줄에 너무 시어버려 톡 쏘는 김치 2조각과 썰다 남은 김치와 두부 몇 조각을 넣어 만든 김칫국이다. 그런데 오늘따라 신기하게 밥맛이 좋았다. 분명 간에 기별도 안 갈 만큼 적은 양이지만, 감사하게 느껴졌다. 어찌 되었든 굶지는 않을 수 있지 않은가? 나름 두부 속 단백질도 섭취할 수 있게 조리한 영양사의 배려도 느껴지는 점심이었다. 역시 사람은 적응의 동물이다.

"민수 씨 가요! 곧 시험입니다."

북쪽에 사는 청년은 도전자의 실패에 500만 원을 걸었다고 한다. 나는 내기에 참여하라는 사람들 성화에 못 이겨 도전자의 성공에 100만 원을 걸었다. 사실 도전자가 어찌 되든 나에게는 전혀 상관없는 일이다. 가운데 중앙 길을 따라서 양옆으로 가로수처럼 사람들이 서 있었다. 곧이어 올백 머리를 한 감시관이 파란색 무선 마이크를 손에 쥔 채 가운데 길에 섰다.

"자! 여러분. 오늘은 '머니백 걷기 시험'이 있겠습니다. 도전자를 소개합니다!"

천공을 뚫을 듯한 거대한 함성과 함께 도전자가 앞으로 걸어 나왔다. 그의 몸은 굉장히 말랐지만, 허벅지와 종아리에는 제법 근육이 탄탄하게 붙어 있었다. 그는 흰색 셔츠를 입고 있었는데 군데군데 붉고 거무스름한 액체들이 묻어 있었다. 그래도 자기가 지닌 가장 좋은 옷을 입었다는 느낌이 드는 산뜻한 흰색 셔츠다. 특히나 그의 눈은 맑게 빛나고 있었다. 그 눈 속에는 두려움이란 전혀 찾아볼 수 없었다. 사내가 큰 결심을 하게 되면 저런 눈이 되는 걸까?

"머니백 걷기 시험은 보호지에서 나갈 수 있는 두 가지 방법 중 한 가지입니다. 물론 나머지 한 가지는 상자에 담긴 백골(白骨)로 나가는 것이겠죠? 하하!"

올백 머리 감시관은 한껏 신나 보였다. 그의 목소리는 점점 커져만 갔다.

"룰은 간단합니다. 자신의 머니백을 어깨에 메고 100m를 1분 안에 걸어가면 됩니다. 저기 붉은 선 두 개가 보이시죠? 저 두 개의 선 사이가 100m이니까 선과 선 사이를 걸어서 1분 안에 통과하면 됩니다. 단, 1분 동안 그 누구의 도움도 받아서는 안 됩니다. 가장 중요한 점은 시험은 딱 5번만 볼 수 있습니다. 음…. 그러고 보니 이번 도전자에게는 오늘이 마지막 시험이겠군요! 오늘 실패하면 그는 영원히 보호지에서 멋진 삶을 살게 되겠네요. 아! 생각났어요!"

올백 머리 감시관은 갑자기 말을 멈추더니 자신의 머니백에서 꽤 많은 돈뭉치를 꺼내 들었다. 한눈에 봐도 300만 원 정도는 되어 보였다.

"여러분 갑자기 생각이 났습니다! 저 도전자는 저번 주에 저에게 중요한 전화 한 통을 요청했었습니다. 그때 저는 전화를 빌려주었고 때마침 친구로부터 중요한 주식 정보를 받지 못했습니다. 그때 전화만 안 빌려줬어도 300만 원을 잃을 수 있었는데 말이죠! 저는 이 손해를 도전자가 보상해야 한다고 생각합니다! 유레카! 갑자기 생각났네요. 하하하."

올백 머리는 어떻게 보면 예전 직장 상사인 악마 하 부장님보다도 더한 악마일지도 모른다는 생각이 들었다. 소문에는 올백 머리 감시관도 도전자의 실패에 꽤 많은 돈을 걸었다고 했다. 우렁찬 시작 소리에도 불구하고 나는 별로 관심 갖지 않았다. 실패하면 보호지에 있으면 되고, 성공하면 나가면 된다. 나에게 어떠한 작은 혜택도 돌아올 것이 없었다. 한 가지 의문은 굳이 마지막 시험을 오늘 칠 필요가 있었을까 하는 것이다. 그에게는 딱 한 번의 기회밖에 남지 않았는데, 나 같으면 좀 더 돈을 줄이고 나서 시험을 볼 것이다. 도전자는 300만 원, 그러니까 약 3kg이 더 늘어난 상황이 달갑지는 않아 보였다. 하지만 이내 평정심을 유지하려고 애쓰는 모습이었다. 인생은 늘 예상치 못한 상황이 생기기 마련이니까.

"땅."

한 발의 총성과 함께 시험이 시작됐다. 도전자는 내 머니백의 반정도 크기의 대형 머니백을 메고 걷기 시작했다. 걸음은 빠르지는 않았지만 한 발 한 발 신중했다. 20m까지는 전혀 힘들어 보이지 않았다. 발목이 꺾이지 않게 조심조심 걸었다. 도전자의 신발은 쿠션 처리가 잘 되어 있어서 그런 건지 매우 두툼해 보였다. 신발가게 아들 눈으로 볼 때 이번 시험을 위해 맞춤 제작한 신발이 아닐까 싶다. 셔츠 어깨 부분에도 푹신한 일명 '뽕'을 넣어서 머니백 끈에 짓눌리는 쇄골을 보호했다. 허리가 꺾이지 않게 압박 복대를 차고 있었는데, 등에 업힌 대형 머니백과 도전자의 왜소한 몸을 볼 때면 언제 꺾어도 전혀 이상하지 않았다. 멀리서 보면 마치 메마른 나뭇가지 위에 큰 돌을 올려놓은 모습이었다. 그나마 그의 튼실한 허벅지가 혹시나 하는 작은 희망의 불씨였다.

50m 구간에 돌입하자 도전자는 깊은 숨을 내쉬었다. 금방이라도 숨이 멎을 듯 위태로워 보였지만, 포기를 외치지 않았다. 오늘 포기하면 그는 평생 보호지에서 나갈 수 없다. 80m에 도달했다. 시간은 아직 40초나 남았다. 도전자의 심장은 손만 대도 터질 것같이 요동쳤다. 요동치는 심장 박동에 나조차 숨이 막힐 지경이었다. 도전자는 두 무릎에 양손을 얹고 한 발씩 앞으로 이동해 나갔다. 땀을 어찌나 흘리는지, 그가 지나간 자리에는 검정 얼룩 꽃이 폈다가 조용히 사그라들었다.

이제 5m 남았다. 시간은 아직 25초 정도 남았으니 이대로라면 성공이 코앞이다. 올백 머리 감시관의 표정이 일그러지는 모습이 희미하게 눈에 들어왔다. 도전자의 눈은 반쯤 풀려 있었는데 아마 정신이 육체를 지배하는 단계가 아닐까 하는 생각이 들었다. 99m… 이제 1m만 가면 된다. 그런데 갑자기 그의 몸이 부르르 떨리기 시작했다. 발을 떼지 못했다. 남은 시간은 이제 15초가량이다.

도전자는 곧 쓰러질 듯 위태로워 보였다. 눈에서는 흰자위가 검은자를 서서히 잠식해나가고 있었다. 그의 신발 쿠션은 이미 눌릴 대로 눌려서 기능을 잃은 지 오래다. 소나기가 지나간 듯 뻘뻘 흘리는 있는 그를 보며 어느 순간부터 나는 무언의 응원을 보내고 있었다. 10초 정도 남은 순간 그의 몸이 바람에 흔들리는 종이 인형처럼 크게 휘청거렸다. 결국, 도전자는 10초를 남기고 바닥에 쓰러졌다.

설상가상 앞으로 넘어지면서 그의 작은 몸뚱어리 위로 커다란 머니백이 거대한 바위가 되어 덮쳤다. 그 바위는 도전자가 다시는 땅에 두 발을 딛고 일어설 수 없게 짓눌렀다. 한눈에 봐도 엄청난 무게감이다. 그는 결국 보호지에서 나갈 수 없을 것이다. 5년간의 기다림과 노력이 한순간에 물거품처럼 스러져갔다. 머니백에 눌린 그의 몸은 잘 보이지도 않을 지경이었다. 머리와 어깨 정도만 간신히 아래에 사람이 있다는 걸 알리고 있었다. 그는 의식이 붙어 있었지만 절대 포기를 외치지 않았다. 몇 초간의 정적이 흘렀다.

그를 꺼내주려고 움직이려는 찰라, 갑자기 흰색 막대기가 그의 머리 앞쪽으로 쑥 나왔다. 곧이어 막대기 같은 가느다란 반대편 팔이 머리 앞으로 뻗어나갔다. 그러더니 바위가 되어 박혀있던 머니백이 조금씩 움직이기 시작했다. 5초, 4초, 3초….

"삑!"

그가 결승선을 통과했다. 얼마나 손아귀에 힘을 줬는지 그의 손톱 몇 개가 원래 있어야 할 장소를 떠나 뿌리째 뽑혀 나뒹굴고 있었다. 팔꿈치에서는 불그스레한 액체가 흘러나왔다. 나는 순간 그의 입꼬리가 올라가는 것을 볼 수 있었다. 그는 행복해 보였다.

"보셨어요? 도전자가 성공했네요! 정말 대단하지 않아요?"

나는 북쪽에 사는 청년의 찡그리는 면상 앞에 서서 조금은 비꼬는 말투로 도전자를 향한 존경을 마음껏 쏟아냈다.

"그러게요…. 기어서 통과할 줄이야. 민수 씨 좋겠네요. 돈도 있고."

분위기는 침울했다. 대부분 도전자의 실패에 돈을 걸어서 그런지 표정이 좋아 보이지 않았다. 몇몇 큰돈을 잃게 된 사람들은 환희에 잠겨서 브라보를 외치고 있었다. 그런데 축제와 초상집 분위기가 섞여 가는 순간 섞이지 못하는 하나의 몸뚱어리가 눈에 들어왔다. 도전자였다. 그는 바닥에 붙어서 움직이지 않았다. 여전히 바위 같은 머니백이 그의 폐를 강하게 누르고 있었다.

"이런 젠장. 비켜요!"

나는 도전자를 향해 달려갔다. 바위를 밀었다. 하지만 꿈쩍하지 않았다.

"다들 빨리 머니백을 들어요. 사람이 깔려 있어요!"

이성을 찾은 몇몇 사람들이 머니백을 들어 올렸다.

"저기요! 괜찮아요? 내 말 들려요?"

"어머니에게… 제가…성공….."

"네? 잘 안 들립니다. 정신 차려보세요!"

그를 바로 눕힌 채 어깨를 툭툭 치며 소리쳤다. 하지만 그는 말이 없었다. 축 늘어진 몸이 모든 것을 말해주었다. 북쪽 청년이 다가와 혀를 차면서 모두 들으라는 식으로 크게 말했다.

"쯧쯧, 참…. 들은 얘기인데 저 도전자 어머니가 위독하다고 하시더라고, 췌장암이라는데 호스피스 병동에 누워서 아들만 찾고 있다고…. 몇 년째 아들 얼굴 보겠다는 희망으로 버텨 왔다고 하던데, 이젠 어머니는 뭘 믿고 버티나. 그러게, 서로 인정하고 적응하면 되는 것을 뭐 그렇게 아등바등 살아보겠다고… 부적응자 같으니라고, 미련

200

하긴. 어휴 내 돈."

관자놀이가 빠르게 뛰었다.

"뭐 이 자식아! 사람이 죽어가는데 돈타령이냐? 이런 옛 같은 소리 하고 자빠졌네. 적응? 너나 적응해 이 미련한 놈아. 너 따위가 그렇게 함부로 말할 수 있는 분이 아니야!"

나는 그의 멱살을 쥐고 흔들어 댔다. 하지만 곧 북쪽 청년의 무리 로부터 발길질을 당했다.

"뭐야 이 새끼가, 뭔데 나한테 설교야! 죽어!"

"으윽."

나는 두 손으로 머리를 감싼 채로 얻어맞았다. 단말마의 비명이 몇 번 흘러갔고, 정신이 흐릿해졌다. 어느 순간부터는 아프지도 않았다. 고통이 느껴지지 않았다. 내 몸은 바람에 흩날리는 갈대처럼 발길질 에 따라서 좌우로 요동쳤다. 요동칠 때마다 한 사내의 얼굴이 보였는 데, 그는 이런 싸움 가운데서도 눈을 감고 미동도 없었다. 평온해 보 였다. 그는 웃고 있었는데 정말로 행복한 미소였다. 흔히 죽을 때 삶 이 주마등처럼 스쳐 간다고 한다. 그의 마지막 장면은 행복했을까? 그는 적응을 거부했고 도전했다. 그의 마지막은 보호지에서 나가 어 머니를 뵙는 것이었다. 그는 성공했다. 이제 나가서 어머니 손만 잡으 면 된다. 나는 갑자기 참을 수 없이 부끄러웠다. 가벼운 삶을 동경했 다. 그리고는 가장 밑바닥에 불시착했다. 그곳에서 나는 어깨통, 허 리통이 없다고, 세상 참 가볍다고 이죽거리며 웃고 있다. 하늘에 계속 빌다 보면 언젠가는 하늘이 내게 단비를 뿌려주실 거라고, 운명론을 굳게 믿으며 아무것도 하지 않고 흘러가는 대로 살고 있다. 아무것도 하지 않는 것이 추락의 속도를 늦출 수 있다고 생각했던 적도 있다. 그런데 이미 나는 끝까지 추락했고 바닥에 부딪혔다. 그런데도 여전히 아무것도 하지 않고 있다. 나는 내 인생을 관망하고 있었다. 그게 최선이라고 생각했다. 그런데 이 길이 맞을까? 그토록 원하던 가벼움인데, 왜 이렇게 가슴이 답답하고 먹먹할까? 그는 왜 가벼움을 버리고 무거운 세상에 도전장을 던진 것일까? 나도 그처럼 미소 지을 수 있을까?

19

고물인지 골동품인지는
내가 결정한다

"억!"

정신이 들자 온몸에서 비명을 질러댔다.

"괜찮아요? 정신이 드세요?"

눈을 뜨니 파란색 간호복을 입은 간호사가 걱정스럽게 바라보고 있었다. 그녀의 눈에 눈물이 그렁그렁했다.

"네. 괜찮습니다…. 어제 쓰러졌던 분은 어떻게 됐나요?"

"아… 조금 전 가족분께 안타까운 소식을 전달했습니다."

간호사의 목소리는 파르르 떨리고 있었다. 나는 조심스럽게 물어봤다.

"가족이라면 그분 어머니를 말씀하시는 건가요?"

"네. 어머니께서 호스피스 병동에 누워 계셨는데, 아들의 비보를 듣고 1시간 뒤에… 숨을 거두셨습니다. 지금까지 아드님만 생각하면서 버텨왔다고 들었습니다. 그런데 아마도 소식을 듣고 지금까지 꼭 잡고 있던 끈을 놓아버린 게 아닐까요. 이분이 시험을 보기 전에 혹시 잘못되거든 어머니께 보내 달라는 쪽지가 있었습니다. 전해드리지도 못했네요. 아들의 마지막 마음을…."

간호사가 흐느끼는 동안 그녀에게 양해를 구하고 어렵게 쪽지를 받아들었다. 정갈한 글씨 위로 군데군데 얼룩 자국이 보였다.

'어머니! 아들입니다. 몸은 좀 어떠신지요? 저는 잘 지내고 있습니다. 아마 이 편지가 어머니께 전해진다면 저는 어쩌면 다시는 어머니를 찾아뵙기 어려울지도 모르겠습니다. 어머니에게 말 못 드린 게 있는데 머니백 걷기 시험은 다섯 번밖에 볼 수 없습니다. 오늘이 마지막입니다. 오늘까지 실패하면 저는 이제 어머니를 뵈러 갈 수 없습니다. 늘 무거운 짐을 지어드려서 죄송합니다. 이번 생이 처음이라 연습이 부족했습니다. 다음 생에서도 제 어머니가 되어주시면 그때는 더 잘 모시겠습니다. 절대 슬퍼하지 마시고 씩씩하게 제 몫까지 살아주세요. 사랑합니다.

— 아들 올림 —

퉁퉁 부은 눈을 쓱 닦고는 조용히 병동을 빠져나와 자리로 돌아왔다. 아들은 어머니를 위해 해줄 수 있는 게 없었다. 무력했다. 어디부터 잘못된 걸까?

"강민수! 자네 어제 그 소란을 피우고 무사할 줄 알았어? 벌점 50점이네. 이제부터 한 달 동안 자네는 다른 사람 구역에 방문 불가야. 방문 시 벌점이 10점씩 추가되니까 조심해!"

나는 고개를 두어 번 끄덕인 후 자리에 앉았다. 가뜩이나 친구도 없는 내게 다른 구역 방문 불가 처분은 왕따가 되라는 말과 다름없었다. 북쪽 청년은 이미 조직을 결성해서 나와 대화를 하는 모두에게 위협을 가하고 있었다. 내가 지나가는 동안 사람들은 말을 멈췄고, 내가 지나가면 대화는 이어졌다. 혼자가 됐다.

"민수 씨. 잠깐 앉아도 될까?"

남쪽에 있는 노인이 다가왔다.

"아, 네. 그러세요⋯."

"아무도 민수 씨랑 얘기하려고 하지 않는구먼, 어제 멋있게 한바탕 했는데 말이야. 그렇게 적응하겠다고 바락바락 우기더니 적응이 잘 안 되는 모양인데? 허허."

노인은 내가 침울해서 앉아 있는 모습이 꽤 재미있는 모양이다.

"그랬었죠. 그런데 이제 생각이 바뀌었어요. 이런 시궁창 같은 곳에서 더는 인생을 낭비할 순 없어요."

나는 꽤 차분했다.

"하지만 여기서는 머니백을 메고 돌아다닐 필요가 없지 않은가? 자네가 지금까지 그토록 힘들어했던 것, 서민들이 그토록 원하던 머니백 메지 않고 사는 가벼운 삶이 가능한 곳이지 않은가? 이렇게 솜처럼 가벼운 곳은 어디에도 없다고!"

이 노인이 나를 약 올려 죽이려는 게 틀림없다. 나는 감정을 억누르며 말했다.

"짊어지는 무게의 문제가 아니에요. 사랑하는 사람이 힘들고 괴로

206

울 때 곁에 있어주지 못하는 대가로 얻은 가벼움 따위는 필요 없습니다. 돈에 파묻혀 죽는 수가 있더라도 도전할 겁니다. 지금 여기가 제 운명이라고 해도 운명이 저를 이끌게 두지 않을 거예요. 누구든 제 삶을 휘두를 순 없어요."

노인은 잠시 말이 없었다. 그러다 무언가를 결심한 듯이 입을 뗐다.

"자네 저번에 같이 얘기했던 인디언 이야기 기억하는가? 비가 올 때까지 기우제를 지내는 인디언들."

"기억납니다. 어르신 말이 맞았어요. 바보 같은 인디언들…."

"바보 같다? 허허. 그렇지. 애송이인 줄만 알았는데. 오늘 처음으로 멋져 보이는구먼. 자, 그럼 자네는 이제 계획이 뭔가?"

"제단을 엎어버렸으니 다시는 비를 기다리지 않을 겁니다. 비는 올 수도 있고 안 올 수도 있으니까요. 당장 편하다고 앉아만 있지도 않을 겁니다. 최악의 상황을 가정하고 살아남기 위해 노력해야죠. 제 가족을 위해서, 그리고 제 삶의 주인이 되기 위해서."

간밤에 꿈을 꿨다. 인디언들이 모닥불을 피워놓고 기우제를 지냈다. 그들은 간절히 빌었다. 그들의 간절한 정성에 하늘이 동하였는지 갑자기 비가 내리기 시작했다. 인디언들은 춤을 췄다. 두 발을 모아 하늘 높이 뛰었다. 비는 계속 내렸다. 그리고 그치지 않았다. 어느 순간 인디언들의 표정이 바뀌기 시작했다. 그들은 당황했다. 비가 이렇게 많이 내렸던 적은 없었다. 세상이 물에 잠기고 있었고 인디언들은 그들이 올라갈 수 있는 가장 높은 산으로 대피했다.

촌장으로 보이는 인디언이 지시하기 시작했다. 그는 인디언 부족 중에 가장 똑똑한 사람이었기에 인디언들은 그의 지시를 따랐다. 촌장은 산꼭대기에 나무를 겹쳐 높게 쌓기를 명령했다. 그리고 인디언들은 그 위에 올라가 이번에는 비가 그치기를 빌었다. 몇 시간 전까지만 해도 기우제를 지내던 인디언들이었다. 하지만 비는 그치지 않았고 모든 인디언이 하나둘씩 물속에 잠겨버렸다. 모든 인디언이 잠겨버렸을 때 저 멀리 뭔가가 꿈틀거리는 것이 있었다.

전에는 잘 보이지 않았던 그 물체가 오늘은 생생하게 보였다. '배'였다. '나무로 만든 배'는 점점 다가왔다. 그리고 그 배에는 다른 인디언 부족이 타고 있었다. 호피족 인디언들은 나무배를 향해 세차게 손을 흔들어댔지만, 얼마 지나지 않아 차갑고 어두운 바다 속으로 모두 가라앉아 버렸다.

아침에 눈 뜨자마자 올백 머리 감시관으로부터 강매당한 오래된 노트북을 꺼냈다. 사용한 지 10년은 족히 넘어 보이는 색바랜 은색 노트북이다. 화면은 15인치 정도로 신형 노트북과 별반 차이가 없지만, 무게는 꽤 나간다. 노트북 등급을 결정짓는 요소 두 가지는 성능과 무게인 만큼 사람들은 무게에 민감하다. 노트북을 짧은 시간 노려보았다. 썩 마음에 들지 않는다. 하지만 100만 원을 받고 구매(?)한 노트북을 버릴 수도 없는 노릇이다.

한참을 노트북으로 뭐를 하면 좋을지 고민하는 시행착오를 겪고

난 내 결론은 '글을 써보자'였다. 그때부터 매일 아침 짧은 글을 끄적거리는 것이 일과의 한 부분이 됐다. 사실 짧게나마 조금씩 글을 쓰는 것만으로도 삶에 큰 위로가 된다. 나는 소설을 쓰기 시작했고, 몸이 피로해도 소설 쓰기를 멈추지 않았다. 왜냐하면, 이 소설을 쓸 때만큼은 나 자신이 살아 있음을 느꼈기 때문이다.

보호지에서는 내 의지로 할 수 있는 게 없었다. 일어나서 밥을 먹고 잠을 자는 순간까지 누구도 어떠한 활동을 내게 강요하지 않는다. 그저 방송에 맞춰 살짝살짝 무의미한 이동을 하면 족했다. 하지만 소설 속에서는 내가 원하는 대로 주인공을 이끌어 재미있는 에피소드도 만들고, 내 입맛대로 결말도 지을 수 있다. 소설 속 모든 운명은 내 손에서 타이핑되어 흩뿌려지는 자음과 모음으로 결정되었다. 베르나르 베르베르의 SF소설 《신》에 나오는 결말처럼 우리의 삶도 어쩌면 더 상위 세계에 있는 어떠한 생명체의 소설일지도 모른다는 생각이 들었다.

소설 쓰기 말고도 또 한 가지 나의 고민은 '어떻게 하면 돈을 잃을 수 있을까?'이다. 보호지에서 나가려면 적어도 현재 자산에서 3억 정도는 잃어야 할 터이다. 나는 사업 아이템을 구상하면서 아침부터 정신 나간 사람처럼 혼자 중얼중얼했다.

"요즘 유행하는 휴대폰 애플리케이션을 만들어 볼까? 무인 편의점이 대박 나지 않을까? 아니면, 3D 프린팅 기술을 배워볼까?"

하지만 어떤 사업도 쉬워 보이지 않았다. 손과 발이 꽁꽁 묶여 버린 채로 강물에 던져진 것같이 속수무책인 기분이다. 보호지 사람들은 돈을 쓸 때 항상 감시관에게 보고한 후 허락을 받아야 한다. 적은 금액이야 문제가 될 것이 없겠지만, 천만 원이 넘어가는 건에 대해서는 그렇게 단순하지만은 않다. 설사 허락을 받는다고 하더라도 사업이 잘 안 될 시 머니백은 그 불룩한 배를 더 내밀며 나를 밀어낼 것이고, 평생 보호지에서 나갈 수 없을지도 모른다.

"휴…."

"새파랗게 젊은 사람이 한숨 소리는 이 노인네 주름보다 더 깊네그려. 허허."

형광등 불빛을 등지고 노인이 다가왔다. 눈이 부셔서 저절로 찡그려졌다.

"걱정이 많습니다. 호기롭게 돈을 잃어보려고 하는데, 도무지 어떻게 해야 할지 방법을 모르겠습니다. 제가 은행에서도 근무해 보았지만, 도전 없는 성장은 없었습니다. 그런데 저는 이미 길이 막혀버렸으니…. 올백 머리 감시관한테 찍힌 후로는 책 한 권 사는 것조차 허락해주지 않더라고요."

"책 한 권도?"

"네. 생활필수품도 아닌데, 책은 왜 사느냐? 보호 대상자들이 배우면 관리가 어렵다나… 뭐라나."

노인은 미간을 강하게 찌푸렸다. 노인의 주름에 그림자가 짙게 드리웠다.

"미쳤어. 쯧쯧. 자네 책은 내가 사다줄 수 있으니 너무 걱정하지 말게."

노인의 제안은 정말 고마웠지만, 노인의 산더미 같은 머니백에 내

책값이 들어간다고 생각하니 가슴이 먹먹했다. 안 될 일이다. 물론 내게 선택의 여지는 없었다. 친한 사람도 없었고, 내가 감시관들에게 찍혔다는 소문이 퍼지면서 아무도 나와 얘기하고 싶어 하지 않았다. 노인은 내가 자신의 머니백을 빤히 쳐다보는 모습을 보고 씩 웃으며 말했다.

"왜? 저 안에 공간이 없을 것 같나? 내 장담하는데 꾹꾹 눌러 담으면 공간은 충분하지. 쓰레기봉투에 더 담겠다고 낑낑대던 경험이 다들 있을 걸? 허허허. 대신 같이 눌러주게나. 나는 손목이 시려서. 허허."

노인은 자신의 농담이 꽤 마음에 드는 모양이다.

"그런데 자네 요즘 부쩍 노트북과 친하게 지내더구먼. 뭐 재밌는 거라도 있나? 같이 좀 보게나. 아무리 친구가 없어도 전자기기와 친구 되는 건 난 반댈세. 허허. 전자파는 남자에게 좋지 않다고! 나가서 결혼도 하고 자식도 낳아야지? 응?"

"그냥 글 좀 끄적이고 있습니다. 비싸게 받고 산 노트북인데 뭐라도 해야지 않겠어요? 게임이라도 하고 싶은데 사양이 낮아서 할 수 있는 게임도 없네요. 그래픽 사양도 낮아서 영화를 봐도 영 시원찮고 이딴 노트북으로는 문서 작업밖에 할 수 없습니다."

노인은 씩 웃었다. 왜 그렇게 느꼈는지 설명할 수는 없지만 마치 세상에 통달한 웃음이었다.

"인생은 그 누구도 모르는 거지. 인생지사 새옹지마(塞翁之馬) 이닌가? 사양 낮은 노트북은 누구나 쓸모없다고 생각하겠지만 의지박약

211

으로 매일 게임만 하는 자식을 둔 부모는 일부러 사양 낮은 노트북을 사주고 싶지 않겠나? 내가 어떻게 사용하느냐 따라서 고물이 골동품이 되는 게지. 쓸모없는 물건이나 사람은 없네. 어떤 환경을 만들고 어떻게 사용하냐가 중요한 게지. 뭐 내가 오래되어서 고물 노트북에 더 애착이 가는지도 모르겠군. 허허허."

"그래도 좀 불편합니다. 어르신 머니백으로 제 책값이 들어간다고 생각하니 어휴 그건 안 됩니다. 다른 방안을 찾아보겠습니다."

나는 고개를 좌우로 흔들어 보였다. 노인의 입꼬리가 더 올라갔다.

"자네가 내 행복을 뺏을 권리가 있는가?"

나는 무슨 소리를 하는지 도통 이해가 가지 않았다. 노인은 내 표정을 힐끗 빠르게 살피더니 말을 이었다.

"자네는 내 행복을 뺏을 권리가 없네! 우리가 누군가에게 부탁이나 명령은 할 수 있지만 하고 안 하고는 그 사람의 몫이지. 나는 지금 기분이 좋네. 첫 번째 여기에 와서 처음으로 멋있는 친구를 만나서 좋고, 둘째 그 친구가 나에게 고민을 상담해서 좋고, 마지막으로 내가 그 고민을 해결하고 앞으로 나아가는 데 조금이라도 도움이 될 수 있어서 좋네. 고로 자네는 내 행복을 뺏을 권리가 없는 게지. 당장 오늘부터 책 목록을 넘겨주게나. 내 행복을 뺏지 말고!"

"어… 어르신. 감사합니다. 정말로."

노인은 늘 뒤통수를 치는 재주가 뛰어났다. 말 한마디 한마디가 날카로운 침(針)이 되어 응고된 혈액을 풀어주는 한의사의 손길 같았다. 자리로 돌아가 책 목록을 적고 있는데 툭, 나도 모르게 눈물이 볼 위로 흘러내렸다. 아무도 나를 믿지 않는다. 하지만 노인은 나를 믿고 있었다. 모두가 보호지에서 탈출하는 건 어리석은 짓이고 불가능하다고 했지만, 노인은 달랐다. 고마웠다.

　노인에게 책 목록을 건네고 자리로 돌아왔다. 고물 노트북이 보였다. 사양이 낮아서 게임도 안 되고 화질도 좋지 않아 동영상 시청도 시원찮다. 그러나 어쩌면 남쪽 노인의 말처럼 이 덕분에 고물 노트북이 희망의 열쇠가 될 수도 있지 않을까? 노트북을 바라보는 내 눈빛이 한결 부드럽다.

모두가 평등하면
모두가 행복할까?

〜

처음 보호지에 들어올 땐 슬픈 표정의 얼굴들이 많다. 하지만 한 달만 지나면 얼굴에 웃음꽃이 피운다. 삶이 편하기 때문이다. 바깥 세상과 단절되는 불편함만을 감수한다면 보호지 내에서 평생을 사는 것도 전혀 나쁘지 않다고 생각하는 사람들이 대부분이다. 아니 점점 사고방식이 그렇게 바뀐다고 하는 게 맞겠다. 끼니 걱정 없고, 노동의 강요도 없다. 운이 좋으면? 이성 친구도 사귈 수 있는 곳이 보호지다. 무엇보다 무거운 머니백을 지고 다닐 필요가 없다. 동양 철학에 나오는 무릉도원이 여기다. 누구도 보호지가 좋다고 세뇌하지 않는다. 하지만 모두가 살아보면 깨닫는다. 우리는 특별한 혜택을 누리는 중임을.

"자! 오늘은 보호지를 후원하고 있는 기업에서 강연이 있겠습니다. 모두 대강당으로 모여주세요."

올백 머리 감시관의 지시에 강당으로 삼삼오오 모여들었다. 많은 사람을 수용하기 위하여 개별 의자가 아닌 긴 의자를 계단식으로 쌓아 올린 후 중간중간 사람 한 명 정도가 지나갈 수 있을 정도의 길을 텄다. 어떤 강연일지 궁금했던 나는 맨 앞줄에 앉았다. 강당 환기 시설 부족으로 퀴퀴한 냄새가 코를 찔렀다. 강사가 과연 이 역겨운 냄새와 꾀죄죄한 사람들의 무관심을 견디면서 강연을 이어 나갈 수 있을지 걱정스러웠다. 모두가 착석하고 강사가 강단에 올라섰다. 나는 할 말을 잃었다.

"안녕하세요. 반갑습니다. 신화 그룹 사회가치팀에서 일하고 있는 조유빈입니다. 잘 부탁드립니다."

헉! 하니 숨이 막혔다. 강사는 유빈 씨였다. 백화점에서, 크리스마스 날 천사원에서, 부자들의 파티에서 급하게 헤어진 후로 지금까지 연락 한 통 하지 못했다. 나는 고개를 푹 숙였다. 얼굴에 붉은 물이 가득 차올랐다. 쥐구멍이라도 있으면 숨고 싶었지만, 쥐구멍 따위는 없었다. 하필 자리도 맨 앞이었다. 나는 고개를 푹 숙인 채 자는 척을 했다. 어차피 반 이상은 강연에 관심이 없어 보였다. 유빈 씨는 조금은 긴장한 목소리로 강연을 시작했다. 의미 없는 인사말과 질문들이 오고 갔다.

"여러분! 혹시 그거 아시나요? 저희 신화 그룹이 여러분과 전혀 관련 없다고 생각하실지 모르겠지만, 사실은 매우 관련이 큰 기업입니다. 왜냐하면, 신화 그룹은 보호지 운영비를 후원하고 있기 때문입니다."

웅성거리던 장내 분위기가 차분해졌다.

"사실 정부에서는 다른 나라들처럼 중형 머니백이라도 지급하여 외부 사람들과 똑같이 메고 살아가야 한다는 방침을 고수하였습니다. 하지만 저희 신화 그룹은 1순위 후원 기업으로써 각종 시민 단체들과 연계하여 보호지 사람들의 생활 권리를 확장시키고자 머니백 착용 금지를 주장했고, 결과적으로 여러분은 보호지 내에서 머니백을 메지 않고 자유롭게 이동할 수 있게 된 겁니다."

장내는 쥐죽은 듯 고요했다. 고개를 숙이고 있어서 볼 수는 없지만 다들 졸고 있는 것 같지는 않았다. 이런 조용함의 화살이 나에게 날아와 꽂힐 것 같아서 불안했다.

"제가 오늘 방문한 이유는 절대로 여러분께 신화 그룹의 후원을 자랑하고 싶어서가 아닙니다. 중대 사항을 발표하려고 왔습니다."

그녀의 말투는 낮고 무거웠다.

"저희 신화 그룹은 예전에 여러분께 설문 하나를 부탁드렸었죠. 바로 행복지수 비교입니다. 분명 보호지 생활은 불편합니다. 하지만 머니백 하나를 메지 않는 그 점에 여러분은 행복함을 느꼈습니다. 일반 사람들로서는 전혀 느낄 수 없는 높은 수준의 행복이었습니다. 이 행복 수준은 일부 상위층 설문 조사에서 나온 수치와 거의 흡사한 수준입니다. 매우 놀랐습니다. 우리는 이 데이터와 각종 논문을 바탕으로 큰일을 벌여보려 합니다."

그녀는 점점 강한 어조로 무겁게 말을 이어나갔다.

"머니백을 없애는 겁니다."

"???"

강연장이 술렁거리기 시작했다. 한 여인이 소리쳤다.

"머니백을 없앤다고요?"

"네."

여인의 목소리에서 가래가 끓는 듯한 불편한 음들이 흘러나왔다.

"그러니까 지금 바깥세상에서도 우리처럼 머니백을 메지 않고 돌아다니게 하겠다는 건가요?"

여인의 목소리는 시퍼렇게 날카로웠다. 유빈 씨는 아주머니의 질문에 밝은 목소리로 답했다.

"네, 맞습니다. 모두가 평등하게 머니백을 내려놓는 겁니다. 우리신화 그룹에서는 칩 속에 모든 금융 정보를 담을 수 있는 카드 개발에 성공했습니다. 정치권 승인만 떨어진다면 모든 곳에서 여러분처럼 머니백을 메지 않아도 됩니다. 그야말로 모두의 행복지수가 높아지는 것이죠! 물론 갑자기 화폐를 없애고 전자 시스템으로 재화 및 서비스를 사고파는 것은 아직 걸음마 단계입니다. 하지만 조금씩 시도는 해봐야 한다고 생각합니다. 저희 그룹에서는 일단은 '머니백 없는 마을'을 조성하여 사람을 모집하고 실험을…."

순간 내 귀를 의심하지 않을 수 없었다. 유빈 씨의 강연 때문이 아니다. 그녀의 발언 중에 각종 육두문자가 쏟아졌기 때문이다. 모두가 자신이 누리고 있는 이 특혜를 일반 사람들이 누려서는 안 된다고 생각하고 있었다. 그녀도 이런 반응은 예상하지 못했는지 당황한 듯 말을 잇지 못했다.

"뭐를 없애? 당장 꺼져!"

한 중년 남성이 목청껏 빽빽 소리를 치며 강당 앞으로 성큼성큼 내려왔다. 가까이 다가올수록 남성의 목소리는 더 크게 들렸다.

"모두가 머니백을 안 메면 보호지는 무슨 의미가 있어? 그건 말도 안 돼! 당장 그만둬!"

남성은 이성을 잃은 것 같았다.

"악!"

그녀의 비명에 나는 고개를 들고 용수철처럼 강당 앞으로 튀어 나 갔다. 중년 남성이 살기가 가득한 눈빛과 함께 그녀의 멱살을 잡으려 했고, 나는 급하게 남성의 몸통을 밀어버렸다. 그녀는 그런 내 모습에 더 놀란 듯 동그랗게 토끼 눈을 뜨고 아무 말도 하지 못했다. 감시관 들이 들이닥쳤고 중년 남자는 끌려나갔다.

상황이 정리되자 유빈 씨는 올백 머리 감시관에게 나와 둘이 이야 기하고 싶다고 부탁했고, 감시관은 연신 허리를 굽히며 예의 바른 모 습을 보였다. 나와 유빈 씨 둘이 마주 보았다. 이럴 줄 알았으면 아침 에 샤워라도 하는 건데, 혹시 내 몸에서 악취가 나지는 않을지 걱정이 었다.

"말이 없으시네요."

"제가 무슨 말을 할 수 있겠어요. 미안해요. 연락 못 드려서. 파티 이후로 보시다시피 많은 사건 사고가 있었습니다….."

"민수 씨가 갑자기 사라져서 많이 놀랐어요. 수소문해서 찾아갈까 고민도 했는데 그건 아닌 것 같아서 기다렸어요. 그런데 연락이 없더 라고요. 혹시 제가 싫어서 연락을 안 받으셨나요? 아니면 세 신분이 부담스러우세요?"

"그런 게 아닙니다. 사실⋯."

모든 얘기를 털어놓았다. 더는 숨길 필요도 없었다. 평범한 회사 생활과 지갑 장사를 한 이야기, 그로 인해 부자들의 커뮤니티를 경험했고 압수수색을 당하고 돈을 벌고 보호지까지 오게 된 모든 이야기를. 그녀는 편하게 얘기할 수 있도록 유도하고 경청해주었다. 남쪽 노인 말고도 나의 이야기를 들어주는 사람이 있다고 생각하니 한결 기분이 놓였다.

"정말 많은 일이 있었네요. 힘드셨겠어요. 민수 씨의 눈빛은 늘 무언가를 담고 있는 것 같아요. 볼 때마다 느낌이 달라요."

"네? 무슨 말씀이에요?"

"민수 씨를 처음 봤을 때 사실 부자 연기가 어설퍼서 조금은 눈치챘었어요. 중형 머니백을 메다 걸러서 저렇게 둘러대고 있구나! 생각했어요. 그땐 눈빛이 참 순진해 보였어요. 귀여웠다고 해야 하나? 혹시나 백화점 점원이 다시 의심할까봐 제가 좀 모질게 얘기했었죠. 호호. 제가 진짜 이상한 사람한테 제 전화번호를 알려줄 리가 없잖아요?"

귀엽다는 얘기는 너무 오랜만에 들어본 것 같아 쑥스러웠지만 내심 기분은 좋았다. 나름 부자 연기를 하긴 했는데 부자 경험이 없다 보니 티 났나 보다.

"그리고 그 부자 클럽에서 만났을 때! 그때는 사실 좀 놀랐어요. 제가 잘못 봤나 싶었죠. 카드를 소지하고 계실지는 몰랐으니까요. 사실 제가 부자들을 별로 좋아하지는 않아요. 그들은 머니백이 무거운지도 모르고 그것이 어떤 의미를 담고 있는지 관심이 없어요. 단지 가난의 상징이라고 생각할 뿐이죠. 그런데 민수 씨는 전혀 그런 눈빛이 아니었어요. 그들 사이에서 홀로 많은 고뇌가 있어 보인다라고 할까요. 그리고 사실 부자들은 그런 파티에서 그렇게 어색해하지 않아요."

그녀는 이미 모든 것을 알고 있었다. 내가 부자가 아니었던 것과 단시간에 부자가 되면서 고뇌했던 순간들을.

"부끄럽네요. 유빈 씨는 제 모든 걸 알고 계셨네요."

"그런가요? 그런데 오늘 또 민수 씨의 눈빛은 다른 사람들과는 또 달랐어요. 여기 대부분 사람은 보호지 생활에 만족합니다. 대다수는 보호지를 벗어나고 싶어 하지 않잖아요. 그런데 민수 씨의 눈빛은 달라요. 왠지 여기를 벗어나 다시 시작해보고 싶어 하는 그런 열정이 느껴진다고 할까요? 그래 보여요 저는. 그리고 아까 전 제 멱살을 잡으려던 아저씨를 밀치고 나서의 그 눈빛은 또 조금은 남성적이었다고 할까요? 호호."

"부끄럽네요. 하하… 아! 유빈 씨 아까 일은 제가 대신 사과할게요. 많이 놀라셨죠. 그분이 그렇게까지 흥분해서 유빈 씨를…."

"괜찮아요. 사실 좀 놀랐어요. 다들 좋은 일이라고 생각할 줄 알았거든요…. 제 생각이 짧았나 봐요."

그녀와 더 깊은 얘기를 나눴다. 그녀는 구체적인 '머니백 없는 마을'의 계획을 말해주었고 나는 내가 현재 끄적이고 있는 소설 내용 일부를 공유했다.

"와! 민수 씨의 소설 완성되면 꼭 보여주세요! 너무 궁금해요. 우리 회사에서 진행하는 사업과도 정말 비슷하네요. 흥미로워요."

"그럴게요."

올백 머리 감시관은 밖에서 창문을 통해 왜 신화 그룹 직원이 보잘 것없는 보호지민과 길게 얘기하는지 궁금해서 죽겠다는 표정으로 뭐 마려운 강아지처럼 문 앞을 서성거렸다.

"민수 씨. 이제 저 갈게요. 다음 일정이 있어요."

"아! 그래요. 바쁘실 텐데 어서 가보세요."

"민수 씨도 건강하시고 꼭 이루세요! 그게 뭐든지요."

"고마워요. 유빈 씨. 이런 모습을 보여서 참…. 잘 가요."

그녀가 떠난 후 자리로 돌아가 누웠다. 올백 머리 감시관은 면회실 에서 나오는 나를 못마땅한 눈으로 쳐다봤지만, 딱히 집요하게 물어 보지는 않았다. 남쪽 노인이 슬며시 다가와 앉았다.

"애인?"

"아니요."

"그럼?"

"친구요."

"남, 여 사이에 친구?"

"남, 여 사이도 친구가 될 수 있습니다. 요즘 시대는요!"

"선 긋는구먼! 아무튼, 좋은 결과가 있기를 바라네!"

"어르신! 어휴 정말."

11시 소등 방송과 함께 일제히 어둠이 드리웠다. 메케한 보호지 내 에 복숭아 향이 가득 풍겼다. 나를 믿어주는 사람이 있다는 건 큰 힘이 된다. 나는 어둠 속에서 노트북을 켰다. 노트북 불빛이 희미하게 새어 나왔다. 그리고는 자판을 두들겼다. 탁! 탁! 거리는 타자 소리가 웅웅거리는 말소리와 섞여 보호지 내에 가득 찼다.

21

창의적인 인재로
거듭나는 두 가지 방법

"기상!"

기상 소리에 맞춰 일제히 일어났지만, 딱히 할 일은 없다. 늘 똑같은 하루가 타임 루프처럼 반복된다. 오늘도 고물 노트북을 켜서 글을 쓰기 시작했다. 드디어 나의 첫 번째 소설의 초고(草稿)가 완성되었다. 노벨문학상 수상자 '어니스트 헤밍웨이'가 '모든 초고는 쓰레기다.'라고 말했다. 하지만 아무리 봐도 내 초고는 썩 괜찮은 걸 보니 내 글 솜씨가 어떨지 알 만하다. 어쨌든, 완성했다는 뿌듯함에 깊게 취해보기로 했다.

가장 먼저 남쪽 노인에게 이 소식을 알렸다. 그간 그에게 300권 이상의 책을 빚졌다. 내가 한 권, 한 권 책을 구매할 때마다 남쪽 노인의 가방은 겨울날 호빵처럼 한없이 부풀어 올랐다. 남쪽 노인은 늘 침대가 더 푹신해졌다고 웃으며 나를 위로했다. 그럴 때마다 쓴 커피 물을 입에 머금고 있는 기분이었다.

"어르신, 소설의 초고입니다. 한번 봐주시겠어요?"

"오! 그런가? 한번 보지. 수고 많았네. 요 몇 달 글만 쓰더니만."

노인은 살짝 휘어진 돋보기안경을 꺼내어 썼다. 그리고는 책을 읽기 시작했다. 그는 앉은 자리에서 3시간 만에 책을 독파했다. 물 한 모금도 마시지 않았다. 나도 노인의 옆에서 3시간째 말없이 앉아 있었다. 마치 선생님의 평가를 기다리던 학창 시절 어린아이가 된 것 같았다.

"아…."

"별로인가요?"

노인은 책을 덮고는 입술을 잘근잘근 씹으며 알 수 없는 묘한 표정을 지었다. 나는 초조해져서 노인 곁으로 바짝 붙었다.

"좋아! 정말 재밌어! 이렇게 흥미로운 소설은 처음이야. 담백하고 표현도 깔끔해! 허허."

"정말요? 괜찮습니까?"

나는 아이처럼 하얀 웃음 지으며 연신 괜찮냐고 물어댔다. 노인은 고개를 끄덕였다.

"좋네. 조금만 더 다듬으면 좋은 글이 될 거야. 그런데 다른 사람들이 이해할 수 있을지는 모르겠네. 내용이 조금 심오한 것 같기도 해서 말이지. 특히 다중우주나 평행우주 이론은 흥미롭지만, 이해하기에는 쉽지 않은 개념이지."

"다중우주, 평행우주 이론을 아세요?"

"그럼! 이 늙은이 어릴 적 꿈이 천문학자였는데! 뭐 지금은… 아무튼! 우주 개념에서 보면 인간은 정말 좁은 곳에서 아웅다웅 모여 사는 게지. 엄청난 폭발로 우주가 생성됐다는 빅뱅 이론. 빅뱅으로 만들어진 우주가 한 개뿐일까? 우주가 무한하다면 우리 우주 말고도 우주 A, 우주 B 등 수없이 많은 우주가 존재할 걸세. 수많은 우주 어딘가에는 지구와 똑같이 원자가 배열되어 만들어진, 지구와 비슷한 행성이 있을 테고, 그곳에서는 우리가 보고 느끼는 모든 것이 거의 흡사한 상태로 존재할 수도 있겠지. 즉, 우주가 무한하다고 보면 이 세상 어딘가에는 돈의 개념도 다르고 종이를 화폐로 사용하는 행성도 있다는 거 아닌가?"

노인의 사고력과 이해력에 입이 떡 벌어졌다. 노인의 과거가 더욱 궁금해졌다. 하지만 노인은 자기는 죄인일 뿐이라며 극구 과거 얘기를 꺼렸다.

"네, 정확합니다. 우주는 넓고 무한해서 지금 어딘가 다른 행성에서는 금박화폐가 아닌 종이로 만든 지폐나 전자카드를 사용하는 곳이 있을지도 모릅니다. 그리고 그곳에서는 돈이 많은 사람이 부자고 적은 사람이 거지가 됩니다. 돈이 많은 사람은 집 또는 은행에 돈을 쌓아 놓고 필요할 때마다 꺼내어 쓰고, 모든 편의 시설 및 사치를 누립니다. 반대로 돈이 없는 사람은 돈으로 살 수 있는 재화나 서비스를 누리지 못합니다."

"하지만 모두가 가벼운 세상이군."

"네 어르신 맞습니다. 이 행성에는 머니백은 존재하지 않습니다. 모든 것은 똑같지만 돈의 개념만 다른 행성이 이 소실의 무대입니다."

"하~ 어이가 없네."

북쪽 청년이 콧방귀를 뀌었다. 그는 나와 노인의 대화를 엿듣고 있었다.

"그런 세상은 없어! 돈이 많으면 우리처럼 무거운 인생을 사는 거지. 어떻게 모두가 평등하게 가벼울 수가 있어?"

"왜 없나요? 여기는 소설인데. 그리고 우주가 무한하게 넓다면 분명히 있습니다. 그런 곳은."

"그런 말도 안 되는 소설이 팔리겠다고 생각하는 건 아니지? 누가 읽겠어? 머리에 총 맞지 않는 이상. 하하."

북쪽 청년은 한바탕 독설을 퍼붓고 독사처럼 유유히 식당으로 미끄러져 갔다. 기분이 썩 좋지는 않지만, 어차피 보호지에 있는 사람들이 이 책에 관심 가져줄 리 만무하다.

"저 썩을 녀석. 무시하게."

"그러게요."

"그래서 이제 어떻게 할 건가. 다듬어서 출판해봐야지?"

"네. 하지만 보호지에서 쓴 책을 누가 읽어줄지도 모르겠고…. 어쩌면 저 청년 말대로 사람들은 먹고사는 문제에 관심이 있지 이런 허무맹랑하기도 한 소설을 읽어 줄지도 모르겠네요."

노인은 두 팔을 들더니 내 어깨를 세게 쥐었다.

"저 청년이 한마디 했다고 벌써 기가 죽으면 어쩌나? 내가 도와줄 테니 인세 출판 쪽으로 한번 알아보세."

"혹시 출판 쪽을 아시나요?"

"음… 아무튼, 같이 출판사를 알아보세."

남쪽 노인이 황급히 자리를 떴다. 나는 자리에 앉아 출판사를 검색했다. 인터넷이 가능은 했지만, 너무 느려서 한 단어를 검색하는 데 10분은 족히 걸렸다. 정보의 바다에는 수많은 정보가 유유히 헤엄치고 있었다. 거기에는 상한 물고기도 있었고 싱싱하게 팔딱거리는 물고기도 있었다. 나는 경험이라는 날이 선 작살로 물고기를 노려보았다. 그중 맘에 드는 몇 개에 작살을 내리꽂았다. 상한 물고기다….

이메일로 '보호지에서 책을 쓰다.'라는 문구와 함께 열심히 원고를 투고했다. 하지만 며칠째 연락이 없었다. 나는 병든 닭처럼 풀이 죽었다. 더는 연락할 곳도 없었다. 총 200여 곳의 출판사에 투고했고, 모든 출판사가 거절했다. 그들은 하나같이 출판사의 출간 방향과 맞지 않는다든지 시장성이 없다는 답변 따위를 보냈다. 그중 일부는 고맙게도 솔직하게 답했다.

'죄송합니다. 보호지민이 쓴 글을 독자들이 읽으려 하지 않습니다. 독자들은 자신보다 더 뛰어난 사람들의 이야기를 듣고 싶어 합니다.'

전화가 울렸다.
"여보세요….."
"아들 왜 이렇게 힘이 없어! 밥은 잘 먹고 다니는 거지? 입맛 없어도 꼭 먹고."
"네, 알겠어요."

부모님과 통화하고 싶지 않았는데, 왜냐하면 늘 부모님과 통화를 끝내면 매번 눈물을 흘렸기 때문이다. 아들 노릇도 제대로 못 하는 내가 못나 보여서 한 방울, 보호지에서 생활하면서 찾아뵙지도 못하고 면회가 와도 1시간 정도만 보고 보내야 하는 그 서러움에 한 방울, 지금 당장 보호지를 나가도 무거운 머니백을 가족에게 더 짊어지우는 꼴이 되는 한심한 처지에 한 방울을 흘리곤 했다.

"엄마는 괜찮다. 보호지 내에서는 머니백을 멜 필요가 없다니까 오히려 잘됐어. 나는 괜찮으니까 거기가 좋으면 거기서 더 지내도 된다…."

"아니요. 여기서 더 지낼 생각 없어요. 머니백을 메더라고 밖으로 나갈 겁니다. 나가서 지금까지 못다 한 효도하겠습니다…. 죄송해요."

아버지는 딱히 말이 없으셨다. 늘 뒤에서 지켜봐주셨다. 말은 하지 않으셔도 분명 그 속은 새까맣게 탔을 것이다.

"엄마, 아버지 모두 제 걱정하지 마세요. 지금 쓰고 있는 책 반응이 너무 좋아요. 오늘도 출판사 여러 곳에서 당장 계약하자고 난리입니다. 대박 날 것 같아요!"

"어머 정말? 너무 잘됐다. 엄마도 지인들 다 모아서 얘기할게. 우리 아들 책이 곧 나온다고.!"

"네…. 너무 얘기하면 기분 나쁠 수 있어요. 그냥 적당히… 하하…."

부모님과의 통화를 마치자 관자놀이가 욱신거렸다.

"민수! 거기 있는가?"

남쪽 노인이 헐레벌떡 뛰어왔다.

"무슨 일이세요?"

"하…하… 출판사를 찾았네!"

"네?"

"어때 한번 미팅해 볼 생각 있는가? 판도라출판사라고."

"거긴 대형 출판사인데요? 정말 저를 만나보겠다고 했습니까?"

"그래! 흥미롭다고 하던데?"

"어르신 너무 감사드립니다. 항상 받기만 하니…."

"그런 말 말게나. 내가 요즘 기분 좋아 보이는 거 안 보이나? 다 자네 덕분이지."

나는 신나서 펄쩍펄쩍 뛰었다. 노인이 무슨 수로 그런 대형 출판사와의 미팅을 잡았는지 모르겠지만 따질 때가 아니었다. 출판사 담당자와 내일 오후 4시로 미팅을 잡았다. 미팅 장소는 사정을 고려하여 보호지 면회실이었다. 출판사 담당자는 보호지라는 소리에 조금 당황하더니 이내 보호지에서 보자는 말과 함께 전화를 끊었다.

노트북에서 새어 나오는 희미한 불빛을 벗 삼아 밤새 미팅 준비에 매진했다. 한숨도 못 잤지만, 가슴 벅찬 설렘에 잠도 오지 않았다. 밤을 꼴딱 새우고는 면회 신청을 위해 올백 머리 감시관 방으로 걸어갔다. 어떻게 보면 출판사 계약은 지금 내 앞에 놓인 구렁텅이에 비하면 애교 수준일 지도 모른다.

'똑똑.'

"감시관님 강민수입니다."

"뭔네? 들어와."

올백 머리 감시관은 두 발을 꼬아서 책상 위에 거만하게 올린 채 나를 맞이했다. 나는 쭈뼛쭈뼛 들어가서 소파에 앉았다.

"누가 소파에 앉으라 했지?"

나는 황급히 일어섰다.

"죄송합니다."

"그래, 뭐 때문에 왔나?"

"사실 제가 이번에 책을 한 권 썼습니다. 그 책을 출판하고 싶어서 알아보던 중에 운 좋게 출판사에서 연락이 왔습니다. 오늘 면회실에서 4시에 미팅을 좀 진행하고 싶습니다….

"책? 보호지에서 책을 썼다? 하하하. 웃기는구면 하하. 어떤 정신 나간 놈이 보호지에서 책을 쓴단 말이야? 그런데 설마 자네 보호지 생활에 대해 언급한 건 아니겠지?"

"소설입니다. 보호지 관련 내용은 일절 없습니다. 절대로요."

"절대로 보호지 내 생활에 관한 내용을 외부에 흘리면 안 돼! 절대로!"

"네. 알겠습니다. 그럼 허락을…."

올백 머리 감시관은 테이블 위에 놓인 다리를 내린 후 연신 눈동자를 위아래로 움직였다. 무슨 꿍꿍이인지 몰라서 등줄기가 서늘했다. 올백 머리라면 충분히 미팅을 성사시켜주지 않을 수 있다. 왜냐하면,

그는 남을 괴롭히는 거에 희열을 느끼는 변태 같은 인간이기 때문이다.

"좋아!"

"네? 허락해주시는 건가요? 정말요?"

"당연하지! 우리 민수 씨가 어렵게 완성한 책인데 당연히 빛을 봐야지! 내가 왈가왈부할 수 없지. 출판사 설득할 자신 있어?"

"네! 자신 있습니다. 제가 밤새 미팅 자료를 준비했습니다. 한 시간가량 제 책과 저에 대한 소개로 출판사 담당자의 마음을 반드시 잡아보겠습니다. 감사합니다. 감시관님."

감시관은 내 모습을 흐뭇하게 바라보다가 딱딱하게 말했다.

"10분이야."

"네?"

"자네 미팅 시간이 10분이라고. 그 이상은 불허하지. 하하. 너무 걱정하지 말게나 그 책을 출판사에서 받아줄 리가 없지 않은가? 자네가 작가도 아니고 말이야. 하하."

역시 올백 머리는 내 생각보다 더 악랄한 놈이다. 그는 작은 희망을 던져준다. 그리고는 마치 손에 잡힐 듯 가까워진 희망에 도취하여 행복해하는 사람에게 차디찬 절망을 예상치 못하게 내리꽂는다. 그때 느끼는 절망감이 더 크기 때문이다. 나는 터벅터벅 자리로 돌아왔다. 남쪽 노인은 내 표정을 살핀 후 뭔가 잘못되었음을 직감한 듯 조심히 물었다.

"안 되었나? 역시 그 나쁜 자식."

"아니요. 허락은 받았습니다."

"그래? 오 웬일이래? 그런데 자네 표정은 왜 그런가?"

"10분입니다. 미팅에 허락된 시간은…. 만나서 인사하고 근황만 나눠도 5분인데. 10분 안에 저 자신과 책을 소개할 수 있을까요?"

"역시 그 나쁜 자식. 아무튼, 너무 낙심하지 말게. 10분의 시간은 누군가의 마음을 사로잡는 데 절대 부족한 시간은 아니야. 출판사 담당자가 책은 이미 읽었을 테니 자네를 보여주게나. 내 생각에는 10분이면 그 편이 더 나을 거야. 대형 출판사는 보통 한 권의 책만 보고 작가와 계약하는 경우는 거의 없네. 그 사람의 다음 책까지 염두에 두는 거지. 사실 무명작가의 첫 책이 잘 팔리기는 쉽지 않지. 기적이 없는 이상."

"네. 감사합니다. 어르신이 주신 기회 잘 살려보겠습니다."

"기적을 믿어보세."

째깍째깍 시계 초침이 돌아가는 소리에 온 보호지가 시끄러웠다. 나는 두 무릎이 부딪치지 않을 정도로 다리를 살짝 벌린 채 살살 떨어댔다. 점점 더 격렬해지는 다리 떨림으로 긴장감을 먼지처럼 털어버리려 했다. 하지만 긴장감은 다리를 타고 점점 더 위로 올라왔다. 소변이 마려웠고 손도 야릇하게 저렸다. 긴장감은 기세를 몰아서 몸속 구석구석 물들어갔다. 이제 심장을 사정없이 두들겼다. 심장 박동과 초침 소리가 어우러져 베토벤의 운명 교향곡처럼 웅장한 연주를 시작했다. 입술은 여름날 널어놓은 고추처럼 바싹 말라버렸다. 머리칼이 쭈뼛쭈뼛 중력을 거스르려는 순간 올백 머리 감시관이 감시실 앞에서 소리쳤다.

"강민수! 면회 10분."

나는 한 모금의 물로 몸 전체에 독소처럼 퍼진 긴장감을 억지로 씻어내린 후 면회실로 들어갔다. 면회실에는 백발 머리에 단정한 네이비 슈트를 입은 50대 정도 되어 보이는 남성이 앉아 있었다. 인상은 선해 보였지만 눈빛은 날카로운 칼을 품고 있는 듯 매서웠다. 악수만 했을 뿐인데 호락호락한 상대가 아니라는 걸 온몸 세포의 떨림으로 알 수 있었다.

"반갑습니다. 민수 씨. 재밌는 곳에서 흥미로운 글을 쓰셨더군요."

"네, 담당자님. 감사합니다. 흔하지 않은 미팅 장소죠. 하하."

내 농담에도 담당자는 무표정했다.

"이곳 생활은 어떠십니까? 사실 보호지 생활에 관한 책을 한번 출판해보고 싶은데 영 쉽지는 않네요. 정부 눈치도 있고."

나는 마음이 급했다.

"저, 담당자님. 이곳 생활에 대해서는 제가 나중에 설명할 기회가 있을 겁니다. 그보다 출판에 관한 얘기를 나눠보고 싶은데요, 죄송하지만 제가 부여받은 면회 시간이 10분입니다. 이미 2분이 지났습니다."

그는 눈을 껌뻑였다. 처음으로 표정에 작은 변화가 일어났다. 그는 빠르고 차갑게 말했다.

"그럼, 8분 남았네요? 8분이면 책 이야기하기도 너무 짧네요. 출판을 너무 쉽게 생각하시는 것 같네요. 멋진 분이라고 들었는데 제가 잘

못 들었나 봅니다."

"죄송합니다…."

"일단 알겠습니다. 본론만 말씀드리죠. 일단 책은 흥미로웠습니다. 맞춤법이나 문맥상 매끄럽지 못한 부분은 꽤 있지만 제 생각에는 큰 문제가 되지는 않아요. 다만 민수 씨가 현재 보호지에 계신 점이 가장 문제입니다. 많은 독자는 글을 쓰는 작가가 보호지 생활을 했다는 사실을 좋게 받아들이지 않아요. 그런데도 저희는 민수 씨의 가능성에 도전적인 투자를 해보고 싶네요. 이번 책뿐만 아니라 앞으로 민수 씨가 어떤 책을 쓸 건지가 더 궁금하다는 겁니다. 특히나 저희 출판사는 창의적인 인재를 사랑합니다.

4차 산업혁명이 도래하면서 인공 지능은 더욱 똑똑해지고 있어요. 그들은 흩어진 정보를 종합하여 집필도 가능합니다. 조만간 이 책이 사람이 쓴 건지 인공 지능이 쓴 건지 구별하기도 쉽지 않을 겁니다. 그런 상황이 왔을 때 딱! 정의하기는 어렵지만, 참신하다! 는 얘기를 들을 수 있는 작가를 찾고 있습니다. 민수 씨는 창의적인 사람인가요? 그 다음 글들도 이번 책처럼 창의적인 글을 쓸 수 있는 그런 작가일까요?"

담당자의 예상치 못한 지휘로 웅장한 연주가 다시 시작됐다. 연주는 조금 전보다 더 빠르고 웅장했다. 책 내용이나 책을 쓴 동기, 등장인물 간의 관계 등 책에 관한 한 모든 답변을 준비했지만, 정작 내가 창의적인 사람인지? 라는 질문은 너무나도 생소했다.

"시계 초침이 계속 갑니다. 이제 3분 남았네요. 시간이 참 짧아요."

"......"

3분 후면 모든 게 끝난다. 연주도. 내 기회도….

"답변하기 어려우시면 이번 미팅은 없던 거로 하고 일어나보겠습니다. 무릎 조심하세요. 아! 여기서는 무릎 조심할 일이 없겠네요. 사실 이런 곳에서 창의성을 발휘하기란 여간 힘들죠."

"네? 그게 무슨…."

이미 출판은 날아가 버렸다. 칼을 품고 있던 담당자는 그 칼을 뽑아 무방비 상태의 내 왼쪽 가슴에 꽂았다. 피가 흘렀고 피를 타고 몸속에 스며들던 긴장감이 흘러나왔다. 한순간에 연주는 멈췄다. 고요했다. 할 말은 해야 했다. 후회 없이.

"함부로 말씀하지 마세요. 머니백을 메지 않는 대가로 제가 잃은 것들에 대해서는 생각해보셨나요? 저는 무조건 이곳을 나갈 겁니다. 이곳은 전혀 행복할 수 없는 곳입니다. 제가 창의적인 사람인지 물어보셨죠? 모릅니다. 저도 잘 모르겠습니다. 하지만 제가 생각하는 창의적인 사람이 되는 법은 조금은 알 것 같습니다."

"네?"

여전히 그는 표정이 없었다. 나는 아랑곳하지 않았다. 종이를 가져와 크게 글씨를 썼다.

직접적 경험 – 열정과 도전
간접적 경험 – 독서와 사색

"창의적인 사람은 절대 어느 날 갑자기 나무에서 뚝 떨어지는 뉴턴의 사과 같은 게 아닙니다. 다양한 삶의 경험에서 만들어집니다. 이 중에 서는 우리가 직접 겪을 수 있는 경험 즉, 직접적인 경험으로 열정과 도전을 꼽았습니다. 열정이 있고 도전적인 사람은 남들이 감히 맛보지 못하는 희소한 경험을 맛볼 수 있죠. 그리고 열정과 도전으로 얻은 많은 희소한 경험은 남들과는 다른 창의적인 생각을 할 수 있게 도와줍니다. 저는 평범한 삶에 만족하지 않았습니다. 열정과 도전으로 사업에 뛰어들고, 철저하게 부서졌고, 지금은 보호지에서 책까지 출간해보겠다는 추태까지 부리고 있습니다. 비록 오늘 미팅은 어그러졌지만, 저는 또 도전하면서 새로운 경험을 만들어나갈 겁니다."

잠깐 숨을 골랐다. 시간은 2분여 정도 남았다.

"두 번째는 간접적인 경험입니다. 물리적으로 사람의 시간은 하루 24시간을 벗어날 수 없으며, 이동할 수 있는 공간도 제약적입니다. 아무리 노력해도 일생에서 얻을 수 있는 직접적인 경험에는 한계가 있습니다. 그 때문에 독서와 사색을 통한 간접적인 경험이 필요합니다. 저는 책을 통해 수많은 간접 경험을 습득했습니다. 보호지 내에서 머니백을 메지 않아도 된다는 규정으로 육체적 고통이 줄었고, 의도가 어떨지는 몰라도 결과적으로 많은 자유 시간을 누리고 있습니다. 저는 이 모든 시간 동안 책을 읽으면서 물리적으로 이룰 수 없는 많은 경험을 이뤄냈습니다. 또한, 자유롭지 않은 보호지에서 딱 하나 억압할 수 없는 사색의 자유를 마음껏 누렸습니다. 몸은 비록 이곳에 말뚝 박혀 메어 있지만, 소설을 쓸 때 제 영혼은 온 세계와 시공간을 넘나

238

듣니다. 그러니 이런 곳에서는 창의성을 키우기 어렵다는 얘기는 마세요."

"……."

"강민수 면회 끝! 나와!"

담당자는 눈꼬리를 살짝 풀고 입을 벌렸다. 하지만 아무 말도 없이 나갔다. 내가 무례한 점은 있었지만 후회하지 않았다. 나는 보호지에서 분명 많은 것을 배웠다. 누가 알아주지 않을지라도.

"미팅은 어땠나?"

남쪽 노인이 버선발로 뛰어나와 물었다.

"모르겠습니다. 책이나 저 자신에 관한 얘기는 못 했고 창의적인 사람과 일하고 싶다고 하시면서 제가 창의적인 사람인지만 묻더라고요."

"그래서?"

"잘 모르겠습니다. 아무것도 생각이 나지 않네요."

"수고했네. 기다려 보세."

"아, 그런데 너무 정신이 없어서 물어보지 못했는데 혹시 담당자랑 어르신하고 친분이 있으신지요?"

순간 단정한 네이비 슈트를 입은 대형 출판사 담당자와 아무렇게나 어질러진 머리카락에 다 찢어져 가는 초록색 운동복을 입은 노인의 모습이 겹치며 괜스레 미안해졌다. 노인이 대형 출판사 담당자를 알 리가 없었다. 노인에 대해 아직 모르는 게 많지만, 소문에는 노인이 보호지에 들어오기 전에 교도소에 있었다고 했다.

"에이, 그건 별거 아닐세. 그냥 노인네가 여러 번 부탁하니까 원고 나 한번 들여다본 게지. 나는 딱히 도움 준 게 없네. 자네 소설이 좋았 던 게지. 허허."

'딩동.'

느닷없이 파고드는 문자 소리에 휴대폰을 들었다. 방금 얘기를 나 눈 출판사 담당자의 번호다.

'판도라출판사는 귀하와 출판 계약을 맺고자 합니다. 인세 등 세부 계 약 내용은 메일로 보냈습니다.'

문자를 읽고 또 읽었다. 노인은 갑자기 바뀐 분위기에 적응하지 못 하는 모양새다. 출판사는 메일로 세부 계약 내용도 송부했는데, 담당 자는 답변에서 절대로 보호지 출신이라는 얘기는 하지 말아 달라고 거듭 당부했다. 담당자는 이 소설의 출간이 출판사로서 어울리지 않 는 일탈적인 도박이라고 말했다. 또한, 출간은 필명으로만 가능하다 고 했다. 내 존재를 철저하게 숨길 요량이다.

"왜? 자네, 뭔가? 무슨 문자야?"

"어르신… 저 계약했어요. 하하."

"정말? 판도라에서?"

"네… 너무 감사드립니다. 어르신 덕분입니다."

"내가? 나는 도움 준 게 없네. 자네가 자네 운명을 만들어나간 것 이지. 허허. 기분은 좋구먼."

"아닙니다. 정말 감사드립니다…."

남쪽 노인을 제외한 보호지 내 누구에게도 내 필명을 말하지 않기로 했다. 이로써 나는 '강바다'라는 필명으로 책을 내기로 했다.

노인과 밤새 기쁨을 나누고 싶었지만, 소등시간에 맞춰 자리로 돌아와 누웠다. 차디찬 콘크리트 바닥이 푹신한 솜사탕 구름처럼 느껴졌다. 발아래 쪽에서 웅웅거리는 소리가 들려왔다. 남쪽 노인이 누구와 통화를 하는 건지 길게 통화를 하고 있었다. 대화는 들리지 않았다.

나는 늘 자기 전에 가던 곳을 들렀다. 여기와는 많이 다른 세상이다. 나는 대기권을 뚫고 올라갔다. 성층권에서는 요즘 연일 뉴스에서 화재인 오존 파괴의 심각성을 실제로 느껴본다. 그리고는 어느새 우주로 나아간다. 잠시 공간이 뒤틀어지고 수천 개의 빛의 광선들이 고깔 모양으로 흩어졌다.

나는 그 고깔의 중심부를 향해 정신없이 빨려 들어갔다. 이윽고 지구와 똑같이 생긴 행성들이 보이기 시작했다. 멀리서 보면 그것들은 모두 지구였다. 수천 개의 지구가 어두운 우주 전역에 민들레꽃처럼 피어있었다. 나는 늘 가던 지구를 향해 익숙한 듯 날아갔다. 그곳에서의 돈의 개념은 여기 지구와는 다르다. 그곳에 잠시 머물렀다. 머물다 보니 갑자기 어느 지구가 진짜 지구인지 구별할 수 없었다. 세상은 고요했다. 노인의 통화 소리가 더는 들리지 않았다.

241

기회는 바라는 게 아니라
만들어지는 것이다

초판으로 5,000부를 찍었지만, 책을 찾는 사람은 없었다. 창고에 쌓여 있는 책 사이사이로 먼지만 소복이 쌓여갔다. 경기 불황으로 유명한 작가의 책도 팔릴 지 의문이었다.

"강바다 작가님! 기운이 없어 보이는구먼?"

남쪽 노인이 시큼한 레몬차 한 잔을 들고 옆에 앉았다.

"뭐, 야심차게 계약까지는 했는데, 사람들은 제 책에 별 관심이 없나 봅니다."

"인생이 항상 쉬울 리가 있나. 어깨 좀 펴고!"

"제게는 항상 어렵네요. 그 인생. 위로 감사합니다."

억지로 벌려본 어깨는 바람 빠진 풍선처럼 다시 쪼그라들었다. 노인은 레몬차를 홀짝이며 연신 내 표정을 살폈다. 시큼한 레몬 향이 코끝에 끼쳤다.

"계속 불안에 떨면 뭐 하겠나. 방법을 찾아보고 노력을 해야지. 자네 특기 아닌가? 보호지에서 자네처럼 책을 출간한 사람은 역사에도 없었고, 앞으로도 없을지도 모르지. 모두가 불가능이라 말했지만, 자네는 해냈어. 힘내게."

내가 전도유망한 한국은행을 퇴사하고 처음 사업을 시작한다고 집에서 뛰쳐나올 때도 많은 사람은 미쳤다고 말했다. 그때마다 나는 나폴레옹 장군이 알프스산맥을 넘었는데 알프스산맥을 넘을 수 없다는 말은 말라며 소리쳤다. 모두가 출간은 꿈도 꾸지 말라고 했다. 그런데 해냈다. 이런 일까지 벌여 놓고는 책이 안 팔린다고 어린아이처럼 징징거리고 있다니…. 어떻게든 방법을 찾아야 한다.

사람은 가진 것들을 활용해 융합하고 분리하면서 발전해 나간다. 나는 손으로 턱을 괸 채로 내가 가진 것들을 찬찬히 하나하나 살펴보았다. 한쪽 다리가 부러진 책상과 바퀴가 망가진 낡은 의자 한 개, 세면도구와 이불 그리고 옷가지 몇 개… 그리고 가장 쓸모없는 대형 머니백 한 개……. 보이는 것들은 모두 절망이었다. 더 멀리 나가보기로 했다. 다행히 보호지 어느 누구도 물리적 공간을 초월한 사색의 여정을 막을 방도는 없었다. 나는 정신을 집중해 이곳을 벗어나기로 했다. 바람을 가르는 소리와 흙먼지… 그리고 낡은 컨테이너 1개. 그리고 그 안에 숨죽여 있는 무언가들….

"지갑?"

내 목소리가 생각보다 컸기에 노인은 나를 멍하니 쳐다봤다. '지갑'이라는 단어를 오랜만에 들어서 그런지 매우 낯설게 느껴졌다. 맞다. 내겐 저 기억 넘어 버려진 공터에 외롭게 잠들고 있을 컨테이너 속 지갑들이 있었다.

"어르신 감사합니다! 역시 어르신은 제 수호신입니다!"

노인을 껴안았다. 노인은 어리둥절하여 말이 없었다.

"수호신? 무슨 말인가? 지갑?"

남쪽 노인의 질문에 웃음으로 짧게 답하고 황급히 전화를 걸었다. 팝송이 흘러나오다 이내 멈추고 출판사 담당자가 전화를 받았다.

"저기 급하게 드릴 말씀이 있습니다."

"네, 말씀하세요."

출판사 담당자는 여전히 차분했다.

"출판사에서 제 지갑을 몽땅 사주세요."

"네? 민수 씨 그게 무슨 말⋯."

"그러니까 이벤트를 하는 겁니다. 제가 주소를 불러드릴 테니 한번 가보세요. 가시면 녹슨 컨테이너 한 개가 있을 겁니다. 자물쇠를 여시면 그 안에 명품 못지않은 질을 자랑하는 지갑들이 쌓여 있을 겁니다. 그 지갑을 사주세요."

갑작스럽고 엉뚱한 제안에 출판사 담당자는 말을 절었다.

"저⋯ 지갑은 머니백으로 사용할 수 없잖아요? 신용카드도 없는 독자들에게 나눠주라는 얘기인가요?"

"네. 맞습니다. 책을 구매하는 독자들은 현실 세계의 모순을 받아들이지 못하는 성향입니다. 또한, 부자를 꿈꾸는 예비 부자들입니다. 그 사람들에게 이 책과 함께 지갑을 선물하는 겁니다. 소설에서 이런 구절이 있습니다. '지갑은 지폐를 넣을 수 있는 작고 앙증맞은 패션 용품이자 필수품이다.' 소설 속에서는 현실과 다르게 지폐와 카드로 결제할 수 있습니다. 정부 방침에 따라 머니백으로는 사용할 수 없지만, 독자들의 갖고 싶다는 욕망을 간지럽힐 수는 있습니다."

출판사 담당자는 말이 없었다. 그는 어렵게 입을 뗐다.

"뭐, 좋습니다. 열정이 멋지네요. 그런 생각을 하시고. 하지만 저희는 절대 비싼 값에 지갑을 구매할 생각은 없습니다."

"네…. 홍보만 확실하게 부탁드립니다."

몇 시간 후 출판 담당자는 컨테이너 속 지갑을 확인했으며, 일부 지갑에 녹물이 묻어 사용가치가 없음을 알렸다. 그리고는 어떻게 이 많은 고급 지갑을 왜? 어떻게? 소유하고 있는지 물었다. 나는 답하지 않았다. 다만, 훔친 물건은 절대 아니라고 안심시켰다. 지갑 가격은 원래 가격의 10%도 안 되는 금액으로 책정되었다. 그래도 대형 출판사라 그런지 통이 컸다. 그들은 지갑 가격 일체로 2,000만 원을 받았다. 덕분에 내 머니백은 조금은 숨 쉴 공간이 생겼다. 보호지 내 사람들도 2,000만 원이 한꺼번에 빠지는 모습에 놀라워했지만, 2,000만 원이 비어도 큰 차이가 없어 보이는 내 머니백을 보고는 이내 흥미를 잃었다.

몇 주 동안 보호지 생활은 무료함 그 자체였다. 나는 간간이 책을 읽으면서 블로그나 SNS에 신작 소설 관련 글을 꾸준히 올렸다. 북쪽 청년은 내 개인 블로그를 봤다면서 그렇게 글을 못 쓰면서 어떻게 책을 쓸 생각을 했냐고 비아냥거렸다. 때마침 전화가 왔다. 사람을 무시할 수 있는 가장 합리적이고 신사적인 방법이다.

246

"여보세요?"

"민수 씨. 잘 지내셨죠?"

"네. 담당자님 무슨 일이신가요?"

"축하드립니다."

"네?"

"지갑 증정 이벤트를 해서 좋은 후기를 남긴 독자들에게 지갑을 무료로 나눠주는 이벤트를 하고 있는데요. 놀랍게도 판매 부수가 계속 올라가고 있습니다. '지갑을 소유하고 싶다.'라는 독자들의 간지러운 곳을 정확하게 긁어준 겁니다. 요즘 정신이 없어서 말씀드리지 못했는데 이미 저번 주에 5,000부가 완판 됐습니다. 인쇄소에서는 2쇄, 3쇄 계속 찍어대고 있어요. 조금 무리하더라도 재고를 비축해놓는 게 좋을 것 같아서요. 축하드려요."

"정말인가요? 생각지도 못했습니다. 이런 반응. 저도 열심히 블로그나 SNS에 글을 올리고 있어요. 독자들과 더 소통해 보려고요."

담당자는 한 톤 낮은 어조로 말했다.

"…민수 씨, 정말 죄송한데 책도 잘 팔리고 있고 저희가 홍보팀을 꾸려서 마케팅도 강화하려고 합니다. 개인 SNS나 블로그 작업은 멈춰주시는 게 좋을 것 같아요."

"네?"

"죄송하지만 저희 마케팅 콘셉트는 '부자의 생활도 경험해본 평범한 서민의 소설'입니다. '보호지'라는 난어는 절대 *쓰*지 않고 있어요. 미안해요. 민수 씨. 책 판매자로선 어쩔 수 없네요."

"보호지 내용은 절대 언급하지 않았습니다. 어쨌든 출판사의 입장이 그러하시다면 자제하겠습니다…. 제가 좀 생각이 짧았습니다. 그런데… 그러면 제가 이세 베스트셀러 작가가 되는 건가요?"

출판사 담당자는 잠시 생각하더니 입을 열고 담담하게 툭 던졌다.

"아닙니다. 베스트셀러는 그렇게 쉽게 되는 게."

"네…. 솔직한 답변 감사드립니다."

"그래도 머니백을 조금이라도 덜어드릴 순 있을 것 같습니다."

"감사합니다."

책 판매가 잘 되고 있다 하니 기분은 좋았지만, 보호지 내의 나 자신을 부정해야 한다는 점은 썩 달갑지 않았다. 북쪽 청년은 내 통화가 끝나자마자 베스트셀러 같은 팔자 좋은 소리 한다면서 또 한 번 비아냥거린 후 제자리로 돌아갔다.

곧바로 유빈 씨에게 전화를 걸어 이 모든 상황을 얘기하고 위로받았다. 그녀는 내 이야기를 잘 들어주었다. 그녀는 보호지 생활이 절대 작가로서 흠이 되지 않음을 몇 차례나 강조하면서 나를 위로했다. 그리고는 현재 신화 그룹에서 진행 중이던 '머니백 없는 마을' 프로젝트는 정부 고위 관료들의 압박으로 고군분투 중이며, 생각보다 더 어려운 상황이라고 설명했다. 그리고는 얼마나 많은 전화와 협박이 오고 갔는지 모른다고 덧붙였다. 그리고는 다음 달 1일에 있을 기자회견에서 회장님 즉, 그녀의 아버지가 프로젝트의 방향에 대해 중대 발표할 예정이라고 귀띔했다. 나는 서민을 위한 이 프로젝트가 무산되지 않기를 간절하게 빌었다. 기회를 만들어 낼 수 있을까? 오늘처럼….

CCTV

하루아침에 벼락스타가 탄생하기도 한다. 그가 한 것은 뭔가를 저질러 놓고 푹 잤을 뿐인데, 다음날 모든 게 달라져 있다. 나는 매일 아침 벼락스타를 꿈꾸며 기상한다. 일어나 보니 부재중 통화가 꽤 와 있었다. 특히 출판사에서의 부재중 통화량이 유독 눈에 띄었다. 커피 한 잔을 마시며 여유롭게 출판사 담당자에게 전화를 걸었다. 혹시나 인세 정산을 빨리해줄 수 있는지도 물어볼 참이었다. 보호지를 조금이라도 빨리 나가고 싶었기 때문이다.

"민수 씨! 왜 이제 전화 받아요?"

"아~ 담당자님. 어제 일찍 자버렸네요. 어떤 일로…."

"미쳤습니까?"

"네?"

잠이 확 달아났다. 모닝 커피에서 스며든 카페인 때문만은 아니다. 늘 평정심을 유지하고 차분했던 담당자와는 딴판이었다. 나는 상황이 잘 못 돌아가고 있음을 직감했다.

"어떤…"

"제가 거듭 말씀드렸잖아요. 보호지 출신 티 내지 말아 달라고! 독자들이 읽을 리가 없다고요! 민수 씨 같으면 죄를 짓고 교도소에 들어간 사람이 쓴 책을 읽고 싶어요? 새벽에 SNS에 글을 올리셨던데 왜 그러신 겁니까?"

그의 말은 아팠다. 일단 떨리는 손을 붙잡고 SNS를 확인했다. 거기에는 내가 쓴 글이 올라와 있었다. 정확히 말하자면 내가 쓰지는 않았지만 내 계정으로 내가 쓴 글이었다. 보호지 내에서 카메라 기능이 있는 휴대폰은 사용이 불가하므로 짧은 글만 올리곤 했는데, 자고 있던 새벽 1시에 누군가가 내 계정으로 접속해 짧은 글을 남긴 것이다. SNS에는 보호지에서 쓴 《또 다른 지구》라는 소설을 관심 깊게 봐달라는 짧은 글이 등록되어 있었다. 순간 어제 비아냥거리며 내 옆을 서성였던 북쪽 청년의 모습이 떠올랐다.

"망했습니다! 저희 출판사 이미지가 바닥을 쳤어요. 독자들의 항의 전화도 빗발칩니다. 그리고 그 지갑! 그거 때문에 보호지로 들어간 게 아니냐고 난리입니다. 무리하게 사업에 욕심내다가 보호지에 들어가서는 소설 따위나 쓰고 있냐는 게 독자들의 생각이라고요! 지갑도 받지 않겠다는 당첨자들의 전화가 오고 있어요. 부정 탄다나 뭐라나…."

"아. 정말 죄송합니다…."

"죄송하다고 끝날 일이 아닙니다. 일단 지갑 비용 2,000만 원은 다시 받아 가셔야 합니다. 계약 위반으로 위약금도 받으셔야 할 겁니다.

분명히 계약서 특수 조항에 보호지 출신을 밝혀서는 안 된다고 나와 있습니다. 아시겠습니까?"

"네… 위약금은 얼마인지요?"

"특수 조항 13조를 보세요. 계약 위반으로 출판사나 작가에게 큰 손해를 끼쳤을 때는 손실액 100%를 배상한다고 되어 있습니다. 현재 손실액 예상 액수는 약 5억 원입니다."

나는 화들짝 놀라서 되물었다.

"네? 5억이요? 무슨 그런 말도 안 되는…."

"죄송하지만, 출판사 손해도 막심합니다. 사실 저도 회사를 대표해서 이렇게 모질게 말씀드렸지만, 정말 마음이 편치 않습니다. 저도 민수 씨가 꼭 보호지에서 탈출하기를 고대한 사람 중 한 명이니까요. 너무 죄송합니다. 계약대로 이행할 수밖에 없습니다…."

계약서를 제대로 읽지 않은 내 실수다. 하긴 계약서를 읽었다 한들 내가 선택할 수 있는 상황은 아니었다. 온몸에 소름이 돋았다. 내 표정을 보고 낄낄거리는 사람이 한 명 보였다. 북쪽 청년이다. 나는 입을 꾹 다물고 그를 향해 걸어갔다. 표정은 없었다. 다만 걸어갈 뿐.

나는 추락의 끝에 도달한 심해저 바닥에서 강한 물보라를 만나 정신없이 표류 중이다. 차디찬 물방울들이 탄환이 되어 온몸에 내리박혔다. 정신없이 해저 바닥을 굴러다니던 중 오른손에 무언가가 착 감겼다. 보호지에 와서 한 번도 매 보지 않은 파란 바탕에 하얀색 사선이 들어가 있는 넥타이다.

"뭐야? 거기서! 저 자식 눈이 왜 저래?"

북쪽 청년은 내 표정을 바라보며 흠칫 놀라 뒷걸음쳤다. 나는 뒷걸음치는 그에게 달려들었다. 그리고는 190cm의 거구의 목에 넥타이를 걸고 목을 조이기 시작했다.

"악!"

그는 단말마의 비명과 함께 목이 넥타이에 완전히 감기지 않게 온 힘을 다해 나를 내동댕이쳤다. 나는 큰 원을 그리며 바닥에 내리꽂혔다.

"뭐야?"

아침부터 부산스러운 소동에 올백 머리 감시관이 뛰어나왔다.

"둘이 지금 뭐 하는 거지?"

청년은 빨갛게 부어오른 목을 매만지며 말했다.

"이 자식이 저를 죽이려고 달려들었습니다. CCTV를 보시면 다 나옵니다. 정말입니다. 넥타이로 제 목을….."

"맞습니다. 제가 그랬습니다. 이 자식이 야밤에 제 노트북을 해킹해서 제멋대로 글을 남겼습니다. 그리고 그 글 때문에 제 인생의 마지막 기회는 날아갔습니다. 이 자식을 죽이고 저도 죽겠습니다."

올백 머리 감시관은 나를 힐끗 보더니 적잖이 당황한 듯 말을 절었다. 그도 그럴 것이 나는 정말로 이 청년을 죽이려고 했다.

"진… 진정하고… 새벽에 몰래 글을 남긴 게 확실해?"

"저 자식 말고는 그런 짓을 할 사람은 없습니다."

"아닙니다. 저는 그런 적이 없습니다. 몇 번 놀린 적은 있습니다만 그런 짓은 한 적이 없습니다."

북쪽 청년은 뻔뻔하게 거짓말을 지껄였다. 감시관은 상황이 파악된 듯 바로 답했다.

"그럼 간단하군. CCTV를 확인하지. 만약 둘 중 한 명이라도 거짓말이 들통 났을 경우 벌점 100점을 부여하겠어. 알았어? 100점이면 앞으로 일정 기간 보호지 내 개인 휴대폰 사용 금지 등 많은 제약이 있을 거야. 가만두지 않겠어. 그리고 절대 폭력은 허락되지 않아. 자네들은 왜 그렇게 나를 힘들게 하나? 그냥 가만히만 있어주면 되는 건데. 아무것도 하지 말라고! 그게 그렇게 힘든 부탁인가? 아무튼, 둘 다 내 방으로 따라와."

감시관은 청년과 나를 감시실 내 CCTV 모니터 앞으로 데려갔다. 그리고는 버튼을 조정해 새벽 1시경 화면을 틀었다. ―치익― 소리와 함께 CCTV 모습이 화면에 그려졌다. CCTV는 화질이 좋지 않았고, 워낙 어두워서 정확한 형체를 분간하기 어려웠다. 그렇다고 190cm의 거구의 모습을 놓칠 정도는 아니었다. 새벽 1시 1분이 되자 누군가 북쪽에서 내 자리로 슬그머니 다가오는 게 포착됐다. 그리고 그는 내 노트북을 열어 비밀번호를 입력하고는 무언가를 치기 시작했다. 그리고는 북쪽으로 자리를 떴다. 그는 어두운색의 후드티를 입고 있었다.

"감시관님 조금만… 조금만 더 확대 좀 부탁드립니다. 이 자식 얼굴 좀 봐야겠습니다…."

감시관이 인상을 찌푸리며 화면을 확대했다. 그리고 거기에는 확실히 알아볼 수 있는 익숙한 얼굴이 있었다.

"아… 저게 무슨…."

화면이 확대되고 모두가 뚫어지게 화면을 쳐다보았다. 그리고는 세상이 정지했다. CCTV 속 범인은 왜소했다. 노트북 불빛에 얼굴이 살짝 비쳤다….

"어르신?"

보호지에서 가장 의지 되고 유일하게 신뢰할 수 있는 사람. 그래서 내 노트북 비밀번호까지 알고 있었던 남쪽 노인. 말을 잇지 못했다. 깊은 배신감에 눈물이 고였다. 북쪽 청년도 예상치 못한 화면 속 인물에 놀랐는지 말이 빨라졌다.

"이거 뭐야? 저 영감탱이가 야밤에 무슨 짓을 한 거지? 보세요! 제가 아니라니까요? 감시관님 빨리 저 둘을 벌주셔야 합니다. 아주 괘씸한 놈들입니다. 친구 하나 없는 부적응자 둘이 모여서 서로 물고 뜯는 상황이라니, 하하. 정말 가관이네요."

힘없이 자리로 돌아왔다. 나는 벌점 30점, 노인은 벌점 100점을 받았다. 노인은 개인 휴대폰을 반납했고, 이틀 동안 급식 배급에서 제외되었다. 노인과 눈이 마주쳤지만, 노인은 내게 아무 변명도 하지 않았다. 나도 그에게 아무것도 묻지 않았다. 두려웠다. 노인의 배신은 대놓고 괴롭히는 북쪽 청년보다 더 아팠다. 그는 내게 기회를 보여주었고 내가 자고 있을 때, 잠든 나의 체온이 낮게 내려가는 가장 약하고 연약한 순간에 어둠을 이끌고 다가와 내 모든 기회를 앗아갔다. 이제 이곳에 내 편은 없다.

24

우리는 껍데기를 보고
알맹이를 상상한다

대형 머니백을 메고 있는 소녀가 있다. 사람들이 모르는 소녀의 비밀이 있다. 소녀는 힘이 매우 세다. 슈퍼맨과 견줄 수 있을 정도다. 하지만 사람들은 소녀를 무시했다. 소녀는 대형 머니백을 메고 있었기 때문이다. 소녀는 늘 목을 앞으로 쭉 내밀었다. 어깨는 구부정하게 접혀 있었다. 절대 머니백이 무서워서는 아니다. 소녀는 사람이 무서웠다. 사람들은 말 없는 소녀에게 다가왔다. 그리고는 자신의 머니백에서 돈다발을 꺼내 소녀의 머니백에 넣었다. 소녀는 사람들을 피해 도망 다녔다. 하지만 사람들은 끝까지 소녀를 찾아내어 돈을 건넸다. 소녀는 모든 돈을 머니백에 담았다. 어느새 머니백은 소녀의 크기보다 100배나 커져 버렸다. 소녀는 더 괄시 당했고 스스로가 부끄러웠다.

　소녀는 아무도 오를 수 없는 산꼭대기로 향했다. 하지만 사람들은 소녀를 찾아냈고 소녀가 산을 오르는 동안 계속헤서 소녀의 머니백에 올라타 돈을 담았다. 어느새 소녀는 산꼭대기에 도착했고 사람들은 그녀를 따라 해발 8,000m가 넘는 산꼭대기까지 따라 올라왔다. 머니백은 점점 커졌다. 소녀는 지쳤다. 소녀는 모든 사람에게 외쳤다. 모든 돈을 가져와 보라고! 사람들은 그렇게 했다. 소녀는 절벽 아래에 머니백을 던졌다. 사람들은 절벽 끝으로 다가와서 모든 돈을 절벽 아래로 던졌다. 머니백은 절벽 아래에서 점점 커졌다. 어느새 머니백은 절벽 코 밑까지 커져 버렸다. 소녀는 작심한 듯이 머니백을 들쳐 멨다. 그리고는 산 아래로 머니백을 굴려버렸다. 곳곳에서 부서지는 소리, 찢어지는 소리, 각종 비명이 끊이지 않았다. 머니백은 모든 마을과 도시를 뭉개버렸다. 나는 산처럼 큰 머니백이 내 앞으로 굴러오는 모습을 보며 소리를 질렀지만, 가위에 눌린 듯 움직일 수 없었다. 나는 식은땀을 훔치며 몸을 일으켜 세웠다.

나는 보호지 내 유명 인사가 되었다. 북쪽 청년의 목을 노린 사건은 '보호지 내 다윗과 골리앗'이라는 사건명으로 바이러스처럼 퍼져나갔다. 보호지 2층, 3층에 거주하는 사람들도 내 모습을 보기 위해 친히 찾아왔다. 사실 그들이 내 자리에 찾아오는 또 하나의 이유로 내 머니백도 한몫을 한다. 잘 나가는 관광 상품 같은 것이다. 출판사로부터 받은 지갑 대금과 재고 비용, 그리고 위약금 등으로 내 머니백은 산처럼 불어났다. 남쪽 노인의 머니백도 내 머니백에 비하면 애교 수준이다. 머니백이 커지면서 숙식을 머니백 위에서 해결하기 시작했다. 조그마한 책상은 버렸고, 필요한 모든 가재도구나 가구 등을 머니백 위에 올려놓고 생활했다. 물컹물컹하여 이동하기에는 불편함이 있었지만, 방법이 없었다. 이미 나에게 주어진 한 칸은 축 늘어진 대형 머니백을 감당하기도 힘겨워 보였다.

남쪽 노인과는 사건 이후로 한마디도 하지 않았다. 하지만 피할 수만은 없다. 속상하고 두려웠지만 물어봐야 한다. 왜 나를 저버렸는지….

"저기…."

남쪽 노인은 나를 보고 천천히 일어났다. 노인은 올 게 왔다는, 그런 의미심장한 표정을 지어 보였다.

"왜 그러신 겁니까?"

"미안하네."

"처음에는 배신감에 화도 나고, 유일한 내 편이 나를 버렸다는 생각에 잠도 설쳤습니다. 보시다시피 보호지 탈출 기회는 날아가 버렸죠. 그런데 아무런 말씀이 없으시네요? 제 인생을 망쳐놓고."

"미안하네. 자네 요 몇 주간 굉장히 힘들어 보이더군. 나도 마음이 좋지 않았어."

"당연하죠! 그럼 얘기를 하셔야죠!"

"사실은 자네를 위한 거였네."

"네? 그게 무슨 말도 안 되는 변명입니까? 저를 위해서 등에 칼을 꽂았다는 말씀인가요?"

노인은 천천히 말을 이었다.

"자네가 만약 그대로 책을 출간해서 팔게 된나면 자네의 미니백이 조금은 가벼워졌겠지. 하지만 절대 보호지를 나갈 수 있을 정도로 줄

259

어들지는 않을 걸세. 흥미로운 소설이지만 작가가 누군지도 모르고 어떤 삶을 살았는지도 알 수 없지 않은가? 그런 책으로는 큰 감동을 줄 수가 없네."

"줄여놓고! 더 노력해서 줄여 가면 되는 겁니다. 한 번에 되는 게 어디 있습니까?"

나는 조금 흥분했다.

"그 말은 맞는 말이지. 하지만 자네는 그 책을 왜 썼는가? 단순히 보호지에서 나갈 용도로만 생각하는가? 여기 보호지를 둘러보게나. 다들 끓는 물 속 개구리처럼 천천히 삶아지고 있네. 그들을 위해 자네가 희망의 증거가 되었으면 했네. 보호지 사람도 하면 된다! 보호지 탈출이 절대로 불가능한 게 아니다! 그리고 정말 진정한 자유는 보호지에 있지 않다. 주체적으로 찾아 나서자! 가벼워지자. 마지막으로, 언제까지 숨길 수 있겠는가? 언젠가는 밝혀야 했네. 너무 높게 올라간 후엔, 그땐 너무 위험해. 자네가 사업을 하다 왜 여기까지 오게 되었는지 생각해보게나. 자신에게 떳떳해야 진정으로 성공했다고 할 수 있는 거 아니겠나. 자넨 또 매일 같이 보호지 출신이 탄로 날까 봐 걱정하며 남은 생을 지내고 싶은가?"

노인의 말은 100점짜리 시험지다. 어느 한 군데도 틀린 곳은 없었다. 그렇다고 해도 이렇게 큰 기회를 뻥 차버린 노인이 야속했다.

"어르신 말씀이 다 맞습니다. 사업할 때처럼 평생을 걱정하며 살아가겠지요. 하지만 어르신 덕분에 보호지 탈출 기회가 달아난 것 또한 사실입니다. 어르신 말대로 보호지 사람들의 희망이 될 수 있다면 저도 참 좋겠습니다만, 희망을 다 꺼뜨려 놓고 희망의 증거를 논하는 게 말이 된다고 보십니까? 제 인생에 희망이라는 단어는 이제 없는 겁니다. 판도라의 상자를 열자, 온갖 나쁜 것들이 빠져나갔고, 그 안에 희망이 남아 있었습니다. 그런데 어르신이 그 희망을 꺼내어 시커먼 어둠 속으로 던져버렸습니다. 이제 판도라의 상자 속에는 아무것도 남은 게 없습니다."

노인은 내게 바짝 다가왔다.

"내가 판도라의 상자 속에서 꺼내어 던져 버린 것이 정말로 희망이었을까? 희망은 아직 상자 속에 있을 걸세."

유빈 씨로부터 전화가 왔다. 나는 노인에게 아무 답변도 하지 않고 자리로 돌아왔다. 아무리 그래도 노인은 내 삶 전체를 쥐고 흔들어버렸다. 그것도 한 마디 상의도 없이! 쉽게 용서할 수 없었다. 이제 내 유일한 친구이자 믿을 만한 사람은 유빈 씨뿐이다.

"유빈 씨…."

"민수 씨! 오랜만에 연락하네요. 어디 아파요? 목소리가 안 좋아요."

"그간 좀 힘든 일들이 있었습니다…."

"이런, 힘내요 민수 씨!"

"고마워요. 유빈 씨밖에 없네요."

"뭘요. 그니저나 오늘 아버지… 아니, 신화 그룹 회장님의 기자회견 날인 거 아시죠? 저번에 한 번 말씀드렸잖아요. 오늘이에요. 곧 할 거 같아요."

261

나는 전화기를 붙잡고 그녀에게 기자회견을 들려줄 수 있냐고 부탁했다. 그녀는 전화기를 켜 놓을 테니 기자회견을 같이 듣자고 얘기했다. 곧이어 스피커를 통해 신화 그룹 회장님의 기자회견이 시작됐다. 카메라 셔터 누르는 소리가 정신없이 허공에 흩날리는 와중에 중저음의 중년 신사의 음성이 묵직하게 내려앉았다.

"반갑습니다. 오늘 바쁘신 와중에 이렇게 많은 기자님께서 참석해주신 점에 큰 감사를 표합니다. 저는 최근 일전에 논쟁거리가 되었던 '머니백 없는 마을 프로젝트'에 대한 우리 기업의 입장을 말씀드리고자 합니다. 결론적으로 말씀드리면, 오랜 검토와 고심 끝에 내부 사정상 위 프로젝트를 중단하기로 결정했습니다. 기대해주신 모든 분께 죄송하다는 말씀을 전합니다."

발표는 간단명료했다. 기업 내부 사정상 진행할 수 없다는 것이다. 보호지를 참고삼아 현금이 없는 세상 즉, 머니백이 없는 세상을 만들어 보려고 했던 한 기업의 도전 정신은 그렇게 짓밟혔다. 많은 사람에게 머니백의 짓눌림으로부터 해방감을 맛보여주고 싶어 시작했던 뜻깊은 도전이었다. 하지만 역시 기득권의 사리사욕을 방해하는 프로젝트였고 철저히 무산됐다. 회장님은 기자들의 질문 세례를 뒤로하고 다시 말을 이어나갔다.

"하지만! 저는 이 프로젝트는 언젠가는 꼭 실행되어야 한다고 생각합니다. 기업의 회장으로서 부탁드립니다. 정권은 머니백으로부터 고통 받는 서민을 위한 정책을 절실하게 발굴해주시길 간절하게 호소드립니다. 끝으로 이번 프로젝트에 참고가 된 책 한 권을 소개해 드립

262

니다. 유명한 작가는 아닌 것 같은데 보호지에 사는 청년이 쓴 책입니다. 초대형 머니백을 메고 다니는 사람이 이렇게 훌륭한 책도 낼 수도 있군요. 저는 지금까지 머니백을 멘 겉모습만 보고 사람을 판단하지는 않았는지 반성해봅니다. 이 책을 쓴 작가의 창의적인 통찰과 세심한 묘사 덕분에 신화 그룹의 이번 프로젝트가 실현되었을 때 어떤 미래가 펼쳐질지 예측해볼 수 있었습니다. 고마운 책입니다. 감사합니다."

회장님께서 화면에 어떤 책을 보여줬는지는 알 수 없었다. 다만 스피커에서 울려 퍼지는 유빈 씨의 놀란 목소리와 판도라출판사를 시작으로 전화가 미친 듯이 쏟아지는 휴대폰을 보면서 뭔가 일이 터진 것을 직감했다. 그녀는 계속 믿을 수 없다는 말과 자기가 절대 얘기한 적이 없음을 연신 강조했다. 유빈 씨와의 전화를 끝내고 울려대는 휴대폰을 멍하니 쳐다봤다. 가족, 친척, 친구, 전 직장 동료들, 잊혀가던 사람들까지…. 어떤 전화를 먼저 받아야 할지 도무지 판단이 서질 않았다. 대형 머니백에 기대앉았다. 휴대폰 배터리가 더는 견디지 못하고 눈을 감았다. 더는 진동 소리가 들리지 않았다. 등 뒤로 전해오는 대형 머니백의 부드러운 감촉이 낯설게만 느껴졌다.

25

무거움에 속아
놓치고 있던 것들

판도라출판사와는 지금까지 받은 사고 피해금액에 추가로 1억 원의 '정신적 피해(?)'를 보상하는 조건으로 계약을 계속 이어나가기로 했다. 출판사 사이트 전면에는 어색한 표정의 베스트셀러 작가 사진 한 장과 100만 부 판매 축하 기념 문구가 실렸다. 출판사 담당자는 매일 아침 전날 판매 부수와 근황 등을 전해주었다. 오늘은 약속한 인세 수령을 위해 직원 2명을 대동해 직접 들를 예정이라고 했다.

"강민수! 면회다."

올백 머리 감시관의 면회 신청 소리에 면회실로 걸어갔다. 벌점이 많아서 내게 허락된 면회 시간은 30분이다. 벌점이 많으면 여러모로 생활하는 데 불편함이 크다. 소형 머니백을 들고 있는 출판사 담당자와 중형 머니백을 메고 있는 두 명의 청년이 앉아 있었다. 출판사 담당자는 먹을거리를 한껏 싸 왔는데 면회 시간이 많지 않아 다 먹을 수 없을 양이었다. 감사의 표시 정도로 생각했다.

"민수 씨 말씀드렸듯이 인세 수령을 위해 들렀습니다."

"먼 길 오시느라 수고 많으셨어요."

"신화 그룹 기자회견 이후로 잠을 자본 기억이 없습니다. 주문이 너무 밀려서요."

"감사드립니다."

"아닙니다. 저희를 믿어주셔서 너무나 고맙습니다. 시간이 많지 않으니, 일단 지금까지 판매한 약 100만 권의 책 인세를 오늘 정산하려고 합니다. 정확한 데이터는 자료를 보시면 됩니다. 총액은 세금 제외하고 12억 원가량 됩니다."

"네? 감사합니다. 예상보다 좀 많네요. 제 머니백에 11억 원가량이 있는데 그럼 나머지 1억은 어떻게 정산 받아야 할지요? 제가 사정상 지금은 마이너스 통장을 만들 수 없어서요."

"일단 출판사 이름으로 마이너스 통장을 만들어서 넣어 놓겠습니다. 보호지에서 나오시면 그때 전달 드리겠습니다. 그래도 괜찮을지요?"

"저야 좋습니다. 신경 써주셔서 감사합니다."

담당자는 '머니백 이동업체'를 통해 빵빵해진 중형 머니백에 있던 금박, 은박 화폐를 모두 가져갔다. 내 머니백은 급속한 다이어트를 통해 홀쭉해졌고 종국에는 바닥에 껌딱지처럼 눌러 붙어버렸다. 모든 보호지 거주자들은 눈을 동그랗게 뜬 채 이 광경을 지켜보고 있었다. 돈이 들어오는 경우야 매번 봐왔지만, 이렇게 많은 돈이 한꺼번에 나가는 것은 본 적이 없었기 때문이다. 북쪽 청년과 올백 머리 감시관은 나란히 서서 못마땅한 표정으로 쪼그라드는 머니백을 속절없이 보고

만 있었다. 나는 올백 머리 감시관에게 다가갔다.

"감시관님. 드릴 말씀이 있습니다."

"어… 뭔데?"

"머니백 시험을 보고 싶습니다. 혹시 괜찮으시면 한 시간 뒤에 보겠습니다."

"알았어요. 근데 무슨 돈을 그렇게 많이 잃었을까? 정말로 책 팔아서 저렇게 많이 잃은 게 맞는 거지?"

평소와는 사뭇 다른 나긋나긋한 감시관의 존대와 대우가 썩 기분좋지는 않았다.

"네. 감시관님에게는 참 고마운 게 많습니다. 특히나 노트북을 제게 파신 점은 잊지 않겠습니다. 의도야 어찌 되었든 저에게는 아주 큰 도움이 됐습니다. 감시관님 덕분입니다. 하하."

"정말? 그 노트북이 뭐라고. 아! 그러면 자네 혹시 도움에 대한 값을 치를 생각은 있나?"

"없습니다." 나는 딱 잘라 말했다.

"보물 노트북 잘 썼습니다. 그럼 전 바빠서요."

돌아갈 준비를 마친 출판사 담당자를 향해 나는 걸어갔다.

"금박화폐 한 장만 남겨주세요. 시험을 볼 때 필요합니다. 머니백 안에 돈이 들어 있어야 시험 등록을 할 수가 있습니다. 하하. 이상한 시스템이죠."

담당자는 자신의 머니백에서 금박화폐 한 징을 꺼내디니 내 머니백에 넣었다. "행운을 빌어요. 밖에 나오면 술 한 잔 살게요."

출판사 담당자는 금박화폐와 함께 보호지를 떠났다. 보호지 사람들은 여전히 내게 아무 말도 걸지 않았는데 그 전과는 조금 다른 느낌의 소원함이었다.

"잠시 후 머니백 걷기 시험이 있겠습니다. 참가자는 강민수. 이상."

올백 머리 감시관은 급히 방송을 마무리한 채 길을 트라고 빽빽 소리를 질러댔다. 비장한 마음으로 출발선에 섰다. 몇 년이 걸릴지 아니, 평생을 이곳에서 썩어야 할지도 모른다고 생각했던 적도 있었다. 한때는 굳이 떠날 필요가 없지 않나라고 생각하며 지낸 적도 있었다. 이곳이 진정한 자유로운 땅이라고 생각했다. 하지만 남쪽 노인 덕분에 내가 진정으로 있어야 할 곳이 이곳이 아님을 알게 되었다. CCTV 사건 이후로 얘기를 나눈 적은 없었다. 하지만 그 전의 도움들을 부정할 수 없는 노릇이다. 나는 남쪽 노인 앞으로 걸어갔다.

"어르신 책값은 치르고 싶습니다."

노인은 말없이 고개를 끄덕였고 자신의 머니백 위로 올라가 비밀번호를 입력했다. 노인의 머니백이 열렸다.

'찰칵. 찰칵. 찰칵…'

나는 연신 손으로 금박화폐들을 꺼내어 내 중형 머니백에 담았다. 형광등 불빛에 화폐들이 번쩍였다.

"민수! 그만하면 됐네. 책값 충분하구먼."

나는 노인의 말에 대꾸하지 않고 연신 화폐 다발을 꺼내어 중형 머니백에 담았다. 보호지 사람들이 주의로 점점 몰려들었다.

"그 정도만 하래도!"

노인이 소리쳤지만 나는 한참을 미친 사람처럼 화폐 다발을 내 머니백에 쓸어 담았다. 대형 머니백은 다시 제법 모양새를 갖춰갔다. 족히 1,000만 원 이상은 담았다. 숨이 가빴다. 머니백을 잠그고 남쪽 노인에게 다가갔다. 눈가에 촉촉함이 아지랑이처럼 피어올랐다.

남쪽 노인의 눈에서도 눈물이 그렁그렁했다. 그는 담담하게 말했다.

"잘 가게."

나는 다시 출발선으로 돌아와 섰다. 어깨에 무게감이 먼지처럼 내려앉았다. 지금까지 잊고 지냈던, 무게다. 우리는 모두 이 무게를 메고 살아가야만 한다. 이 무게를 잊고 살았던 지난 보호지 내 생활들이 주마등처럼 스쳐 지나갔다. 가볍지만 절대 행복하지 않았던….

'탕.'

총소리가 울리고 나는 앞으로 걸어 나갔다. 천천히 한 발 한 발 걸었다. 모두가 숨을 죽이고 지켜보았다. 노인의 환한 미소도 이따금 보였다. 보호지 생활의 끝이 몇 미터 남지 않았다. 나는 멈추지 않고 걸었다. 가족과 친구들의 얼굴이 하나둘씩 떠올랐다. 그리운 얼굴들을 볼 생각에 무게가 느껴지지 않았다. 어쩌면 무게 때문에 매일 매일 더 중요한 것들을 잊고 살는지도 모른다. 유빈 씨도 떠올랐다. 남쪽 노인 다음으로 나에게 큰 자극을 준 그녀를 잊을 순 없다. 신화 그룹 막내딸이라는 신분을 알게 되었을 땐 도저히 다가가면 안 되는 사람인 줄 알았는데 지금은 믿을 수 있고 힘이 되는 소중한 사람이다.

'탕.'

한 발의 총성이 다시 울렸다. 뒤이어 올백 머리 감시관이 시험 합격을 공표했다. 정리할 짐도 없었지만 간단하게 자리를 정리하고 남쪽 노인에게 다가갔다. 이제 진짜 이곳을 떠나야 한다.

"어르신. 저 가보겠습니다."

노인은 눈물을 훔치며 말했다.

"잘 가게. 다시는 오지 말고!"

"네…."

'마지막 그 사건만 아니었다면….' 나는 혼자서 중얼거리며 남쪽 노인을 뒤로 한 채 감시실로 걸어갔다. 감시관은 나의 퇴소 절차를 위해 서류를 작성하고 있었다. 곧 내 이름이 불리고 나는 간단한 짐과 함께 노인의 돈을 넣은 중형 머니백을 메고 차가운 철문을 향해 걸었다. 이미 땅거미가 진 하늘은 어두웠다. 저 앞에서 엔진 소리와 함께 작고 귀여운 경차가 고개를 빳빳이 쳐든 채 달려왔다. 그리운 흙냄새가 담쟁이 넝쿨처럼 몸을 휘감았다. 기분 좋은 구수한 흙냄새다. 회색빛 콘크리트의 차가운 바닥에 비하면 붉은 흙의 기운은 포근했다.

"민수 씨!"

유빈 씨가 내리더니 어둠 속에서도 흰빛을 발하는 두부 한 모를 쑥 내밀었다.

270

"자! 먹어요."

나는 피식 웃었다.

"네? 유빈 씨. 누가 보면 감옥에서 출소한 줄 알겠어요."

"아 몰라요. 그냥 다시 보호지에 올 생각 없으면 얼른 먹어요! 빨리!"

흰 두부가 흰 이와 부딪치면서 파도처럼 부서졌다. 입속에는 두부의 묘한 콩 비린내가 맴돌았다. 몸속 구석구석 깨끗해지는 기분이다.

"당장 내일부터 뭐 할지 계획 세웠어요?"

보호지를 나가면 뭐부터 할지 매일 꿈꿔봤지만, 막상 그날이 되니 아무것도 생각나지 않았다. 머뭇거리는 내 모습을 보며 그녀가 말했다.

"없구나! 일단 타요!"

기분 좋은 사고의 정지 감을 느끼면서 차 밖으로 보이는 나무들을 바라보았다.

"내일 뭐 할지 물었죠? 사람들에게 알려줘야죠! 우리가 지금까지 무게에 짓눌려 무엇을 놓치고 있었는지?"

"그게 무슨 말이에요?"

"별거 아니에요. 하하. 무거운 얘기는 그만하고 즐겁게 노래 들으며 가요. 아 근데 유빈 씨 저희 지금 어디로 가요? 헉! 그러고 보니 전 집이 없는데요? 부모님 댁으로 돌아가야 하나….."

그녀는 일단 자유의 바람을 쐬면서 살 집을 찾아보자고 말했고 나는 격하게 동의했다. 중간에 잠시 삼계탕집에 들러 소소하게 몸보신도 했다. 차에서 내려 머니백을 메고 가는 동안 노인의 따뜻한 온기가 등허리 전체로 퍼졌다.

"아! 민수 씨! 우리 여행 갈래요? 그동안 많이 힘들었잖아요. 일종의 책 출간 파티(?) 정도로 보셔도 되고 보호지 출소 기념으로 보셔도 되고요 호호."

"좋아요! 그런데 어디로 가죠? 제가 아는 곳이 없는데."

나는 머리를 긁적였다. 유빈 씨는 그런 나를 보며 외쳤다.

"제가 생각해 놓은 곳이 있어요!"

"어디요?"

"낭만의 섬! 제주도!"

26

차를 마실 땐
온전히 차를 마시자

차는 울퉁불퉁한 도로를 달렸고 갈대처럼 사정없이 흔들거렸다. 오랜만에 마주한 격한 움직임에 속이 메스꺼웠다. 이 순간만큼은 차갑고 단단한 콘크리트 바닥이 그리웠다. 힘겨운 싸움은 매끈한 포장도로가 슬며시 얼굴을 내밀면서 가까스로 마무리됐다. 한산한 도로 위를 한참을 달렸다. 드디어 저 앞으로 반가운 표지판이 보였다. 학창 시절 교과서에서만 보았던 표지판이다.

'인천국제공항에 오신 걸 환영 합니다.'

난생 처음으로 비행기를 탈 생각에 가슴이 두근거렸다. 저렇게 큰 쇳덩이가 하늘을 날 수 있다는 사실에 놀랐고 많은 사람이 아무렇지 않은 표정으로 쇳덩이에 오르는 모습도 신기했다. 마법의 성에 온 아이처럼 모든 게 신기했다. 유빈 씨가 항공권을 발권 받는 동안 나는 새로운 환경에 적응하는 미어캣처럼 고개만 연신 두리번거렸다.

"민수 씨 이제 무게만 재고 들어가면 돼요."

"네."

나는 발달한 문명 앞에 순한 포유류가 되어 조용히 그녀의 꽁무니만 따라다녔다. 승무원은 나와 머니백의 무게를 합친 총 무게로 항공 요금을 책정했다. 몸무게 65kg에 머니백 무게 11kg으로 총 76kg입니다. 100kg이 넘지 않으므로 가산세는 따로 없습니다.

항공 요금은 생각보다 과했다. 아무리 기름값 및 각종 비용을 따져봐도 이 정도 금액을 책정할 필요까지 있을까 싶었다. 부자들이 주로 이용하는 수단이기 때문에 아무나 탈 수 없게 장벽을 쌓아 놓은 게 아닐까 생각했다. 아무튼, 내 머니백은 2배로 부풀어졌다. 무게도 20kg에 육박했다.

"민수 씨. 내일 은행부터 들러서 마이너스 통장부터 개설해야겠어요. 무게가 점점 늘어나니까요."

"아니요. 유빈 씨 이번 여행이 끝날 때까지 저는 이 머니백을 메고 다닐 겁니다. 그렇게 할게요. 혹시 부끄러운 건 아니시죠? 하하."

그녀는 손사래를 쳤다.

"부끄럽긴요. 무거워 보여서 그렇죠."

"서민 대부분이 이 이상의 무게를 짊어지고 살아가지요…."

그녀는 말없이 고개를 끄덕였다. 우리는 몸수색을 받고 게이트로 들어갔다. 게이트를 들어가니 무릎까지 오는 밤색 스커트를 입은 20대 정도의 앳되어 보이는 보안요원이 나를 막았다. 유빈 씨도 어리둥절한 표정이었다.

"선생님! 머니백을 화물로 맡기셔야 합니다."

"아까 캐리어에 짐은 모두 부쳤습니다만."

"네. 그런데 머니백이 커서 비행기 좌석 위쪽에 보관하기 어려워 보입니다. 어차피 비행기 내에서는 전파를 모두 차단하기 때문에 머니백이 울리지 않습니다. 걱정하지 마세요. 화물로 부쳐 드리겠습니다."

"네. 그렇게 해주세요."

직원은 머니백을 두꺼운 자루에 담더니 카트를 끌고 사라졌다. 내 몸에서 20m가 떨어지자 머니백에서는 큰 소리의 알람이 울리기 시작했지만, 자루 덕분인지 휴대폰 진동 소리 정도로밖에 들리지 않았다. 공항 한정으로만 이용 가능한 서비스라고 했다. 일반적인 서비스는 아니다. 왜냐하면, 중형이나 대형 머니백을 메고 비행기를 타러 오는 고객은 거의 없기 때문이다.

유빈 씨의 배려로 창가 자리에 앉았다. 내가 앉은 곳은 제일 저렴한 일반 좌석이다. 좌석의 등급에 따라 가격은 배로 뛴다. 부자 중에서도 더 부자를 가려내려고 세상이 안달이었다. 기장의 안내 방송과 함께 비행기는 이륙했다. 이륙하는 동안 기체는 흔들리고 머리끝이 쭈뼛쭈뼛 섰다. 멀미가 날 것만 같았다. 커다란 쇳덩이가 잘 날 수 있을지도 걱정이었다. 유빈 씨가 나를 걱정했다. 나는 최대한 티를 내지 않기 위해 굳은 미소를 지어보았다. 주위를 둘러보았다. 나를 제외한 모두가 제집처럼 편안해 보인다. 짧지만 강렬한 진동과 가슴이 툭 떨어지는 묘한 기분을 끝으로 비행기는 안정을 찾았다.

창밖으로 시선을 옮겼다. 별이 쏟아져 내렸고 달빛이 은은하게 비행기를 감쌌다. 솜사탕을 풀어놓은 듯 희뿌연한 구름이 비행기 좌측 날개를 타고 흘러내리며 연신 몽환적인 분위기를 연출했다. 아니다. 연출이라는 말은 틀렸다. 그 어떤 천재 연출가도 연출할 수 없는 장관이었다. 비행기는 구름 위를 지나 어둠 속으로 빨려 들어갔다. 손만 뻗으면 또 다른 지구에 닿을 것 같았다. 나는 지금 또 다른 지구와 가장 가까운 곳에서 자유롭게 날고 있다. 비행시간은 50분가량으로 짧았지만, 나의 몸이 쇳덩이를 타고 구름 위를 날았다는 사실은 착륙 후에도 진한 여운의 향수로 남았다.

제주공항에 내려서 짐을 찾고 2번 게이트로 빠져나오자 이국적인 느낌이 물씬 다가왔다. 야자수 나무와 제주의 상징 돌하르방이 우리를 반겼다. 곳곳에서 '환상의 섬 제주에 오신 걸 환영합니다.'라는 문구가 보였고 여행객과 거주민 등 모든 사람의 얼굴에는 미소 꽃이 만발했다. 드디어 신혼여행지 1순위이자 서민들의 꿈의 종착지, 부자들의 마을 제주특별자치도에 도착했다.

우리는 호텔에 들러 짐부터 풀었다. 호텔 내 이동 시에는 늘 '머니백 보이'가 따라다니는데 이들은 5m 이상의 거리를 유지하며 어디든지 따라다닌다. 보통 몸이 다부지고 힘이 센 청년들이 아르바이트 또는 정규직으로 일한다고 했다. 부담스러웠지만, 머니백을 넘겨야 청년들이 돈을 잃을 수 있다는 말에 순순히 머니백을 넘겼다. 아무리 둘러봐도 대부분 쇼핑백 정도를 들어주곤 했는데 우리 '머니백 보이'는 20kg이 넘는 머니백을 메고 우리 둘을 졸졸 따라다녔다.

우리는 푹 우려내어 따뜻한 김이 폴폴 나는 녹차 한 잔씩을 들고 천천히 호텔 앞 해수욕장을 거닐었다. 밤이지만 따뜻했다. 밀려오는 파도 소리에 마음이 편안했다. 모든 것이 완벽하고 여유로웠다. 아름다운 날씨와 풍경 그리고 아름다운 사람이 어우러져 다시는 들을 수 없을 하모니를 연주했다.

하지만 이따금 불안의 감정이 노크도 없이 불쑥 찾아왔다. 여행이 끝나면 앞으로 어떻게 살아야 할지, 다시 보호지에 들어가지 않기 위해 어떤 노력을 해야 하는지? 등 알 수 없는 미래에 대한 두려움이다. 한때는 미지의 세계를 상상하며 가슴 떨려 했는데 막상 무언가를 이뤄놓고 보니 이제는 같은 세계를 상상하면서도 불안에 떨고 있는 우스운 꼴이다.

"민수 씨 많이 피곤하죠? 오늘 많은 일이 있었잖아요. 보호지에서 제주도까지 호호."

유빈 씨의 얼굴이 달빛에 비춰 아름답게 일렁였다.

"맞아요. 정신없는 하루였어요. 뭐랄까요? 이 하루 동안 인생 전부를 경험한 느낌이랄까? 복합적이네요. 제 감정이…."

그녀는 내 얼굴을 빤히 쳐다보더니 씩 웃었다.

"민수 씨! 혹시 녹차를 가장 맛있고 건강하게 마시는 방법 알아요?"

"네?"

순간 수많은 얕은 지식이 눈앞에 맴돌았다. 나는 좀 더 논리적이고 납득갈 수 있는, 그러면서 좀 있어 보이는 답변을 고르려고 충혈 된 눈동자를 연신 굴려댔다.

"음, 일단 녹차를 끓일 때는 90도 전후 온도로 약 3분 정도 우려내야 해요. 그래야 녹차의 주성분인 카테킨 성분이 우러나거든요. 하루 10잔 이상 마시면 몸에 좋지 않고 식후에 마셔야 입안을 맴도는 향이 더 강하다고 들었어요. 그리고…."

"그만! 그게 뭐예요. 머리 아프게."

그녀가 싱긋 웃었다. 달빛이 살짝 벌어진 입술 사이를 비집고 들어와 앞니 2개를 하얗게 비췄다.

"민수 씨처럼 차 마시면 스트레스로 건강만 해치겠네요. 맛도 없겠어요. 퉤퉤."

나는 조금 머쓱해져서 머리를 긁적였다.

"차를 마실 땐 온전히 차를 마셔라!"

그녀는 조용히 읊조렸다. 그리고는 멈춰버린 나를 지나쳐 앞으로 걸어갔다. 나는 그녀가 흘린 말의 의미를 되새겼다. 보호지에서 나온 지 24시간도 채 되지 않은 상황에서 나는 '또 보호지에 들어가면 어쩌지?' '앞으로 인생을 어떻게 살지?'에 대한 고민으로 녹차 맛을 즐기고 있지 못했다. 그것도 평생 한 번 탈까 말까 한 비행기를 타고 도착한 낭만의 섬 제주에서….

우리 몸이나 뇌는 휴식이 필요하다. 인생에서 차 한 잔도 여유롭게 마시지 못하면서 어떻게 재충전하고, 성공을 위한 도약을 준비할 수 있을까? 궁극적으로는 과연 행복할 수 있을까? 한 가지 일을 할 때 거기에 몰두할 수 있는 사람만큼 행복한 사람이 없다는 얘기도 있지 않은가.

나는 침을 몰아 삼켜내어 입안을 정리했다. 그리고는 다시 녹차를 들이켜 맛을 음미하기로 했다. 녹차는 아직도 따뜻했고 입안 가득히 녹차 향이 퍼졌다. 이내 목구멍을 통해 한 모금의 녹차물이 몸속 노폐물을 쓸어내렸다. 가슴을 덥혔다. 곧이어 복부 전체 그리고 팔과 다리까지 따뜻한 기운이 번졌다. 녹차 한잔에 보호지에서 겪은 모든 애환이 쓸려 내려가는 기분이다.

"유빈 씨 같이 가요!"

"빨리 와요! 호호. 차 맛이 어때요?"

"음, 기억 안 나는데요? 그냥 차를 마셨어요. 기분 좋게!"

컵 속에 녹차는 모두 식어버렸지만, 우리의 대화는 밤새 포근했다.

내려갈 수도 있다는 게
인생의 묘미이다

룸서비스로 간단하게 달걀프라이와 토스트를 즐겼다. 방문이 쿵쿵 울렸다. 유빈 씨였다. 계속되는 그녀의 재촉에 토스트 한 개를 구워만 놓고 부랴부랴 호텔을 빠져나왔다. 머니백 보이는 내게 중형 머니백을 넘겼고, 나는 그 청년으로부터 감사의 의미로 팁을 두둑이 받았다. 머니백의 묵직함이 등허리를 타고 전해졌다. 불편함의 연속이었지만 나는 여행이 끝날 때까지 마이너스 통장을 만들 생각은 없다. 내가 보호지에서 나가자마자 이 짐을 벗어버린다면 누군가에게 굉장히 미안한 마음이 들 것 같았기 때문이다.

"유빈 씨 돌아가는 비행기가 몇 시죠?"

"저녁 9시요. 시간 많이 남았네요. 그러면! 오늘은 드디어 저 한라산에 도전합시다!"

"네? 아니 다른 관광지도 많은데요? 제가 어제 알아봤어요. 중문관광단지도 가보고 싶고, 새별오름 억새도 보고 싶고, 성산 일출봉! 거기도 좋데요. 아! 사려니숲길도 요즘 가면 좋다던데…."

"제주도 하면 한라산이죠. 시간 없어요! 걸으면서 얘기해요. 유네스코 지정 세계자연유산이자 국내에서 가장 높은 산에 오른다니! 꿈만 같아요."

늘 양보하던 그녀는 처음으로 제멋대로 행동했다. 단호한 어조로 내 말을 잘라버리는 그녀가 귀여웠다.

"그런데… 민수 씨! 그 머니백을 메고 산을 오르는 건 좀 힘들지 않을까요?"

"아니요! 할 수 있어요. 가죠! 유빈 씨가 가보고 싶다는 한라산!"

등산은 태어나서 처음이다. 부자들은 제주도에 놀러 와서 한라산에 꼭 올라간다. 그들은 소형 머니백처럼 생긴 등산 가방을 뒤로 맨 체 딱딱한 등산화를 신고, 산을 오른다.

한라산은 해발 1,950m로 우리나라에서 가장 높은 산이며 꼭대기에는 화산이 분출되면서 생긴 호수(백록담)가 있다. 해발고도에 따라 아열대·온대·냉대 등 1,800여 종에 달하는 생물 분포가 다양하게 펼쳐지는 아름다운 산이다.

물론 일반 서민들은 등반 시도를 하지 않는다. 아니 할 수가 없다. 무거운 머니백을 메느라 온종일 어깨, 허리, 무릎 통증에 시달리는데 산을 오른다는 일은 있을 수 없다. 때로는 목숨마저 위협한다. 이 때문에 등산은 부자들만의 레포츠다.

내가 머니백을 짊어지고 산에 올라가는 만큼 물이나 간단한 김밥과 초콜릿 등은 유빈 씨의 소형 머니백에 넣었다. 첫 시작은 경쾌하고 가벼웠다. 우리는 간단한 담소를 나누며 조금씩 가팔라지는 산길을 걷고 또 걸었다. 마음속 쓰레기통에 잡념들을 모두 쏟아 버리고 오로지 산행과 서로와의 대화에만 집중했다.

우리는 금방 정상 10분의 1지점에 도착했다. 아직 갈 길이 멀었지만, 슬슬 숨이 가빠졌다. 오랜만에 운동해서 그런지 무릎도 조금 시리고 발목도 욱신거렸다.

"유빈 씨, 이제 시작인데 벌써 쉽지 않네요. 하….."

그녀는 나의 힘든 표정을 조롱하듯 씩 웃었다.

"민수 씨, 늘 그렇잖아요. 늘 처음이 힘든 거예요. 왜 힘든지 아세요? 평소에 안 쓰던 근육들이 갑자기 마구마구 움직이면서 내는 곡소리가 첫 번째, 지금 포기하면 '출발지점까지 빠르게 갈 수 있다'는 악마의 유혹이 뻗치는 구간인 점이 두 번째죠."

맞는 말이다. 안 쓰던 근육들을 풀어주는 단계에서 벌써 포기의 생각이 땀 냄새를 좇아 스멀스멀 올라오는 이유는 앞으로의 긴 여정에 대한 두려움과 그로 인한 빠른 포기가 가장 빛을 발하는 지점이기 때문이다.

지금 포기하면 호텔로 돌아가서 쉴 수 있다. 비행기 이륙까지는 한참 남았다. 뜨거운 욕조에 물을 받아 반신욕을 즐기거나 스카이라운지에서 여유 있게 칵테일도 한잔 즐길 수 있다. 내 온몸의 근육과 연골 사이사이에서 작은 신음들이 터져 나오면서 제발 호텔로 돌아가라고 사정없이 소리쳤다. 하지만 나의 뇌는 전장에 나가 징징거리는 학도병들을 지휘하는 용감한 지휘관의 모습으로 더 나아갈 것을 명령했다. 이대로 포기하는 것은 부끄러운 일이다.

한 번의 고비를 넘기자 평온함이 찾아들었다. 내 근육들은 힘든 여정을 받아들이고는 긴 사투를 위한 대비를 시작했다. 우리는 벤치에 앉아 쉬면서 왜 부자들이 굳이 정산을 향해 오르는지 이해할 수 없다는 얘기를 나누었다. 중간중간 제주도 특산품인 귤을 까먹으며 수분 보충에도 힘썼다.

오르막이 계속되었다. 꽤 많은 걸음을 걸었다. 그러자 다시 몸에 이상 신호가 잡혔다. 이번엔 발이다. 내 몸무게에 20kg이 조금 넘는 머니백 무게까지 더해지니 발은 그동안 참고 있던 불만을 쏟아냈다. 이미 운동화 쿠션은 눌릴 대로 눌려서 제 기능을 잃은 지 오래였다. 이럴 땐 아버지 가게에서 팔던 심미적 기능을 상실한 괴물 같은 운동화가 그리웠다.

우리를 앞질러 올라가는 사람들의 신발은 대부분 등산화였는데 아버지 가게에서는 팔리지 않는 딱딱하고 발목까지 올라오는 신발이었다. 서민들은 등산을 가지 않고 주로 낮고 평평한 지대에 거주하기 때문에 등산화는 팔리지 않는다고 얘기하시던 아버지의 말씀이 떠올랐다. 숨을 헐떡이며 걷고 있는데 저 앞에 반가운 이정표가 보인다.

"유빈 씨, 어느 정도 왔어요? 거의 다 온 거 같은데."

"헉헉. 민수 씨 잠시만요. 아… 이제 겨우 반 왔어요."

나는 순간 소름이 돋아서 나도 모르게 소리쳤다.

"반이라고요?"

"네… 이제 반이에요. 정말 높네요."

"그러니까 지금까지 온 길을 더 올라가야 정상이네요. 심지어 정상으로 갈수록 더 가파를 텐데….”

“맞아요. 헉헉. 민수 씨, 좀 쉬다 가요. 여기서.”

그녀가 가리킨 곳에는 큰 나무 기둥 한 개가 힘없이 꺾인 채로 바닥에 누워있었다. 우리는 통나무 위에 엉덩이를 놓은 채 아무 말도 없이 물만 들이켰다. 분명 반밖에 못 왔는데 이상하게 물은 반 이상 줄어 있었다.

“유빈 씨 이런 말 하기 좀 그렇지만 발도 너무 아프고 발목도 시리고 무릎도 아프고 허리에도 좀 무리가 가는 것 같아서요. 숨도 너무 차는데 앞으로 지금까지 온 만큼 더 갈 수 있을까요? 지금이라도 돌아가면….”

“민수 씨 저도 너무 힘들어서 그런 생각이 문뜩 들었는데요. 어떻게 생각하면 우리 이미 반이나 온 거예요. 보통 등산객들은 중간쯤에 포기한다고 들었어요…. 힘든 산행 중에 확인한 이정표에서 겨우 반밖에 안 왔다는 사실을 마주했을 때 사람은 무너진대요. 지금까지 겪은 고통을 똑같이 또는 그 이상으로 겪으면서 올라가는 것이 의미 있는 일인지 고민하는 거죠. 특히 우리처럼 가벼운 마음으로 여행하러 온 사람에게는 더욱 크게 다가오는 거 아닐까요…. 그런데 다시 생각해보면 우리는 반이나 해냈어요! 딱 이 정도만 더 걸으면 정상이라는 말입니다. 히히.”

웃고 있었지만, 그녀는 중간중간 숨을 한 번씩 참고, 침을 고통스럽게 삼켜댔다.

그녀 말대로 세상에는 중도 포기가 허다하다. 모든 사람은 노력하지만, 정상을 찍는 사람들은 많지 않은 게 현실이다. 대다수는 중간 어느 지점에서 포기하고 돌아간다. 하지만 사회는 반을 이룬 사람과 시작조차 하지 않은 사람을 같은 부류로 취급하는 아주 고약한 버릇이 있다. 결국은 '정상을 찍어 보았는가?' 여부가 중요한 것이다.

취업도 마찬가지다. 많은 청년이 대기업, 공기업 등 안정적이고 복지가 좋은 회사에 들어가고 싶어 안달이다. 하지만 이력서는 단 몇 장이고 면접은 1시간 내외다. 여러 명이 들어가서 보는 다면 면접에서는 내게 주어진 시간이 고작 10분 정도이다. 이 짧은 시간에 나를 표현하는 방법은 '등산을 해서 중간까지 가봤고 얼마나 힘든 고비를 넘겼으며 어떠한 많은 경험을 했는지' 등을 설명하는 것이 아니라, 나는 '한라산 정상에 올랐다!'라는 간결하고도 함축적인 한 줄이다.

그런데 이러한 사회에 묻고 싶다. 모든 사람에게 같은 높이의 잣대를 들이대는 사회가 건강한 사회인지? 사람의 출발선은 다양하다. 누구는 정상에서 몇 발자국 떨어지지 않은 곳에서, 누구는 중간 어느 지점에서 그리고 누군가는 산이 보이지도 않는 지점부터 산을 향해 묵묵히 걸어간다. 이 모든 것은 로또를 뛰어넘는 운에서 기인한다. 하지만 사회는 오로지 정상에 도달한 사람만을 성공한 사람으로 칭한다. 자신의 한계치까지 고통을 감내하며 끊임없이 나아가다가, 중간 어느 지점에서 자신이 도달할 수 있는 최상의 위치에 도달한 사람보다, 땀한 방울 흘리지 않고, 오로지 사회가 정한 정상에 도달한 사람을 높게 칭한다. 이러한 비정상이 정상처럼 행해지고 있는 게 우리 사회의 민낯이다.

생각의 늪에 빠지면 고통을 잊는 경우가 많다. 인지하지 못한 사이에 꽤 걸은 듯했다. 울창했던 나무가 열리고 하늘이 보이기 시작했다. 한 발짝씩 태양에 더 가까워지면서 몸에서는 열이 나기 시작했다. 숲이 사라지고 계곡과 절벽들이 하나둘 보이기 시작했다. 우리는 무방비 상태에서 태양 빛에 노출됐다. 생수병에는 이제 한 모금도 부족할 만큼의 물이 얄팍하게 찰랑거렸다. 열량을 보충할 음식도 일절 남아 있지 않았다. 오로지 지금까지 축적한 에너지로 올라가야 한다. 어느새 10분의 8 지점에 도달했다.

"악!"

나는 비명을 내지르며 바닥에 주저앉았다. 내 몸의 근육 조직들이 더는 걷는 건 무리라고 외쳤다. 심장도 말없이 강하게 요동치며 사태의 심각성을 알렸다. 내 몸은 땀으로 젖었고 수분 보충도 제대로 되지 않아 땀조차 만들지 못하고 있었다. 고지를 눈앞에 두고 포기를 외쳐야 하는 상황이다. 그녀는 안쓰러운 눈으로 나를 보며 미안한 듯 어렵게 입을 뗐다.

"민수 씨 오늘은 내려가고 다음 기회에 다시 올까요?"

"잠시만 쉬죠."

정신이 혼미했다. 가쁜 숨을 몰아쉬고 있는데 등판에 따뜻한 머니백이 느껴졌다. 나에게는 여기까지가 한계다. 굳이 머니백을 메고 등산을 하겠다는 내가 우스워졌다. 하지만 왠지 머니백을 메고 정상에 올라 보이고 싶었다. 누가 명령한 것도 아니다. 오로지 나의 의지로 모두가 할 수 없다고 말리던 것을 해 내고 싶은 반항아적인 욕심이랄

288

까?

다시 머니백을 들쳐 메고 유빈 씨에게 씩 웃어 보였다. 하늘도 도
왔다. 곧 진달래 대피소가 나왔고 한 커플로부터 생수 2병도 얻을 수
있었다. 우리에게 생수를 준 사람은 제주도 IT 회사에서 근무하는 사
내 커플이었다. 그들은 소형 머니백을 메고 있었다. 그들은 우리에게
꼭 포기 말고 정상에서 보자고 당부했다.

서늘한 바람이 귓불을 살살 간질이며 우리를 독려했지만 이미 발
에는 감각이 없었고 무릎이 아팠다. 링 위에서 사납게 두들겨 맞은 복
싱 선수가 된 기분이다. 하지만 흰 수건을 던지지는 않을 것이다.

"하… 하… 후~."

가파른 경사는 계속되었다. 숨을 내쉴 때마다 겨울 산의 서늘한 공
기가 허파 깊숙이 들어왔다 나갔다를 반복했다. 우리는 계속 걸었다.
그런데 긴 한숨과 신음 끝에 갑자기 평지가 보였다. 아니 그것은 평지
가 아니다. 여정의 끝을 알리는 거대한 분화구다. 백록담 정상이다.
비록 물은 말라버리고 없었지만 메마른 풀과 거친 나뭇가지들이 거대
한 분화구 밑바닥에 촘촘히 박혀 있었다.

중간중간에 희끗희끗한 흰 눈 자국이 겨울 산의 존재감을 드러냈
다. 많은 등산객이 한라산 정상에 온 기념으로 정상을 알리는 비석과
인증사진을 남겼다. 그들 중 중형 머니백을 멘 사람은 나밖에 없었다.
유빈 씨와 나는 멍한 표정으로 분화구를 바라보다가 몇 장의 추억을
사진에 박아 넣었다.

이미 구름은 내 발밑에서 살랑살랑 춤추고 있었다. 마치 구름 위에

봉우리 하나가 솟아 있고 그 꼭대기에 내가 있는 기분이었다. 발아래로는 제주도의 자연과 시내가 조화롭게 펼쳐졌다. 세상 근심 걱정은 모두 바람에 날려버렸다. 새 사람이 된 기분이다. 우리는 아껴두었던 사이다 한 병의 청량감을 나눠 마셨다.

어렵고 힘든 일을 겪은 사람이 있다면 높은 산에 도전해 보라고 얘기해주고 싶다. 오르다 보면 잠시 힘든 일을 잊을 수 있다. 또한, 정상에 도달했을 때 세상만사가 내 발밑에서 꾸려지는 모습과 아름다운 풍경의 자태는 내 고민이 그렇게 큰 고민이 아닐 수 있다는 것, 그리고 사람은 모두 비슷하게 살아간다는 사실을 일깨워준다. 인생이 가까이서 보면 비극이어도 멀리서 보면 희극인 이유다. 저 미어터지는 도시에서 서로 상처를 주고 경쟁하면서 아등바등 살아가고 있는 현대인들이 불쌍하게만 느껴졌다.

머니백과 등, 허리 사이로 정상의 시원한 바람이 스치면서 등줄기에 자리 잡은 땀방울이 식는 게 느껴졌다. 어느새 태양은 점점 밤의 여왕에게 자리를 내어주고 지평선 가까이 내려오고 있었다. 우리는 짐을 재정비한 후 관음사 코스로 내려가기로 했다. 유빈 씨 표정은 밝아 보이지 않았는데 아무래도 다시 이 먼 길을 내려간다는 게 달갑지는 않기 때문일 것이다.

"유빈 씨 내려가시죠!"

"어휴. 민수 씨, 지금까지 올라온 길을 언제 다시… 빨리 가서 쉬고 싶네요. 정상을 봐서 좋긴 한데 내려가는 건 너무 피곤하고 지루해요."

그녀는 나무토막 위에 앉아 연신 다리를 주물러댔다. 뒤로 꼭 붙들어 맨 그녀의 흑발 중 몇 가닥의 머리카락이 빠져나와 흩날렸다. 그중 몇 가닥이 흐르던 땀에 묻어 두 뺨에 착 달라붙었다.

"맞아요. 내려가는 길은 정말 피곤하고 지루해요. 그런데 이렇게 생각해봅시다. 멋있게 내려가는 법도 배울 필요가 있어요. 인생의 정상을 찍은 사람들은 늘 그 정상에만 머물고 싶어 해요. 왜냐하면, 그 과정이 너무 힘들었기 때문이에요. 저도 한 번 인생의 정상을 경험한 적이 있어요. 그때는 너무 힘들게 노력해서 얻은 자리인 만큼 유지하고 싶었어요. 놓치고 싶지 않았죠. 그런데 내려오는 건 한순간이더라고요. 너무 힘들었어요. 끝이 보이지 않는 어둠 속으로 추락해버렸죠. 차디찬 물속에 떨어져서 죽었나 싶었는데 그게 아니고 더 깊이 들어갔어요. 전혀 보이지 않는 심해로요. 그때 저는 잠시 내려와서 재정비하는 법을 몰랐어요. 인생이 어떻게 정상의 달콤함만 있겠어요."

유빈 씨는 피곤해서 내 말에 집중하지 못했다.

"아무튼, 오늘 저녁 메뉴는 바비큐인데 따뜻한 물에 샤워하고 바비큐를 즐기고 싶으면 빨리 와요! 하하."

"오! 그래요! 바비큐를 향해 아래로! 갑자기 힘이 나요. 호호."

우리는 서로의 손을 잡아주며 아래로 내려왔다. 성공을 맛보고 내려가는 길은 절대로 달갑지 않다. 그것은 너무 지루하고 볼품없다. 정상 도달이라는 목적 달성은 하산의 즐거움을 앗아간다. 하지만 우리 인생이 그렇게 단순하지는 않다. 가령 놀아가서 바비큐나 닭백숙을 먹고자 하는 작은 바람만으로도 충분한 동기부여가 된다. 보호지에

가기 전에 나는 늘 부자가 되기 위해 정상만 추구했고 그것이 무너졌을 때 모든 게 무너졌다. 하지만 이제는 아래로 내려가는 게 전혀 두렵지 않다. 내려갈 수도 있다는 게 인생의 묘미이다. 아래로 내려왔을 때 정상에서의 경험은 분명 내 삶의 많은 부분을 바꿔놓았다. 정상을 찍기 전에도 나는 아래에 있었고, 정상을 찍고 내려왔을 때도 아래에 있었지만, 이 두 곳의 위치는 전혀 다르다. 나는 고통을 뛰어넘는 값진 경험을 통해 더욱 성숙해졌다.

28

회전목마 vs 롤러코스터

짧지만 강렬했던 여행을 마치고 가족의 품으로 돌아왔다. 집을 떠나 너무나 많은 변화를 겪었기에 밤새 가족 및 친구들과 이야기꽃을 피웠다. 대부분은 나의 굴곡진 인생을 안쓰러워했다. 여동생은 내 인생이 롤러코스터를 타고 위아래로 사정없이 오르락내리락하는 불안한 인생 같다고 말하며 씁쓸하게 웃었다. 이제는 롤러코스터에서 내려와 회전목마를 타보는 건 어떠냐고 동생은 덧붙여 물었다.

흔히 인생을 롤러코스터에 비유한다. 오르락내리락 정신이 없다. 오르기만 하는 롤러코스터는 없고, 한없이 내리막을 향해 치닫는 롤러코스터도 없다. 오르막이 가파르면? 내리막은 짜릿하다!

나는 가파른 코스의 롤러코스터 운행을 마치고 이제 막 돌아왔다. 한바탕 두들겨 맞아 정신이 없다. 속은 메슥거리고 식은땀을 한 바가지 흘렸다. 롤러코스터가 잠시 멈추기라도 하면 바로 뛰어내릴 기세였다.

물론, 롤러코스터 따위는 쳐다보지 않는 사람들도 있다. 이들은 감자 칩을 우걱우걱 씹으며 조심스럽게 회전목마에 오른다. 그리고는 노랫소리에 맞춰 한 방향으로 계속 돈다. 하지만 이들도 어느 순간에는 예상치 못하게 롤러코스터에 앉혀질 수 있다. 그 순간은 사회적 계급이나 통장 잔고와는 상관없이 찾아온다.

오랜만에 온 평화의 시간 속에서 나는 곰곰이 생각했다. 굽이치는 롤러코스터에서 짜릿한 쾌감을 느끼지는 않았는지? 깊이 잠재된 무의식까지 파헤쳐 물어보았다. 깊은 사색으로 내면의 필터를 거친 후에야 비로소 깨달았다. 인생의 중요한 뭔가를.

나는 한 번 크게 심호흡했다. 그리고는 안전바를 움켜잡았다. 저 멀리 빙글빙글 시계방향으로 돌아가는 회전목마가 보였지만 무시하기로 했다. 롤러코스터는 잠시 멈췄지만 나는 내리지 않기로 했다. 왜냐하면, 두 번째 롤러코스터에서는 처음 느낀 공포의 반도 느낄 수 없을 테니까.

외삼촌은 사람은 늘 중력을 견디며 살아가는데 굳이 중력을 거스르며 산을 오르는 나를 이해할 수 없다고 말했다. 그런 말을 들을 때면 가슴 한구석이 안타까움으로 까맣게 타들어 가는 기분이다. 언젠가는 내가 사랑하는 이들에게도 그 황홀한 풍경을 보여주고 말 테다.

아버지는 도매상으로부터 새로 구매하기로 한 나막신 디자인에 관심을 보이셨다. 부자의 삶도 살아본 나에게 어떤 나막신이 잘 팔릴지 골라 보라고 했다. 아버지는 요즘 젊은 사람들은 나막신에 관심이 많다고 덧붙였다. 역시 많은 청년은 부자의 삶을 끊임없이 갈망하고 있었다. 그것이 행복의 출구인 것 마냥….

어머니는 새로 일을 시작했다. '천사원'에서 아이들을 돌보는 일인데 대학로 쪽이라서 집과 거리도 가깝고 보람차다고 했다. '천사원'에서 유빈 씨와의 만남이 떠올라 혼자 웃음이 터졌다. 빨갛고 거대한 대형 머니백에 선물을 가득 담아 온 유빈 씨의 모습이 생각났다. 경수, 경민 형제 소식도 물어봤는데, 수술이 잘 끝나서 서로 한쪽 눈으로만 살아가고 있지만, 누구보다 행복해 보인다고 했다.

악착같이 경쟁하는 도시의 아이들보다 100배는 행복한 나날들을 보내고 있다는 소식에 절로 미소가 지어졌다. 나는 천사들이 사는 그곳에 필요한 물품들을 사서 보내기 시작했다. 그러면서 내 이름은 절대 알리지는 말아 달라고 신신당부했다.

'머니백 이동 보험'을 팔고 있는 옛 절친 지석이에게도 전화했다.

"지석아, 잘 지내지?"

"어. 민수야. 잘 있지."

"나 너 예전에 얘기했던 머니백 이동 보험 좀 가입하려고. 가능하면 다른 특약들도 같이 가입하고 싶은데. 참! 나 말고 가족 전부 다 가입할게."

"정말? 민수야 고맙다…."

"고맙기는. 내가 필요해서 가입하는 거야. 그래도 아는 사람한테 하는 게 좋지 않겠냐? 내가 근래 좀 일이 많았는데 사람 일은 어찌 될지 모르겠더라. 위에 있다고 늘 위에 있는 게 아니더라고. 대비할 수 있을 때 대비하면 좋지 뭐. 하하."

"맞아. 민수야 고마워 정말. 요즘 조금 힘들었거든."

"그래. 힘내고! 지석아 조만간 만나서 얘기하자!"

일상에 큰 변화는 없었다. 인세는 꼬박꼬박 빠져나갔고 노동 없는 인출 시스템을 구축했다. 생각보다 많은 인세가 빠져나가면서 우리 가족은 더는 머니백을 메고 다니지 않게 되었다. 꾸준하게 강연 제의도 들어왔다. 내 마이너스 자산은 점점 영으로부터 그 격차를 벌려 나갔다.

사교 모임에서 다양한 친구도 사귀었다. 하지만, 태어나면서부터 마이너스 여의주를 물고 태어나 특권 의식을 가지고 매사 인간 또는 사회에 고마워할 줄 모르는 인간들은 커피 거름망으로 찌꺼기를 거르듯이 바로바로 걸렸다. 좋은 사람들과의 시간을 우려내기에도 24시간이 벅찼다.

보호지에 있는 남쪽 노인 소식은 여전히 깜깜무소식이다. CCTV 사건 이후로 벌점 100점이 넘으면서 개인 휴대폰도 압수당한 노인이다. 면회를 가볼까 생각하다가 CCTV 사건만 떠오르면 기분이 우울해져서 그만두기로 한 게 여러 차례다. 전화벨이 울린다. 출판사 편집 담당자다.

"민수 씨, 아침 일찍 죄송합니다. 오늘 방송 일정에는 문제없으시죠?"

"네, 문제없습니다. 오후 1시까지 방송국 1층 스튜디오요."

"네. 이따 뵙겠습니다."

다원이 형의 안부 전화도 받았다. 형은 최근에 큰 사건을 변호하느라 정신이 없다는 말과 함께 방송 잘하고 오라는 말을 남겼다. 내가 힘들 때 옆에서 힘이 되어준 고마운 형이다. 한번은 형에게 형은 늘 이성적이고 돈과 성공욕에 불타는 사람인데 어찌하여 내가 밑바닥에서 꿈틀거리는, 별 볼일 없는 시기에 왜 관심을 쏟았는지 물었다. 그때 다원이 형은 첫 변호사 사무실 개업 당시 이야기를 해주었다. 인맥도 없이 시작한 자기를 아무도 도와주지 않았고 생계 걱정까지 해야 할 정도로 힘들었는데, 그때 자기를 믿어준 신화 그룹 회장님이 지금까지도 자기를 믿어주고 키워줬다고 했다.

그때의 인연이 고마워 지금까지 신화 그룹의 일이라면 늘 발 벗고 나서서 최선을 다한다는 말도 덧붙였다. 형은 고마우면 꼭 성공해서 자기한테 2배, 3배로 갚으라는 농담 아닌 농담을 툭 던지며 전화를 끊었다.

거리로 나왔다. 경기가 살아날 기미가 보이지 않고 저성장 기조가 만연하면서 거리는 한산했다. 장기 불황이 시작되면서 우울증 증상을 호소하는 사람들이 생겨나기 시작했다. TV에는 연일 유명 연예인들의 자살 소식이 아이스버킷 챌린지처럼 줄줄이 보도되었다. 이는 유명인의 자살 사건이 언론에 보도된 이후 일반인의 자살이 급격하게 증가한다는 베르테르 효과로 이어져 더 많은 일반인 자살을 낳았다.

2월이 끝이 다가오면서 날씨는 조금씩 풀리고 있었지만, 아직 꽤 쌀쌀했다. 나는 방송국 주차장에 주차 후 1층 대기실로 들어갔다. 유빈 씨는 미리 도착해서 음료 세팅 등 잡다한 일들을 도와주고 있었다.

"어! 유빈 씨 언제 왔어요?"

"민수 씨! 그냥 오늘 월차 낸 김에 미리 와서 준비 좀 했죠. 호호.

민수 씨 첫 방송 토론회라서 제가 다 떨리네요."

그녀의 손을 꼭 잡았다. 고마움에 눈시울이 붉어졌다.

"민수 씨 감동하였나 보다! 우는 거 아니죠?"

"울긴요!"

눈동자를 위로 치켜뜬 채 연신 눈을 깜빡이며 눈물을 밀어냈다. 그리고는 대기실에 앉아 노트를 펼쳤다. 이 노트 한 권에 내 인생이 담겨 있다. 이런 격 있는 토론회에 참석하게 된 것만으로도 가슴 벅찼다. 긴장으로 손이 슬슬 저렸다. 유빈 씨는 그런 나를 걱정스러운 눈으로 바라보았다.

"민수 씨! 떨려요? 그냥 민수 씨 얘기를 하세요. 소설을 쓰면서 들었던 감정들과 생각들, 그리고 지금까지 롤러코스터 같은 삶을 살아오면서 느꼈던 모든 이야기를!"

'내 경험과 생각들….'

"작가님! 준비해주세요!"

방송국 막내 피디로 보이는 젊은 여성 직원이 다가와 손짓했다. 나는 검정 정장 바지에 삐뚤게 박혀 있는 흰색 와이셔츠를 살짝 잡아 뺐다. 상체 움직임에 약간의 자유가 허락되었다. 목에 있는 단추도 한 개 풀었다. 넥타이는 하지 않았다. 패션은 잘 모르지만 누가 그러던데 요즘은 노타이가 대세라고 했다.

토론이 열릴 스튜디오에 도착하니 많은 방청객이 달걀판에 담긴 달걀처럼 서로의 감정이 깨지지 않게 일정한 간격을 두고 앉아 있었다. 족히 한눈에도 50명은 훨씬 넘어 보였다. 나는 강렬한 스포트라

이트를 받으며 토론장 앞 테이블로 발걸음을 옮겼다. 사회자를 사이에 두고 화면 왼쪽 자리에 앉았다. 오른쪽에는 나이가 꽤 있어 보이는 슈트 차림의 중후한 밋을 풍기는 대표님이 앉아 있었다. 그는 알이 두꺼운 은테안경을 쓰고 고개를 숙인 채 노트를 살펴보고 있었다. 꼬질꼬질함이 묻어 있는 오래된 노트다.

"아! 방송 시작 전에 두 분 인사 나누시죠! 사전에 문자 드렸듯이 이분은 소설 《또 다른 지구》의 저자 강민수 작가님, 그리고 이분은 국내 제일의 투자회사인 ㈜진명홀딩스의 천진명 대표님입니다."

"처음 뵙겠습니다. 강 작가님."

"네. 대표님, 강민수라고… 억!"

나는 얼어버렸다. 가장 연약한 입술이 먼저 얼어버린 듯 아무 말도 할 수 없었다. 내가 할 수 있는 행동은 고작 입술을 파르르 떠는 것뿐이다. 곧이어 손가락 마디마디로 오한이 파고들었다. 수염을 밀어버려서 긴가민가했지만 희끗희끗한 머리, 윤기가 흐르고 기미나 주근깨가 없는 깨끗한 피부, 나이에 맞지 않는 총기가 가득한 저 눈! 꼿꼿한 저 자세! 분명 남쪽 노인이었다. 몇 달 전만 해도 보호지에 있던 그 노인이 오늘은 국내 제일의 투자회사 대표이사? 거기에 방송 출연까지….

머릿속 뉴런들은 예상치 못한 상황에 실타래처럼 엉켜버렸다. 속이 울렁거리고 메스꺼웠다. 롤러코스터가 잠시 멈춘 줄 알았지만 큰 착각이었다.

사회자는 내 상태를 살피더니 어디 아픈 건 아닌지 물었고 나는 긴

300

장 탓이라고 둘러댔다. 하지만 머릿속에는 남쪽 노인의 정체에 관한 의문들로 가득했다. 시간은 내 편이 아니었다. 아니 누구의 편도 아니다. 곧이어 큐! 사인과 함께 토론장에는 묵직한 침묵의 구름이 쓱 깔렸다.

29

행복은
어디에서 오는가?

"네! 여러분 반갑습니다. 오늘의 59분 토론의 진행을 맡은 사회자 이진성입니다. '오늘은 행복은 어디에서 오는가?'를 주제로 요즘 핫한 두 분과 함께 토론을 진행해 보도록 하겠습니다."

사회자는 소설 《또 다른 지구》의 작가와 투자회사 대표이사를 번갈아 소개했다. 거대한 소용돌이의 혼란 속에서 나는 빠져나오지 못하고 허우적거렸다. 사회자의 말이 귓바퀴를 돌다가 어딘가에 걸린 것처럼 윙윙거렸다.

"작가님! 강 작가님!"

"네?"

사회자의 외침에 급히 정신이 들었다.

"소설 소개 좀⋯ 아니면 제가 소개해 드려도 될까요? 저도 애독자라서요. 하하."

"아⋯ 네. 부탁드립니다."

사회자는 카메라를 바라보며 살짝 미소를 지으며 말했다.

"네. 독자로서 잠시 소설을 소개해 드리겠습니다. 먼저 소설의 배경이 특이합니다. 다중우주, 평행우주 이론에 따라 우주가 무한하다면 지구와 비슷하면서도 일부는 다른 행성이 있을 수 있다는 가설에 근거한 소설인데요. 큰 특징으로는 돈의 개념이 현재 사회와 다르다는 점입니다. 소설 속에서는 돈이 많으면 부자, 적거나 마이너스면 빈민입니다. 모든 거래는 가벼운 종이로 만든 지폐나 플라스틱 재질의 카드로 거래됩니다. 온갖 필요한 물건들을 천 또는 가죽으로 만든 가방에 넣어 다닙니다. 가정별로 자동차가 있고 시간만 맞으면 어느 때나 버스, 기차, 비행기 등 교통수단을 저렴하게 이용 가능합니다. 부피가 커서 가지고 다닐 수 없는 돈은 투자하거나 은행에 저축합니다. 모든 사람이 무거운 머니백을 멜 필요 없이 자유롭게 이동하고 살아가는 꿈의 세상입니다. 그런데 작가님! 사실 이 소설의 결말이 아쉽습니다….”

"감사합니다. 사회자님. 결말은 후에 말씀드리도록 하겠습니다.”

"네. 알겠습니다.”

나는 두 눈을 질끈 감았다 부릅뜨며, 잡생각을 고생스럽게 밀어냈다. 노인은 묘한 웃음을 짓고 있었다. 어딘가 모르게 사악해 보이는 웃음이다. 사회자는 테이블 위에 거위 목처럼 휘어진 굵은 탁상용 마이크 중앙 부분을 잡고 최대한 구부려 입 앞으로 가져갔다.

"본격적인 토론에 앞서 한 가지 말씀드릴 게 있습니다. 사실 이 두 분에게는 한 가지 공통점이 있습니다. 혹시 방청객 여러분 중에 눈치를 채신 분이 있으실까요?”

304

방청객에서 술렁거리는 소음이 새어 나왔다. 하지만 아무도 적극적으로 생각을 내뱉지는 않았다.

"바로 보호지 생활 경험이 있다는 겁니다! 다들 아시다시피 강민수 작가님은 사업 실패로 보호지에 들어가셨다가 기적처럼 사회로 복귀한 경험이 있고, 여기 계신 대표님은…."

궁금했다. 도대체 왜 남쪽 노인이 보호지에 있었는지.

"…대표님은 좀 괴짜답지만, 보호지 생활을 느껴보고 싶어서 잠입했다고 합니다! 하하."

혼란스러웠다. 단순히 느껴보고 싶었다? 아무리 괴짜여도 어떤 바보가 그런 짓을 한단 말인가. 그것도 몇 달 동안이나…. 노인은 웃으며 마이크 ON 버튼을 눌렀다. 붉은 불이 들어오자 마이크 목 부분을 구부려 아랫입술에 데었다. 그리고는 천천히 말했다.

"보호지 생활이 궁금했습니다. 보호지 거주자는 어떤 삶은 사는가? 그것이 궁금했습니다. 직접 느껴본 보호지 생활은 생각보다 더욱 처참했습니다. 그곳에 희망이라는 단어는 사치였습니다. 역겨운 냄새가 진동했습니다. 청결하지 못했습니다. 감시관들도 보호지 거주자를 인간으로 대우하지 않더군요. 그저 게으른 돼지 정도로 보는 것 같았습니다. 보호지에서 머니백을 벗고 다니니 행복해 보인다고요? 말도 안 되는 소리입니다. 어차피 그 안에서 나오지도 못합니다. 그곳이 그들의 묘지이자 무덤입니다. 더 웃긴 건, 그 안에서 탈출하려고 무의미한 시험도 본다는 겁니다. 한 놈은 그 시험 중에 그만 죽어버렸지 뭡니까? 무거운 머니백에 깔려 죽어버렸습니다. 흔히 말하는 돈다발에 눌려 죽어버렸다고 할까요? 소문으로는 강 작가님도 처음에는 보호지 생활을 밝히지 않으려고 하셨다지요? 부끄러우셨나 봅니다. 이해합니다. 허허허.

보호지의 실상을 알릴 필요가 있다고 생각합니다. 그래야 사람들이 개미지옥에 빨려 들어가지 않으려고 더 열심히 살겠지요. 저는 앞으로 보호지의 실상을 담은 책을 낼 예정입니다. 쉽지는 않겠지만… 음… 제목은 《보호지라고 쓰고 지옥이라고 읽는다》 정도가 좋겠네요. 허허허."

노인을 바라보는 내 눈앞이 붉게 차올랐다. 실핏줄이 갈기갈기 찢어져 나가는 게 느껴졌다. 각막에서 타는 냄새가 느껴질 정도다. 노인은 그래서는 안 되었다. 다른 것은 둘째 치더라도 병에 걸린 어머니를 죽기 전에 한 번이라도 뵙고자 머니백 걷기 시험에 도전해 손톱이 뽑혀 나뒹굴고, 머니백 무게에 폐가 으스러지면서도 앞으로 나아간 그분의 정신까지 밟아버리는 짓을 해서는 안 됐다. 노인은 나를 너무 자극해버렸다. 이성을 잃을 것 같았다. 카메라에 내 모습이 어떻게 나올지 따위는 안중에도 없었다.

"그렇군요. 뉴스로만 듣다가 이렇게 직접 보호지 생활 이야기를 들으니 흥미롭네요. 작가님은 어떠신가요? 작가님! 강 작가님?"

"네?"

온탕과 냉탕을 오가는 더러운 기분이다. 현기증이 났다.

"오늘 어디 아프신가요? 안색이 안 좋습니다. 보호지 생활에 대해 할 말 있으신가요? 진행해도 되겠습니까?"

입술을 꽉 물었다. 비릿한 냄새가 입 안 가득 번졌다.

"···아닙니다. 계속하셔도 됩니다."

"네. 그러면 지금부터 본격적으로 토론 시작하도록 하겠습니다. 오늘의 주제 행복은 어디에서 오는가? 자! 어느 분께서 먼저 시작하시겠습니까?"

나는 짧게 손을 들었다가 내렸다.

"네, 작가님부터 발언 시작해주세요."

"안녕하세요. 강민수 작가입니다. 행복 하면 빠질 수 없는 단어가 있습니다. 바로 여러분과 늘 함께하는 머니백입니다. 그런데 여러분! 제 소설에서처럼 세상에서 머니백이 없어진다면 어떨까요? 그런 세상은 있을 수 없는 가상 세계라고 생각하시나요? 사실 곳곳에서 이런 세상을 만들기 위한 움직임은 많았습니다. 최근 신화 그룹에서 시도했다가 실패한 '머니백 없는 마을' 프로젝트도 그중 하나죠. 이런 시도가 진행되고 있습니다만, 왜? 우리 어깨의 부담은 줄어들지 않는 걸까요?

그건 바로 기득권의 개입과 인간의 이기적인 본성 때문입니다. 기득권은 자신들이 누리고 있는 특권에 대한 침해를 용납하지 않습니다. 내가 정말 뛰어난 생명체인지를 알고 싶은 인정 욕구를 확인하는 겁니다. 즉 머니백을 메고 돌아다니는 사람들 속에서 자유롭게 횡보하고 카드를 쓱쓱 긁어대면서 일종의 본인 가치 확인과 서민과의 비교에서 오는 희열을 느낍니다.

한 가지 더 말씀드리면 이러한 특권을 공고히 하고, 자신의 희소함을 유지하기 위해 부단히 노력합니다. 그중 대표적인 것이 머니백입니다. 머니백은 사회 계층 이동 사다리를 깨부수고 진입장벽을 쌓는 주범입니다. 서민들은 종일 짓누르는 무게 때문에 미래를 돌볼 여유가 없습니다. 눈앞에 닥친 현실만 처리하기도 바쁜데 발전적인 노력과 생각을 지속하기란 영 쉽지 않습니다.

또한, 보호지로 끌려가는 사람들을 '인생의 패배자' 또는 '돌아올 수 없는 강을 건넌 사람들'로 호도하면서 서민들의 도전 의식을 말살합니다. 무슨 말이냐면 지금보다 더 무거운 인생을 살고 싶지 않다면 도전하지 말라는 겁니다. 결과적으로 기득권들만 더 배부르게 만드는 시스템을 더욱더 단단하게 합니다."

"이의 있습니다."

"네, 말씀하세요."

노인은 손을 번쩍 들었다. 노인은 사회자의 허락을 득한 후 첫 발언을 시작했다.

"작가님 말씀은 잘 들었습니다. 흥미로운 주장입니다. 역시 작가이셔서 그런지 상상력이 매우 넘치십니다! 허허. 먼저, 신화 그룹에서 일전에 진행하다 어그러진 '머니백 없는 마을' 프로젝트는 정말 생각 없이, 무리하게 들이대다 찢겨버린 비운의 프로젝트입니다. 머니백을 없앨 때 발생할 수 있는 혼란조차 계산하지 않고, 감정에 치우친 기업 총수의 노망난 결정이라고 생각합니다.

둘째로, 머니백을 없애다니요? 머니백은 계층 이동 사다리를 깨부수는 존재가 아닙니다. 이 말은 돼지처럼 게으른 자들의 비겁한 변명

308

일 뿐입니다. 머니백이 있기에 아름다운 경쟁이 피어나고, 이로써 인류의 발전이 가능합니다."

노인은 방청객들로 시선을 옮겼다. 그리고는 물었다.

"이렇게 질문하죠. 여러분이 지금 희망하는 경제적, 사회적 위치가 있나요? 혹시 여기서 나는 중형 머니백을 메는데 대형 머니백으로 갈아타고 싶은 분 계십니까? 없으시겠죠? 우리는 모두 남들보다 자유로운 삶을 영위할 수 있는 경제적, 사회적 위치를 달성하기 위해 지금도 피 터지게 노력합니다. 그렇게 힘들게 부자가 되고 기득권이 되었습니다. 과연 서민들을 위해 머니백을 없앨 수 있을까요? 어렵습니다. 왜냐하면, 그 위치에 올라가면 깨닫게 됩니다. 머니백이 얼마나 반짝이는 보물인지를. 머니백은 경쟁의 시작이자 노력한 삶에 따르는 반짝이는 보상입니다. 따라서 머니백 제거는 일종의 역차별이며, 궁극적으로 모든 인류의 발전을 막고 행복을 저해합니다."

노인은 나를 응시했다. 노인의 입꼬리가 살짝 올라가는 게 보였다.

"그리고 보호지 출신이시니 참 뭐하지만, 보호지에 들어가라고 누군가 등 떠민 적이 있나요? 경쟁 사회에서 도태되면 응당한 대가를 치러야 하는 게 맞는 겁니다. 보호지라는 나락에 떨어지는 게 두려워서 도전조차 하지 못하고, 어깨가 무거워서 도전하지 못하고… 이거 원, 정부나 기득권 탓을 하기 전에 본인 자신이 최선을 다했는지를 되짚어볼 필요가 있다고 생각됩니다."

나는 물 한 모금으로 성대를 촉촉하게 적셨다. 그리고는 차분히게 발언 의사를 알렸다. 사회자는 손짓으로 내 차례를 알렸다.

"보호지에서 만났던 한 분이 생각나네요. 늘 가벼워지라고! 최선을 다하라고 얘기하곤 했습니다. 그때는 그 가벼워짐이 이렇게 '경쟁을 통해 남을 짓밟고 이기는 것이 중요하다'라는 말씀인지는 미처 몰랐습니다. 오늘 그 뜻을 정확히 배워갑니다."

나는 노인을 째려보았다. 노인은 시선을 피하며 반대편 허공을 응시했다. 나는 다시 마이크를 쥐었다.

"뭐! 아무튼, 열심히 노력해서 기득권이 되면 머니백이 얼마나 큰 보물이고 선물인지 알 수 있다라는 말씀 감사합니다. 머니백을 패션 아이템 정도로 메고 다니며 희희낙락거리고, 서민들의 발이 되어줄 전동 휠체어 승인 법안도 각종 로비로 틀어 막아버리는 기득권층이 늘 고통 받는 그들의 신체와 감내해야 하는 불편한 시선, 아니 그들의 가슴속 응어리져 굳어버린 멍 자국은 생각해볼 겨를이 없으시겠죠. 그저 선물 상자만 열어젖히면 행복하신 거죠? 경쟁으로 돈만 잃으면! 머니백 무게만 줄여나가면 되는 거지요? 사실 돈보다 더 가치 있는 것! 억만금을 잃어도 할 수 없는 일이 세상에는 있습니다. 천사들이 사는 천국에서만 벌어지는 일이 아닙니다. 물론 대표님은 다음 생, 다다음 생에도 느낄 수 없으실 것 같네요."

"돈보다 가치 있는 것! 억만금을 잃어도 할 수 없는 것? 그런 건 없습니다. 누가 저에게서 억만금을 가져간다고 하면 저는 그를 위해 뭐든지 할 것입니다. 여러분도 그렇지 않나요?"

노인은 조금 흥분해서 소리쳤다. 나는 노인의 눈을 똑바로 응시하며 담담하게 말했다.

"대표님의 한쪽 눈을 내어주실 수 있으신가요?"

"무슨 말도 안 되는….'"

노인은 미간을 강하게 찌푸렸다. 하지만 아무 말도 하지 못했다. 사회자는 격한 발언은 삼갈 것을 당부했다. 나는 "죄송합니다."라는 문장과 함께 하나도 죄송하지 않은 표정으로 발언을 이어나갔다.

"사실 대표님의 말씀 중 일부는 맞습니다. 안타까운 이야기지만 대다수는 노력하거나 운 좋게 기득권 풀에 진입한 후 비교에서 오는 희소성을 맛보는 순간 그들과 같은 색으로 물들어 버립니다. 그러므로 사회는 쉽게 바뀌지 않습니다. 이것이 현실입니다. 더 놀라운 것은 무거운 소형 또는 중형 머니백을 메고 다니는 서민들조차 종이돈, 전 국민 카드사용에 반대한다는 겁니다. 그들은 대형 머니백을 메고 다니는 사람들이 가벼워지는 꼴을 보고 싶지 않은 겁니다. 바보 같은 이기주의 때문에 모두가 피해를 보고 있습니다.

여담이지만 심지어 가장 밑바닥 인생이라고 불리는 보호지 사람들조차 머니백 제거에 반대합니다. 제가 보호지에 있어봐서 잘 압니다. 결국, 기득권들이 만든 머니백 시스템은 순조롭게 돌아가게 되고, 서민들은 계속 무게와 싸워나가야 합니다."

나는 3초간 침묵했다. 그리고는 다시 입을 뗐다.

"어쩔 수 없습니다. 세상이 그렇잖아요? 시각적으로 저 사람이 나와 말을 섞을 위치인지 우리는 알 수 있습니다. 여러분은 대형 머니백을 메고 길가에 앉아 있는 청년을 보면 어떤 생각이 드시나요? 그 사람과 대화를 나눈 적도 없는데 그 사람의 30년 인생을 불쌍하게 본 적은 없으신지요? 게으르거나 문제가 있을 것 같다고 생각하지는 않으신가요? 그런 문제 많은 사람이 나와 같은 소형, 중형 머니백을 메게 된다면 속에서 열불이 나시겠지요? 사람은 평등하다고 하는데 세상은 보자마자 계급을 알 수 있는 머니백 시스템을 유지하고 있습니다. 그리고 이 시스템에서는 저 불쌍한 청년은 머니백의 무게로 인한 제약과 사회의 불편한 시선을 쭉 감내해야 합니다."

내 말이 끝나자마자 노인은 말했다.

"이 세상은 돈으로 굴러가는 사회입니다. 가장 판단하기 쉬운 지표로 사람을 판단하는 게 잘못되었다고 생각하시나요? 저는 아니라고 생각합니다. 세상은 원래 불공평합니다. 그걸 아셔야 합니다. 대형 머니백을 메는 청년의 삶은 안타깝습니다만, 작용과 반작용처럼 일반인에게는 그를 보며 더 열심히 살아야겠다는 동기부여가 됩니다. 그리고 이것이 개인과 사회의 발전으로 이어집니다."

학창 시절 물리 시간에 배운 작용과 반작용 법칙이 이렇게도 쓰이는구나! 하고 감탄했다. 그리고 한 청년의 삶을 고작 동기부여의 대상, 즉 나쁜 예시로 사용한다는 말에 어처구니가 없었다.

"두 분의 열띤 토론에 토론장 분위기가 후끈 달아오릅니다. 좋습니다. 머니백은 서민들의 애환 그 자체며, 기득권층의 향유 물이고 사회 계층 이동을 병들게 한다는 작가님의 말씀과 머니백은 경쟁 시스템을 유지하고 개인과 사회를 발전시키는 보물이다라는 대표님의 말씀 잘 들었습니다.

앞의 토론을 통해 우리는 세상이 돌아가는 현실을 살펴보았습니

312

다. 이제부터는 그럼 우리는 진정 어떻게 살아야 행복할까라는 주제로 돌아와 이야기 나눠보겠습니다. 어떤 분이 먼저….”

“제가 말씀드리겠습니다.”

“네! 강 작가님.”

“말씀드렸듯이 우리는 머니백 시스템을 깨부수기 위해 부단히 노력해야 합니다. 하지만 현재 머니백 시스템이 존재한다고 해서 우리의 행복을 스스로 갉아 먹을 필요는 없습니다. 머니백을 없애는 과정은 힘들고 오래 걸리기 때문입니다.

그렇다면 사회자님 질문대로 우리는 이렇게 불공평한 세상에서 어떻게 살아야 행복할까요? 운이 좋게 기득권이 되거나, 아니면 대다수 사람처럼 세상은 불공평하다는 점을 인지하고 현실에 순응하면서 조용히 물 흐르듯 살면 될까요?”

방청객들은 가을날 흔들리는 코스모스처럼 고개를 좌우로 흔들어 명확한 의사표시를 보였다. 나는 코스모스 무리를 지긋이 바라보며 말했다.

“됩니다! 부러워하면서 살다가 운이 나빠서 무너지게 되면 그냥 따라서 무너지면 됩니다. 세상이 시키는 대로 물 흐르는 대로 흘러가면 됩니다. 그러다 누군가가 세운 둑에 물길이 막히면 고여서 천천히 자신도 모르게 썩어 가면 됩니다.

인생은 바다로 흘러가는 강물처럼 단순하지 않습니다. 때문에, 우리는 숱한 허기짐을 채워나가고 고민을 해결해 나가야 합니다. 타인의 손에 맡기는 순간 우리 인생은 위험해집니다. 이는 단순히 돈에 관한 얘기가 아닙니다. 우리의 물길은 우리 스스로가 방향을 잡아줘야 합니다. 때로는 바위를 만나서 돌아갈 수도, 장애물이 나오면 뚫고 갈 줄도 알아야 합니다. 근사한 통나무를 발견하면 같이 노래하며 함께 흘러가야 합니다. 그럴 때 여러분의 진짜 인생을 살 수 있는 겁니다. 멍하니 순응하는 소극적인 삶의 태도를 버려야 합니다.

노인은 피식 웃었다.

"작가님 말씀에 동의합니다. 인생의 여정에는 늘 위험이 있습니다. 우리는 철저한 경쟁과 승리로 극복해 나가야 합니다. 잠시 소설 얘기를 해보면 좋을 것 같네요. 작가님 소설을 재밌게 봤습니다. 돈의 개념이 바뀐 세계관이 참신했고 읽을 만하더군요. 그런데 저는 이 소설의 슬픈 결말이 아이러니합니다. 소설 속 세상은 모두가 평등합니다. 머니백을 메지 않고 이동할 수 있습니다. 종이 지폐가 통용됩니다. 거의 모든 국민이 자동차를 타고 다니고 비행기도 저렴해서 해외여행도 다닙니다. 머니백을 메지 않고 이렇게 자유롭게 사는데, 어떻게 불만이 생기고 스트레스를 받는다고 말할 수 있을까요? 작가님 말대로라면 소설 속 세상은 가난한 서민들에게는 꿈의 유토피아 같은 곳입니다. 머니백이 없잖습니까? 이런 세상에서 어떻게 행복하지 않을 수 있겠어요? 이 점이 바로! 작가님 말의 모순입니다. 머니백을 없애야 한다고 주장하면서 정작 본인의 소설에서 머니백을 없애 버렸더니 사람들은 여전히 행복하지 못합니다. 결국, 머니백을 없애도 인간은 행복할 수 없다는 게 이 소설의 결말 아닌가요?"

장내가 술렁거렸다. 머니백을 없애야 한다고 주장하는 작가의 소설에서는 머니백이 없는 세상, 돈의 개념이 현재와는 완전히 뒤바뀐 세상인데 그들은 전혀 행복해 보이지 않는다. 코스모스 무리는 노인이 해님인 양 노인을 향해 기울었다. 나는 숨을 한 번 크게 들이마셨다.

"제 소설을 꼼꼼히 읽어주셔서 감사합니다. 저는 사실 이 소설의 결말을 짓기 전에 많은 생각을 했습니다. 솔직하게 말씀드리면 출판사에서는 해피엔딩으로 마무리 짓는 것이 소설 팔이에 도움이 될 것 같다는 얘기도 했었습니다. 하지만 저는 인간의 본성이 담긴 진짜 현실을 구현해내고 싶었습니다.

한번 생각해보죠. 현재 사람들에게 어떤 삶이 행복한 삶인지 물어보면 머니백을 메지 않고 자유롭게 이곳저곳 가볍게 돌아다니는 삶이라고 답합니다. 그게 바로 행복이라고 합니다. 머니백이 사라지고 돈의 개념이 바뀌어서 모두에게 가벼움이 주어진다면, 모두가 부자처럼 자유롭게 돌아다닐 수 있다면 즉, 모두가 평등하게 머니백을 벗고 길거리로 나온다면 행복할까요? 우리 생각대로라면 행복해야 합니다. 소설 속 사람들에게 묻고 싶습니다. 만족하시나요?"

코스모스 무리는 바람이 분 듯 위아래로 세차게 흔들거렸다. 나는 그 흔들거림을 거부하기로 했다.

"아니요! 아닙니다. 절대 만족할 수 없을 겁니다. 본인 자신이 희소하고 특별하다고 생각할 수 없기 때문이죠. 모두가 누릴 수 있는 공기에 감사하지는 않잖습니까?" 머니백은 시각적으로 계층을 나눠 버리는 무시무시한 가방입니다. 하지만 닭 모가지를 비틀어도 새벽은 옵니다. 머니백이 사라져도 인간의 본성이나 기득권의 힘은 바뀌지 않습

315

니다. 수천 년의 역사가 증명하듯 사람은 더 좋은 것, 편한 것을 추구합니다. 서 있으면 앉고 싶고 앉으면 눕고 싶고, 누우면? 자고 싶겠죠. 처음에는 콘크리트 바닥에서 자도 상관없다고 생각하겠지만 이내 폭신한 침대를 갈망합니다. 그러면서 동시에 내 앞집, 옆집은 무슨 침대를 쓰는지 살펴봅니다. 만약 내 주위에 침대를 살 여유가 없어서 맨바닥에서 잠을 청하는 사람이 보인다면, 자기도 모르게 나 자신이 특별한 존재라고 느끼게 됩니다. 이렇게 사람이 행복해지기 위한 무시무시한 전제는 절대 '모두가 폭신한 침대에서 잠을 자면 안 된다.'입니다.

모두가 똑같이 평등하게 머니백 없이 자유롭게 돌아다닌다면 너무나 좋겠지요. 하지만 소설 속의 사람들은 이내 가벼운 지폐와 카드에 적응할 것이고, 어느 순간부터는 그것들을 당연히 여기게 될 것입니다. 모두가 평등하게 자유롭죠. 하지만 여기서 문제가 발생합니다. 모두에게 평등하다는 말은 동시에 희소하거나 특별하지 않다는 말과 같으니까요. 이 때문에 주위 사람들보다 더 좋은 것들을 사게 되고 여행 같이 특별한 경험을 하기 위해 또는 큰 사고에 휘청거리지 않기 위해 돈을 많이 벌고 싶어 합니다. 그리고 역시 소설 속 세상도 이 돈에 의해 계층이 나뉘게 되는 겁니다. 돈이 없는 사람은 계속 가난함에 허덕이고 돈이 많은 부자는 자기의 특별함을 유지하기 위해 계층의 사다리를 부수기 시작합니다. 아무도 못 올라오게요. 그리고 계층의 차이는 다시 불편한 시선과 잘못된 고정관념을 잉태합니다."

노인은 조금 격앙된 듯 양 볼을 붉혔다.

"그러니까 그 말씀은 모순을 인정하시는 겁니까? 소설의 결론은

316

머니백을 없애도 행복하지 않다! 하지만 현실에서는 행복을 위해 머니백은 없애야 한다? 앞뒤가 맞습니까? 대답해보세요."

사회자는 시간상 이쯤에서 방청객 한 분의 의견을 들어보자고 했다. 그는 고조되는 분위기를 식힐 필요가 있다고 판단한 것이다. 방청객 한 분이 손을 들었다. 대학생 정도로 보이는 남성이다. 머리는 덥수룩하게 자라 있었고, 구레나룻 끝이 둥글게 말려 있었다. 그는 파란색 니트에 검정 슬랙스 바지를 입고 있었다. 그에게 마이크가 쥐어졌다.

"작가님 말씀 잘 들었습니다. '모두가 평등하면 절대 행복해질 수 없다.'라는 말은 충분히 공감 가는 내용입니다만, 딱 한 가지 이해할 수 없는 모순이 있습니다. 작가님 말대로라면 인간은 절대 행복할 수 없는 존재가 아닐까요? 절대 만족할 수 없는 본성을 지닌 생명체 같습니다. 사람은 타인과의 비교를 통해 특별함을 느끼고 이 감정은 행복으로 연결됩니다. 소설 속에서는 머니백을 메지 않는 세상인데도 모두가 부자가 되기 위해 혈안입니다. 머니백이 있고 없고 차이지 지금 우리 세상과 전혀 다를 게 없어 보입니다. 그렇다면 인간은 행복할 수 없는 건가요? 많은 책에서 현실에 충실한 삶, 가족의 따뜻함, 친구와의 우정과 사랑을 강조하며 현실에 순응하고 만족해야 한다고 말하는데 이것은 틀린 걸까요?"

"질문 감사합니다."

학생으로 추정되는 남성이 자리에 앉는 것을 확인 후 나는 입을 뗐다.

"우리는 모두 부자를 꿈꾸고 있습니다. 자유롭게 돌아다니는 이동의 자유를 원하고 있고, 맛있는 음식을 양껏 먹고, 남들이 못해본 것을 경험해보고 싶어 합니다. 그리고는 SNS에 멋진 사진과 함께 자신의 특별함을 과시합니다. 이것은 사람의 본성입니다.

요즘 현대 사회의 가장 큰 자살 원인이 우울증입니다. 젊은 친구들의 자살도 늘어나고 있습니다. 예전에는 부자들, 기득권층의 삶에 관심이 없었습니다. 왜냐? 정보가 닿지를 않았으니까요. 언론은 통제되었고 철저하게 그들만의 세계는 신비롭게 지켜졌습니다. 그런데 요즘은 그 벽이 인터넷이라는 망치로 허물어지고 있습니다.

모든 것이 공유됩니다. 친구가 어떤 사람을 만나는지, 무슨 선물을 받았는지, 어디를 여행했는지, 어떤 음식을 먹고 어떤 취미가 있는지 뭐든지요! 그리고 그 사진들은 동시에 자신의 초라한 삶과 비교됩니다. 연예인들의 삶이 파헤쳐지면서 악플이 달리고 이로 인해 극단적인 뉴스도 심심찮게 나오는 게 현실입니다. 그야말로 끊임없는 경쟁 비교 시대입니다. 아무리 좋은 물건을 사고, 아무리 돈을 잃어도 만족할 수 없습니다. 그래서 많은 연사가 현재 삶에 만족하고 가족, 친구들과의 관계 및 사랑에서 즐거움을 찾으라고 합니다. 이 말은 맞는 말입니다. 하지만 본능에 충실하지 못한 아쉬운 조언입니다. 일부에서는 뜬구름 잡는 소리로 들릴지도 모르겠습니다.

답변입니다. 진정 여러분이 행복해지기 위해서는 특별한 사람이 되어야 합니다. 특별한 사람이 되기 위해서는 특별하고 다양한 경험이 필요합니다. 저는 부자의 삶과 일반 서민의 삶을 살아보았고, 보호지 거주 경험도 있습니다.

　모두가 저에게 기구한 롤러코스터 인생이라고 말하지만 저는 누구보다 행복합니다. 왜인지 아십니까? 누구나 따라 할 수 없는 저만의 이야기가 있기 때문입니다. 제 길을 주체적으로 결정했고, 도전했고, 실패했습니다. 그리고 책임졌습니다.

　인간은 타인과 늘 비교할 수밖에 없습니다. 그리고 그 속에서 행복을 찾아갑니다. 부자가 되면 일단 어느 정도 경제적 자유가 주어지고 편한 인생을 꾸릴 수도 있습니다. 하지만 끝이 아닙니다. 곧 부자 사이에서 더 부자가 되기 위해 고심하고 스트레스를 받을 겁니다. 희소함의 가치를 돈으로만 비교하니 이렇게 되는 겁니다.

　너무 아름다운 이성 친구를 만나서 행복하신가요? 곧 내 친구가 더 아름다운 이성 친구를 만난다면 여러분은 그 점을 비교하게 되고 충분한 행복감을 느끼지 못하게 됩니다.

　결국, 우리는 특별한 사람이 되어야 행복하므로 진정한 행복을 위해서는 타인과 비교하기 어려운 곳에서 특별함을 느낄 수 있어야 합니다. 가령 이성 친구의 아름다움뿐만 아니라 같이 데이트하는 모든 행동에서 나를 위한 배려와 감사함을 느껴야 합니다. 어느 순간 그 이성 친구는 나에게 있어서 매우 특별한 존재가 됩니다. 설사 내 친구의 이성 친구가 더 외적으로 아름다워 보일지 몰라도 나에게는 남들은 감히 알 수 없고 비교의 잣대로 재볼 수 없는 추억이 있습니다. 이로써 흔들리지 않는 만족감을 얻을 수 있습니다. 굳이 부자나 기득권이 될 필요는 없습니다. 우리는 '시간이 귀하다.'라고 입이 닳도록 얘기하면서 정작 시간으로 만들어진 값진 추억과 경험에 대해서는 별생각이 없습니다. 본인의 가장 소중한 시간으로 얽어진 추억과 경험은 그 누구도 앗아가거나 침해할 수 없으며 감히 비교의 잣대를 들이밀 수 없을 정도로 신성합니다."

노인은 무슨 말을 하려는 듯 마이크에 손을 댔다. 나는 그 모습을 지켜보며 말을 이었다. 목소리에 힘이 들어갔다.

"아! 조금 전에 대표님께서 머니백을 없애도 행복하지 않은데 왜 머니백을 없애야 하냐고 물어보셨죠? 모두에게 공정한 사회를 만들기 위해서입니다. 제가 좀 전에 비교할 수 없는 오로지 나만의 경험과 추억에서 행복을 찾아야 한다고 말씀드렸습니다. 그런데 이 모든 것은 사회가 공정할 때 빛을 발휘합니다."

목구멍 깊은 곳에서 뜨거운 무언가가 울컥 뿜어져 올라오는 게 느껴졌다. 인생이 주마등처럼 스쳐 지나갔다. 평범한 삶, 회사 생활, 사업의 성공과 실패, 괴물 머니백과 보호지의 삶⋯. 나는 자리를 박차고 일어나 외쳤다.

"제가!! 혜택 달라는 거 아니잖습니까? 그저, 같은 출발선에서 출발할 수만 있다면, 매일 무거운 짐으로 어깨가 내려앉고 등이 굽어가는 가족의 뒷모습을 보지 않을 수만 있다면, 내 행복을 위해 부자의 길이 아닌 내가 좋아하는 일을 하면서 삶을 살아갈 수 있다면, 단지 그거면 됩니다! 왜! 머니백이라는 시스템으로 모두를 미리 겁먹게 만들고 대형에서 중형, 중형에서 소형, 그리고 카드 발급에 목숨 거는 의미 없는 경쟁을 하게 만드냐는 겁니다. 우린 행복할 시간도 부족합니다."

토론장은 고요했다.

"아… 네. 작가님 말씀 잘 들어보았습니다. 그럼… 마무리 발언하겠습니다. 대표님?"

사회자는 어색한 침묵에 돌을 던져 파장을 일으켰다. 파장을 느낀 노인은 말이 없었다. 그는 고개를 숙인 채 책상에 놓인 종이만 쳐다보았다. 그러다 별안간 문을 박차고 토론장을 빠져나가 버렸다.

"대표님? 대표님! 아… 작가님. 마무리… 발언 있으시면 부탁드립니다."

사회자는 갑작스러운 돌발 상황에 긴장한 듯 연신 구슬땀을 닦아댔다. 나는 긴 호흡으로 흥분을 가라앉혔다. 그리고는 자리에 앉아 마이크 주둥이를 두 손으로 감싸 잡은 채 카메라를 응시하며 말을 이었다.

"만약 여러분이 지금까지 학교나 직장 그리고 사회가 시키는 대로, 틀에 박혀서 다 같이 한 방향을 향해 한 트랙 위에서 뛰고 있다고 생각하신다면, 당장 그 트랙에서 나와야 합니다. 사회는 불공평하므로 부자들도 무조건 행복할 수 없습니다. 시간은 누구에게나 똑같이 주어졌습니다. 망설였던 일을 저지르시고, 하고 싶었던 일에 도전하세요. 여러분의 인생을 주체적으로 결정하고 만들어나가세요. 사랑하는 가족, 친구, 연인에게 지금 당장 사랑한다고 얘기하세요! 그리고 그들과 뜻깊은 추억을 쌓고 감정을 공유하세요. 여러분이 주체적으로 쌓은 모든 희소한 추억과 경험이 여러분을 세상에서 하나밖에 없는 특별한 사람으로 만들고 궁극적인 행복을 안겨다줄 것입니다. 시간은 한번 흐르면 되돌아오지 않고 그 흐름 속에 인생이라는 돛단배가 있습니다. 한 번뿐인 인생, 멋지게 돛을 펴고 다가오는 파도를 즐겨 주세요."

나는 컷! 소리에 맞춰 정중하게 고개를 숙여 인사를 하고 박수 소리가 가득한 토론장을 조용히 빠져나왔다.

에필로그

　방송은 SNS 및 동영상 플랫폼을 발판삼아 트램펄린 위 어린아이처럼 여기저기 퍼져나갔다. 언론에서는 연신 '투자회사 대표의 탈주와 인기 작가의 승리'라는 자극적인 제목으로 기사들을 쏟아냈다. 이런 기사들을 볼 때면 나는 영 거북했는데, 가슴 한구석에 미처 빼지 못한 얇은 가시가 박혀 있는 찜찜한 기분이었다. ㈜진명홀딩스의 주가는 10% 넘게 하락했다. 주주들은 대표에 대한 실망감을 감추지만은 않았다. 그들은 대표이사 교체 카드를 만지작거렸다.

　오후 6시까지 목적지에 도착하기 위해 길을 나섰다. 마천루가 모여 있는 빌딩 숲으로 들어갔다. 한참을 햇빛이 들어오지 않는 숲길을 걸었다. 그리고는 한 빌딩 앞에 멈춰 섰다. 빌딩 맨 꼭대기 층의 두 갈래로 갈라진 철탑 사이로 붉은 해가 얼굴을 내밀었다. 마치 반지의 제왕에 나오는 사우론의 탑에 달린 거대하게 타오르는 '눈' 앞에 있는 것 같은 묘한 위엄이 느껴졌다.

　미리 기다리고 있던 비서의 안내를 받으며 엘리베이터에 탑승했다. 엘리베이터는 중력을 무시한 채 빠르게 솟구쳐 오르다 '띵' 소리와 함께 멈췄다. 귀가 먹먹했다. '99층' LED 문구가 신선했다.

엘리베이터 문이 열렸고, 긴 복도가 펼쳐졌다. 복도 끝에는 두 개의 용이 꿈틀거리며 승천하는 모양새의 문고리가 달린 큰 원목 문이 있었다. 감히 함부로 열어서는 안 될 '해리포터의 비밀의 방' 같은 중압감을 내뿜는 문이다. 비서의 도움을 받아 가까스로 방문을 열었다. 방 안 분위기는 고즈넉했다. 서울 시내가 전부 내려다보이는 통유리의 넓은 사무실 안에는 고급 책상 및 책장 그리고 이국적인 느낌의 접대용 소파와 테이블이 놓여 있었다.

책상에는 '신화 그룹 회장 조한승'이라고 적힌 크리스털 명패가 번쩍거렸다. 신화 그룹 회장님이 직원 한 분과 소파에 앉아 커피를 마시며 담소를 나누고 있었다. 내가 들어가자 그들은 잠시 침묵했다. 소파에 앉아 있던 회장님은 나를 보고 반갑게 웃으며 일어섰다.

"반가워요. 강민수 작가님."

"처음 뵙겠습니다! 회장님. 초대해주셔서 감사합니다."

나는 허리를 90도로 최대한 빠르게 굽혔다.

"아닙니다. 제가 영광입니다. 요즘 언론에서 가장 뜨거운 분을, 이렇게 급작스럽게 연락드려서 죄송합니다. 앉으시죠."

"네. 회장님."

그는 자신의 옆자리에 놓여 있는 소파를 가리켰다. 나는 소파에 앉기 전 그와 담소를 나누던 직원과 인사를….

"어? 무슨 상황이…."

"반갑네."

손등에 박혀 있던 얇고 흰 털들이 하늘로 곤두섰다. 그룹의 회장과 이야기를 나누고 있던 직원, 아니 손님은 며칠 전 토론회 때 상대방으로 참여했던 노인이었다. 연신 눈알을 이리저리 굴려 봐도 지금 이 조합은 샴푸 광고에 민머리 아저씨가 나온 듯 전혀 어울리지 않았다. 회장님과 노인은 가벼운 일상 대화들을 나눴는데, 나는 대화의 흐름 속에서 진실을 발견하려는 탐정처럼 부지런히 두 사람을 살폈다. 이 노인은 며칠 전 토론회에서 신화 그룹을 대차게 깎아내린 장본인이다. 그런데 이렇게 사람 좋은 웃음을 지으며 적진에서 한가로이 민트차를 마시며 담소를 나누고 있다니…. 회장은 내 표정을 살피며 조심스럽게 얘기를 꺼냈다.

"민수 작가님. 구면이시겠지만, 이번 '머니백 없는 마을 2탄'을 같이 진행해주실 천진명 대표님입니다. 이로써 저희 신화 그룹, 진명홀딩스, 민수 작가님 이렇게 셋은 이번 프로젝트의 공동 참여자입니다. 한배를 탄 겁니다. 하하."

어지러웠다. 회장님은 기억상실증에 걸린 게 아닐까? 사실을 따질 필요가 있어 보였다.

"회장님. 외람된 말씀이지만, 혹시 토론 방송을 직접 보셨습니까? 아시다시피 며칠 전 방송…."

그는 피식 웃었다.

"맞습니다. 저도 다 봤습니다. 정말 대단하더군요. 이시님이 그렇게 당할 줄이야. 하하."

노인도 껄껄 웃었다. 나만 웃지 못했다. 나는 영 실력이 형편없는 탐정이 된 기분이다.

"맞네. 맞아. 민수 이 친구 아주 소신이 있어. 민수 군 미안했네. 그 동안 나를 많이 원망했겠구먼."

회장님은 어리둥절, 정신없어하는 내 모습을 힐끗 보더니, 찻잔을 들어 민트차를 한 모금 홀짝 들이켰다. 그리고는 작심한 듯 입을 열었다.

"사실 이번 토론은 저희 신화 그룹에서 오랫동안 물밑에서 준비한 방송입니다. 민수 작가님께 미리 말씀을 못 드린 점은 깊게 사과드립니다. 프로젝트의 성공을 위해 말씀드릴 수 없었습니다."

"네? 회장님 그게 무슨 말씀이신지요."

그는 찻잔을 내려놓았다.

"머니백 없는 마을 프로젝트는 무산될 줄 알았습니다. 특히나 여론이 좋지 않았습니다. 작가님이 말씀하신 대로 소형, 일부 중형 머니백을 메는 서민들 그리고 보호지 사람들조차 머니백 없애기에 부정적이었습니다. 국민이 움직이지 않는데 어떻게 국회를 설득하고 법안을 만들 수 있겠습니까? 답이 보이지 않았습니다. 고심 끝에 천 이사님은 직접 보호지 생활을 체험해보겠다고 보호지에 들어가셨습니다. 그 곳에서 어떻게든 프로젝트를 성사시킬 방안을 찾겠다고 말씀하셨습니다. 보호지 생활은 매일 저녁 저와 직접 공유했습니다. 나이 지긋하신 이사님을 사지로 내모는 것 같아 마음이 편치 않았습니다. 하지만 우리는 멈출 수 없었습니다. 국민들의 마음속에 감춰진 뜨거운 진실

326

을 일깨워야 했으니까요.

그러다가 민수 작가님을 알게 되었고, 이사님은 큰 모험을 감행해 보고 싶다고 얘기했습니다. 아! 사실 우리 유빈이와 인연이 있을 줄은 전혀 몰랐습니다. 유빈이도 이 조합은 모르고 있습니다. 어쨌든, 보호지 출신임을 밝히고 책을 출판하는 데 성공했고, 기자회견에서 책을 언급하면서 화제성도 높일 수 있었습니다. 그리고 마지막으로 며칠 전 준비한 방송을 통해 많은 사람에게 메시지를 전달할 수 있었습니다. 행복을 찾기 위해 머니백을 없애자고요!"

현실인지 꿈인지 구별하기 어려웠다. 볼때기의 연한 살을 검지와 엄지로 움켜쥐고 비틀었다. 묵직한 손의 감각과 얼얼한 통증이 즉각 느껴졌다. 현실이다.

"그러니까 출판과 CCTV 사건 그리고 방송까지 이 모든 게 신화 그룹에서 짠 각본이라는 건가요?"

"맞습니다. 하지만 출판은 아닙니다. 출판은 엄격히 출판사의 고유 권한입니다. 질 나쁜 글, 훌륭하지 못한 작가와 일하고 싶은 출판사가 있을까요? 특히 판도라출판사처럼 대형 출판사인 경우는 더 까칠합니다. 그 편집장님과 일해 보셔서 아시잖아요. 별명이 로봇입니다. 하하. 원칙대로죠. 민수 작가님이 그분의 간택을 받을 줄은 꿈에도 상상하지 못했습니다.

그리고 사실 처음에 저는 민수 작가님을 이 프로젝트에 끌어들이는 일에 결사반대했습니다. 평범한 보호지 사람이 어떻게 대중의 진심을 끌어낼 수 있을지, 그리고 그들과 소통하고 울림을 선사할 수 있겠느냐고요. 그런데… 이 편지를 받고 결심했습니다. 이사님을 믿어 보기로. 여기 있습니다."

나는 편지를 건네받았다. 회장님은 말을 이었다.

"일단 시간이 촉박합니다. 언론이 머니백의 본질을 들여다보고 분노하고 있습니다. 일단 어제 제주특별자치도 도지사님께 허락은 받았습니다. 제주도 차원에서 머니백 없는 마을 프로젝트를 실행해보기로 결정했습니다. 특별자치도인 만큼 중앙 정부의 통제 그늘에서 조금은 자유로울 수 있었습니다. 우리는 이 제주도에서 시작하려 합니다. 서민의 고통을 덜어드리고, 자유롭게 만들 겁니다. 민수 작가님도 함께 해주신다면 정말 감사하겠습니다."

"혼란스럽지만… 어제 전화로 말씀드렸듯이 저도 참여하겠습니다."

"고맙네! 민수 군."

노인은 눈시울을 붉혔다. 우리는 예약된 제주행 비행기를 타러 공항으로 출발했다. 회장님은 회사 경영 문제로 이 일에 적임자를 보내준다고 했고, 유빈 씨가 신화 그룹 프로젝트 담당자로 참여했다. 비행기는 이륙했고 내 왼쪽에는 유빈 씨가 오른쪽에는 노인이 앉았다. 나는 노인이 잠자는 틈을 타 조용히 쪽지를 펼쳤다.

'조 회장. 늘 수고가 많구려. 이번 추천 건 관련해서 조 회장이 반대하는 이유는 충분히 이해되오. 하지만 내 얘기를 잠시 들어주었으면 하네. 자네 말대로 이 친구는 딱히 특별하지 않네. 공

328

감 능력이 뛰어난 것 같진 않고, 체격 또는 체력이 좋거나 정신력이 강철 같은 친구도 아니지. 어느 정도 총기는 있어 보이나 특출나 보이지도 않고… 그냥 그저 그런 보통 사람이라네.

그런데 말이지, 내가 신기한 경험을 했네. 그냥 그저 그런 보통 사람이 보호지에 들어오면 그저 그냥 그런 사람으로 적응해서 살아간다네. 그게 순리고 법칙인 것 마냥… 그런데 이 친구는 달랐네. 타인의 아픔에 슬퍼할 줄 알았고, 그것을 자기 삶에 비추어 보고 반성하고, 깨닫고, 노력할 줄 알더구먼. 인생도 얼마나 기구하던지 내가 다 눈물이 날 지경일세. 인생 자체가 롤러코스터지. 이 친구가 한바탕 롤러코스터를 타고 내려서 구역질을 해대는 걸 봤지. 끔찍하게 쏟아내더군. 그런데 이 친구가 다시 롤러코스터에 올라타는 게 아닌가? 나는 당연히 멈추고 내려서 회전목마나 타러 갈 줄 알았네. 이 친구는 다시 차분하게 안전바를 내리고 오르막을 향해 출발하더군.

그때 깨달았지. 이 친구는 아는구나. 두 번째 롤러코스터는 절대 처음의 롤러코스터만큼 무섭지 않다는 것을. 그리고 얻었구나. 롤러코스터를 타는 동안 어떤 무언가를! 자네가 볼 땐 어떤가? 우리는 이런 친구가 필요한 게 아니었나? 새로운 경험을 두려워하지 않는 패기와 주체적으로 삶을 살아가려는 열정. 그리고 소중한 것을 지키고자 하는 절실함. 따뜻함. 자네의 우려는 이해가 된다만, 다시 한 번 더 재고해주세나. 내 시간이 되면 이 친구의 재미있는 인생 소설 한 번 들려주겠네. 이런. 벌써 11시

가 되었구먼. 요즘 일찍 자는 맛에 산다네. 허허. 이만 줄이네.'

조심스레 편지를 접었다. 비행기는 여전히 상공을 비행하고 있었다. 눈을 감았다. 그리고는 어느새 우주로 나아간다. 잠시 공간이 뒤틀어지고 수천 개의 빛의 광선들이 고깔 모양으로 흩어졌다.

나는 그 고깔의 중심부를 향해 정신없이 빨려 들어갔다. 이윽고 지구와 똑같이 생긴 행성들이 보이기 시작했다. 멀리서 보면 그것들은 모두 지구였다. 수천 개의 지구가 어두운 우주 전역에 민들레꽃처럼 피어있었다. 나는 늘 가던 지구를 향해 익숙한 듯 날아갔다.

돈의 개념이 뒤바뀐 세상에서 만난 진짜 부자 스토리

머니백

초판 1쇄 인쇄 2020년 6월 24일
초판 1쇄 발행 2020년 6월 30일

지은이 조우성
펴낸이 천정한
펴낸곳 도서출판 정한책방

디자인 김현진
책임편집 나사랑

출판등록 2019년 4월 10일 제2019-000036호
주소 서울 은평구 은평터널로66, 115-511
전화 070-7724-4005 **팩스** 02-6971-8784
블로그 http://blog.naver.com/junghanbooks **이메일** junghanbooks@naver.com

ISBN 979-11-87685-44-9   03320

책값은 뒷면 표지에 적혀 있습니다.
잘못 만든 책은 구입하신 서점에서 바꾸어 드립니다.

이 도서의 국립중앙도서관 출판예정도서목록(CIP)은 서지정보유통지원시스템 홈페이지(http://seoji.nl.go.kr)와 국가
자료공동목록시스템(http://www.nl.go.kr/kolisnet)에서 이용할 수 있습니다. (CIP제어번호: CIP2020024808)